房地产法学

FANGDICHAN FAXUE

常斯　邓立强　主编

国家开放大学出版社·北京

图书在版编目（CIP）数据

房地产法学／常斯，邓立强主编．—北京：国家
开放大学出版社，2018.10

ISBN 978 - 7 - 304 - 09442 - 3

Ⅰ．①房…　Ⅱ．①常…②邓…　Ⅲ．①房地产—法学
—中国—职业教育—教材　Ⅳ．①D922.181.1

中国版本图书馆 CIP 数据核字（2018）第 210830 号

房地产法学
FANGDICHAN FAXUE
常斯　邓立强　主编

出版・发行：国家开放大学出版社

电话： 营销中心 010 - 68180820　　　　总编室 010 - 68182524

网址： http://www.crtvup.com.cn

地址： 北京市海淀区西四环中路 45 号　　邮编：100039

经销： 新华书店北京发行所

策划编辑： 武洪敏　　　　　　　**版式设计：** 何智杰

责任编辑： 陈　蕊　　　　　　　**责任校对：** 宋亦芳

责任印制： 赵连生

印刷： 北京市大天乐投资管理有限公司

版本： 2018 年 10 月第 1 版　　　2018 年 10 月第 1 次印刷

开本： 787mm×1092mm　1/16　　**印张：** 12.75　　**字数：** 274 千字

书号： ISBN 978 - 7 - 304 - 09442 - 3

定价： 31.00 元

前　言

PREFACE

　　房地产法学是社会主义市场经济法律体系的重要组成部分，也是一门实践性较强的应用法学。房地产业的持续健康发展对发展经济、改善人民群众住房条件、推进新型城镇化、提高城镇化率有着重要影响。房地产法涉及土地管理、房地产开发、房地产交易、房地产中介、物业管理等方面的法律制度。

　　全书共分十四章，主要对房地产、房地产业与房地产法概述，土地管理法律制度，房地产所有权法律制度，房地产权属登记管理法律制度，房屋征收与补偿法律制度，房地产开发法律制度，城市房地产交易法律制度，住房保障制度，小区物业管理的概述，物业管理中业主、物业服务企业的权利与义务，物业管理业务及法律责任，小区物业管理纠纷的解决，房地产中介服务管理制度，房地产纠纷的法律解决等内容进行了介绍。本书在编写过程中，以房地产法与物权法理论为基础，以现行房地产法法律法规为依据，坚持理论与实务相结合的原则，对现行法律规范加以梳理，以便更好地体现近期我国房地产方面的立法成果和实践中的最新变化，更好地满足学生学习房地产法的需要。

　　本书在教学内容的编写上力求突出职业院校学生学习的特点，更好地体现教材理论性和实务性相结合，注重系统性和实用性，尽量做到内容简洁、概念准确、结构清晰、重点突出，方便学生自学。

　　本书适合法学专业，房地产相关专业本科、专科学生学习使用，也可以作为大众读者的房地产法读物。

　　本书由黑龙江司法警官职业学院常斯副教授、黑龙江广播电视大学邓立强教授编写，具体分工如下：

　　常斯负责第一章、第二章、第三章、第七章、第九章、第十一章的编写工作；邓立强负责第四章、第五章、第六章、第八章、第十章、第十二章、第十三章、第十四章的编写工作。

　　本书在编写过程中参考、借鉴了有关教材、专著的部分内容，国家开放大学出版社也为本书的出版付出了辛勤的劳动。在此一并向相关人员表示衷心的感谢！由于编者水平有限及编写时间仓促，书中难免有疏漏与不足之处，欢迎广大读者批评指正。

编者

2018 年 4 月

目 录

CONTENTS

第一章

房地产、房地产业与房地产法概述

重点提示 通过本章学习，要求学生掌握房地产的概念与特点，房地产业的概念与特征，房地产法的概念与调整对象，房地产法的基本原则。

第一节 房地产、房地产业与房地产市场

一、房地产

（一）房地产概念的产生

房地产是房产和地产的合称，是指在一定所有制关系下受一定所有权支配的房屋财产和土地财产。在我国，无论理论界还是实务界，房地产与不动产往往被理解为同一语义的两种表述。由于房地产具有不能移动或一经移动就会丧失或破坏其价值和使用价值的特点，在法律上又被称为不动产。

一般而言，不动产是民法常用的称谓，而房地产则是经济法与行政法及商事事务中较为常用的词语。在东南亚地区和我国港澳地区，人们常以"物业"一词替代"房地产"，"物业"一词也逐渐在我国内地被广泛使用，因此，物业实质上即指房地产，只是用词不同而已。

从产生的时间看，房地产概念比不动产概念要晚得多。自罗马法以来，不动产概念已有上千年历史，但我国法律上动产与不动产概念的沿用只是近百年的事情。汉语中"财产"的概念实际上包含了动产与不动产关系的含义。我国古代对房地产相关概念的称谓主要有"田产""宅业"，当二者合称时为"田宅产业"。从中文的语法规则来看，重要的概念在前，次要者居后，即"地"在前而"房"在后，这种表述与传统大陆法不动产的概念非常接近。事实上，在我国古代以农业经济为主的法律中，田地比房屋重要，从这种意义上来说，我国古代社会也不会有"房地产"的提法，而最相近的当属"田宅产业"的概念。从"房地产"这个概念产生的时间上看，它应当是中国现代城市经济的产物，只有在城市中，土地才不再被称为"田"而称为"地"。房地产的概念本身体现了城市不动

1

特别法律规范的属性，它追求的是一种特殊的利益格局，即城市商业利益优势的格局。但是，这种利益格局仍然不能改变土地在经济生活中始终处于主导性和决定性地位的事实。

（二）房地产的概念

房地产是房产和地产的简称。"房地产"一词有狭义与广义之分。狭义的房地产是指房屋、地基和附属土地及由此产生的权利，所谓附属土地特指房屋的院落、楼间空地、道路等房产和地产在空间上紧密结合的部分；广义的房地产是指一个地区的全部土地和房屋，以及附属于土地与房屋的其他建筑物、构筑物等及其由此产生的权利，这里的其他建筑物、构筑物包括道路、桥梁、球场等非房屋承载体。

1. 房产

房产指在法律上有明确的权属关系，可在不同的所有者和使用者之间进行出租、出售或由所有者自用或做其他用途的房屋，又称房屋财产。房产具体包括住宅、厂房、仓库及商业、服务、文化、教育、办公、医疗、体育等多方面的用房。房产不同于房屋，房屋是建筑物的自然形态，是自然科学研究的对象，而房产是建筑物的社会经济形态，是社会科学的研究对象，是房地产法调整和保护的对象之一，其调整结果就是赋予房产以房屋所有权的法律形态，并以国家强制力保证其实现。房产作为一种财产权利，体现的不仅仅是基于房屋自然属性满足人们物质需要的关系，而是不同主体之间基于物质利益所产生的权利和义务关系。

2. 地产

地产有狭义与广义之分。狭义的地产是指在法律上有明确的权属关系，可以由所有者、经营者和使用者进行开发和经营，并能够带来相应经济效益的建设用地。广义的地产从性质上说仅具有土地财产的含义，指有明确法律权属关系的土地，而这个土地是由土地物质（纯自然土地）和全部土地资本构成的。地产是作为财产的土地，也指从事土地开发和经营的产业，通常与房产相结合并称为房地产业，是现代国民经济的一个重要部门。

地产本是普通法的一个概念，准确地说是英国法的概念。在实行以国王为中心的英国封建土地制度中，全国的土地归国王所有，由国王将地产权分封给贵族，贵族再分给其下属。地产权往往经过多层转手后，才到实际种地的租户手中，而各层转手者都同时对该土地享有一定的地产权力和利益。国王是土地的所有者，租户是使用者，而中间这些经营者是地产权的主要享有者和地产利益的主要受益者。由此，地产权成为地产制度中最活跃、最利益攸关，也是最核心的一项权利。与大陆法系传统一物一权、一物一主物权理论形成对照的是，普通法系地产权制度的一物多权多主的形式反而更有利于土地财产权利的流转。与英美法系不同，大陆法系上的地产强调的是以土地所有权为核心，而土地与其定着物在所有权上往往密不可分。至于土地使用权，往往被理解为土地所有权的四项权能之一，或是他物权的一些类型，其独立性、与所有权的对抗性远低于英美法系上的地产。

3. 房产与地产的关系

（1）房产与地产是特定的结合关系。房地产是特定的房产与特定的地产之间的结合，具体包括：①地产是土地中的特定部分。我国的一切土地都有所有权，但只有那些与使用权相联系的土地，而且发生了使用权移转的土地才具有地产的意义，因而一切作为资源予以保留的土地和法律禁止发生土地使用权流转关系的土地，不具有地产的意义。②房产是房屋中的特定部分。广义的房产既包括城市房产，也包括乡村房产，但有些不具备房产商品特征的房屋不能称为房产，法律上禁止这些房屋进入房地产市场，如古迹建筑、军事建筑等。③乡村房地产属于广义的房地产。乡村房地产关系并非只为民法所调整，它同时也为经济法和行政法所调整，乡村房地产关系中应该严格限制引入商法或经营性质因素，特别是集体土地进入房地产市场应当按照国家土地征收的规定进行，开发商不能直接开发乡村房地产以牟取商业利益。④具有商品意义的城市房地产构成狭义的房地产。城市中具有商品意义的房屋是城市房产或被称为狭义房产；城市规划土地中包括已批出（土地使用权出让或用于房地产开发的土地使用权划拨）和待批出的土地为城市地产；城市规划土地中不能批出的土地属于其他土地，不应列入城市地产；城市中不能作为房地产商品的房屋属于其他房屋，不应列入城市房产。⑤城市地产与房产结合才产生地价。地价是房地产制度的核心问题，它是各种利益的交叉重合，既有商业利益，又有国家作为所有者的利益，还包括民法所保护的公民整体的社会公共利益，只有城市地产与房产结合才产生地价。农民使用集体土地建造住宅，不存在购买和租借土地的问题，无须交纳地价款，且乡村集体土地所有者不得出卖其土地收取地价款，即不得将集体土地纳入商法范畴而从事房地产业经营。集体土地进入城市房地产业的唯一途径是通过国家征用将集体土地变为国有土地，然后再由国家批出或划拨，农村土地所有者无权将其土地有偿转让给其他人，因此乡村房地产不存在地价问题。

（2）房产与地产不是绝对的从属关系。在相当长的时期里，我国否认土地权利的商品性，但保留了部分房产的商品性。在立法上，采取房产和土地分别立法进行调整的模式。随着改革开放的深入，人们逐渐认识到房产与地产的不可分割性，但在房产与地产的关系上又出现了所谓"房随地走"还是"地随房走"之争。"房随地走"的主张认为，应当以地产为主权利，房屋为从权利；"地随房走"的主张则认为房屋所有权或房产应成为房地产的核心，地产为从权利。

虽然房产与地产在客观上存在不可分性，但不能简单地将房产与地产界定为一种绝对的从属关系。

4. 房地产的特点

（1）不动性。土地和房屋是最典型的不动产，它总是固定在某一个地方，不能随便移动，否则，会破坏或降低其价值和使用价值；而普通的工业产品则不同，在其生产出来后可以通过水陆空运输工具运往全国或世界各地销售，具有可移动性。此种特点决定了房地产的流转受到严格的市场地域限制，房地产的开发、经营等一系列活动必须就地运作，具有空间上的恒定性，这也使其成为最安全的财产。

（2）长期性。土地能持久存在、永久使用，具有不可毁灭性，即使自然灾害造成土地的减损，但也只是破坏了它的特定用途；相对其他商品而言，建筑物一旦建成则能使用数十年甚至上百年，亦体现了其长期性。基于此种使用上的特点，法律规定了所有权与使用权的可分性，以及允许在同一项房地产上同时设立多种不同权益。

（3）特定性。房地产是典型的特定物，每幢建筑物的建筑风格、结构位置、建造年代、建筑等级及用途、层次、朝向等皆不可能完全一样，故它有别于服装、鞋帽、汽车等大多数可以不断复制的属于种类物的商品；同时，每一项房地产的开发过程亦千差万别。这就决定了房地产价值也各不相同。

（4）资源有限性。人类生活居住需要房屋，一切生活必需品和工业品均直接或间接来源于土地，土地被认为是一切财富之母，是一切生产和社会生活得以开展的前提条件。但是，土地不是用原材料生产出来的产品，而是天然存在物，具有不可创造性和再生性，陆地面积和可利用的土地面积无法因人类的努力而无限扩大。尽管高楼大厦可耸立入云，但土地数量或面积依然有限。土地资源供给的有限性，必将导致房屋资源供给的有限性。

（5）风险性。房地产是人类必需的财富，而其供给又是有限的，因此，房地产具有资本价值。虽然在通常情况下，随着人口的增长和社会经济的持续发展，人们对房地产的总体需求日益递增，房地产的价格总趋势会不断上扬。但是，由于房地产投机性强，投资风险大，特别是当经济萧条时，房地产业则率先滑坡，大量房地产公司因亏本纷纷倒闭。同时，市场上炒卖地皮、楼花等投机行为的存在，必然增加投资房地产的风险性。

二、房地产业

（一）房地产业的概念与特征

房地产业是指从事房地产开发、经营、管理和服务的产业。房地产业在国外又被称为不动产业、不动产交易、不动产市场等。1987 年中华人民共和国城乡建设环境保护部《关于发展城市房地产业的报告》对房地产业范围的定义为："土地的开发，房屋的建设、维修、管理，土地使用权的出让、转让，房屋所有权的买卖、租赁，房地产的抵押，以及由此而形成的房地产市场。"

房地产业不同于房地产，房地产业是一种经营行为，经营的客体是房地产，经营服务的对象是房地产消费者；而房地产是一种财产权，房地产消费者直接追求的是这种财产权，尤其是这种财产权的稳定，此种财产权对于农村房地产和城市房地产消费者并不具有经营性，而基本属于民事消费范围；房地产业经营者直接追求的并不是这种财产权，而是这种财产权的商业利益。

房地产业兼具第二、第三产业的特征。房地产业也被称为不动产业，主要指从事房地产开发、经营、服务和管理的行业。房地产业作为一个独立的产业，究竟是第三产业，还是第二产业？一种观点认为，房地产业是流通领域的产业，属于第三产业；还有一种观点认为，房地产业是生产和流通兼容的产业，除了具有第三产业的特征外，还具有第二产业的特征，这两种观点并不矛盾，是可以兼容统一的。从经济理论来看，房地产业是生产经营型产业，兼具第二、第三产业的特征，从狭义角度考察，房地产业也可归类为流通领域的第三产业。总之，房地产业是一个综合性较强的行业，它涉及建筑业、金融信托业、建材业、装潢业及服务业等行业，但房地产业又是一个独立的行业。联合国经济和社会事务统计局制定了《全部经济活动国际标准行业分类》（International Standard Industrial Classification of All Economic Activities），简称《国际标准行业分类》，把经济行业分为10类，不动产业列为第8类。我国的《国民经济行业分类》把经济行业分为10类，房地产业列为第7类，属于第三产业。国务院《关于国民经济和社会发展"九五"计划和2010年远景目标纲要的报告》亦明确将房地产业归入第三产业。

房地产业的第三产业性质或服务业性质决定了它的基本功能应当是：以广大群众最迫切需要的住房利益的实现为首要宗旨，保证房地产商品全面、优质、公正地在社会生活中实现其价值和使用价值。但由于房地产业的投机性，使房地产商对一般服务业的平均利润无兴趣，而对以地价为核心的投机利益过分追求。投机还会导致社会资源向房地产业高利润的投资项目集聚，致使广大群众迫切需要的一般住宅建设投资得不到保证，而投资结构的不合理又必然导致最终消费难以实现，这意味着社会资源的巨大浪费，最终将阻碍国民经济的增长。

房地产业又同时具有综合产业的属性，这实际上是与广义房地产概念相关的属性。房地产业是诸多经济行业和部门共同进行的经济活动，房地产建设用地与作为第一产业的农业密切相关并相互制约，它的发展与建材、建筑、冶金、工程技术、能源、交通等第二产业部门及金融、信贷、商业、服务业、信息业等第三产业部门直接联系并相互影响。房地产业是以这些一、二、三类产业部门的相关行业为基础组成和发展起来的综合性第三产业。房地产业的发展是扩大内需、促进投资、拉动经济增长的有效手段。

房地产业与第三产业中其他的一般服务业的不同表现：它既具有第一产业取自于自然生产物的性质（地价来自作为自然资源的土地），又具有第二产业加工取自于自然生产物的性质（土地经过开发建设才能实现增值）。也就是说房地产业的利润不仅来自服务劳动，而且还直接来自第一、第二产业。

（二）房地产业的地位和作用

1992年11月4日《国务院关于发展房地产业若干问题的通知》将我国房地产业定位为："房地产业在我国是一个新兴产业，是第三产业的重要组成部分，随着城镇国有土地有偿使用和房屋商品化的推进，将成为国民经济发展的支柱产业之一。"可见，在我国国民经济发展中，房地产业居于支柱产业之一的地位。其支柱地位主要通过以下作用来体现。

1. 为国民经济提供先导性物质条件

随着现代城市经济的发展，房地产在国家物质财富中所占的比重日益提高，已经成为国家财富的重要组成部分，这笔巨大的物质财富为国民经济的稳定和发展奠定了坚实的物质基础。房地产也是国家财政的重要来源。房地产作为国家财富的重要组成部分，为建筑业、农业、工业、商业、运输业等国民经济基本行业的繁荣发展提供着先导性物质条件，其发展为扩大对外开放、吸收利用外资创造着良好的经济环境。特别是现阶段，我国大力发展普通居民住宅建设已经成为国民经济的一个新的增长点。可见，国家繁荣稳定和人民安居乐业都离不开房地产业的持续、快速、健康的发展。

2. 为人民生活提供基础性物质条件

衣食住行等基本需要是人类从事生产活动和社会活动的原始动力。房屋是人类赖以生存和发展必不可少的物质资料，是人类生存条件不可缺少的组成部分。在现代城市经济中，人们对房屋的消费主要是通过房地产业实现的，房地产业的发展则直接服务于解决"居者有其屋"的基本要求，提高人民群众的生活质量。房地产为人们提供必要的物质生活条件，是人们从事各种活动的物质基础来源。房地产既是一种重要的物质劳动产品和物质财富，又是人们赖以生存和发展的重要社会资源。当房地产作为物质产品或物质财富，涉及如何通过市场实现其价值的问题；当房地产作为一种社会资源，又涉及如何在全社会分配这种资源的问题。在市场经济条件下，房地产业是解决上述问题的基本途径。房地产业使土地、建筑材料等劳动对象通过市场分配，最大限度地实现其经济效益进而实现其商品价值，促进了社会生产力的发展，同时创造了大量的就业机会，这一切最终都表现为国民经济的发展和人民生活水平的提高。

3. 对完善市场体系具有积极促进作用

市场经济要求各种生产要素的有机结合，要求各种资源通过市场得到合理的配置。房地产作为各种经济活动必不可少的依托，具有生产要素的属性，房地产业将土地、资金、劳动力和各种社会资源及物质材料通过市场机制集聚起来，对整个市场体系的完善具有不可替代的重要作用。房地产业的活力是整个市场活力的重要方面，它促进建筑业的繁荣，促进建材工业、建筑设备工业、建筑机械和冶金、化工、机械、仪表等产业的发展。此外，房地产业对整个消费市场具有引导和促进作用。房地产业的发展极大地改变了人们的消费结构，在发达国家和地区，人们用于房地产的消费占总消费的比例逐步上升。我国近年来推进城镇住房制度改革，通过商品房和公有住房出售及调整传统的公有住房低租金等措施，逐步实现消费结构的合理化。

三、房地产市场

房地产市场是指进行国有土地使用权出让、转让、出租、抵押和城市房地产转让、房地产抵押、房屋租赁等交易活动的总称。自 1992 年我国正式确定建立社会主义市场经济体制以来，土地和房屋这两种生产要素已逐步成为市场经济的非常重要的组成部分。房地产市场与商品市场、金融市场、劳务市场、技术市场、信息市场、企业产权转让市场、期货市场一起，逐步形成统一的、开放的市场体系。与其他市场相比，房地产市场具有以下特点。

1. 法定性

房地产交易活动属于严格的要式法律行为。凡移转土地使用权和房屋所有权，都必须依照法律规定的程序到当地房地产行政主管部门办理过户登记手续，才能产生物权变动的效力。

2. 综合性

房地产包括房产与地产，它们既可以用作生活资料，又可以用作生产要素，还涉及其他产业，因而形成具有综合功能的房地产市场。

3. 多级性

房地产交易既包括土地使用权出让（一级市场）及出让后的转让、抵押、租赁（二级市场），还包括土地使用权出让（一级市场）后的房地产开发经营（二级市场）及投入使用的房地产的买卖、抵押和房屋的租赁（三级市场）等，由此形成的市场具有多级性。

4. 限制性

土地是极其宝贵的不可再生资源，从本国实际情况出发，对房地产市场实行部分限制是目前世界大多数国家和地区的普遍做法。

第二节 房地产法的概念和调整对象

一、房地产法的概念

房地产法是调整房地产使用、开发、经营、交易、管理、服务等房地产关系的法律规范的总称。它是由一系列法律、行政法规与地方性法规等规范性文件组成的统一整体，是国家管理房地产市场，保障房地产权利人的合法权益，促进房地产业健康发展的重要部门法律。房地产法具有以下法律特征。

1. 房地产法是城市社会生活的基础性法

房地产是现代城市政治、经济、文化及其他一切社会活动的物质载体。特别是在我国经济体制改革和国民经济的发展过程中，城市的扩张和城市人口的聚集加速了社会城市化的进程，使城市的土地更稀缺和珍贵，发展房地产业已成为每一个现代化城市面临的首要问题。而房地产法在伴随我国城市化的进程中，通过调整城市房地产的生产、交换、分配与消费过程中发生的经济关系，深入城市的政治生活、经济生活乃至城市每一个居民的家庭生活，为城市社会生产生活服务，它是城市社会生活的基础性法律。

2. 房地产法是不动产法

虽然房地产涉及房产与地产及其他多种产业，但是，无论从广义还是狭义上对房地产进行解释，地产与房产及二者的结合皆为不动产，则无疑义。房地产法作为法律规范，始终是以不动产在使用、开发、经营、交易、管理、服务等过程中产生的房地产关系作为调整对象。

3. 房地产法是兼具公法与私法特征的财产法

房地产法是以有形财产作为客体的财产法，它将一切调整房地产关系的法律规范纳入自己的体系中。在房地产法律体系中，法律关系的主体既有公法上的国家、公共团体，也有私法上的个人、私人团体；其内容既涉及民事权利和义务，又涉及行政管理职权职责界定，主体及内容的综合性和复杂性使房地产法兼具公法和私法的特征，而将房地产法与其他法律部门区分开来的主要标志是作为房地产法律关系客体的房地产本身。

二、房地产法的调整对象

依法律关系所涉及的法律部门，可将房地产法的调整对象分为以下几种。

1. 房地产民事关系

房地产民事关系包括房地产权属法律关系（包括物权关系、房地产抵押关系、房屋继承关系、房屋赠与关系等），房地产转让关系，房屋租赁关系，房地产相邻关系，房屋拆迁关系，房地产抵押关系，等等。房地产民事关系中的某些部分以民法一般调整为主，专门法规调整为辅，如物权关系、房屋继承关系、房屋赠与关系、房屋租赁关系、房屋拆迁关系、房地产相邻关系等；另一部分则为以商法性质为主的一些房地产专门立法所调整，如房地产交易关系、房屋维修关系、房地产中介服务关系、物业管理关系等。

2. 房地产行政关系

房地产行政关系包括纯粹的房地产行政管理关系和大部分属于与经济法律关系相交叉而又以行政性为主的关系。纯粹的房地产行政管理关系，是指各级人民政府及其房地产管理部门依据国家法律赋予的职权，对房地产市场实施管理、监督、检查行为过程中与公民、法人或其他组织产生的行政关系，如房地产开发建设中的审批关系。与经济法律关系相交叉而又以行政性为主的关系，是指不具备财产内容或者不以财产内容为主，主体之间完全是命令与服从、管理与被管理的关系，包括房地产与建设项目管理关系、房地产产权和产籍管理关系、房地产行业管理关系、房地产市场的监督管理关系等。

3. 房地产经济法律关系

房地产经济法律关系是房地产法调整对象最大量的部分，也正是这类调整对象的存在，才使房地产法具有相对独立的意义。主要包括土地管理法律关系（包括土地规划管理关系、国有土地使用权出让关系、集体土地使用关系、土地征用关系、土地保护关系、土地使用权转让关系等），房地产规划管理关系（包括土地规划管理关系和城市建设规划关系），房地产开发和经营管理关系，房地产税费收缴关系，房地产金融关系，房地产质量和价格管理关系，房地产国有资产经营管理关系，涉外房地产关系，等等。我国房地产经济法律关系中还应包括房地产社会保障关系，具体内容包括住宅社会保障关系、公有房屋使用和转让及管理关系、单位与其职工的房屋产权和使用关系、房地产消费者保护关系等。

从上述房地产法调整对象来看，房地产法具有综合性法律规范特征。在所有房地产法律规范中，有一些民法的属性较强些，有一些行政法的属性较强些，有一些则较多地体现了社会保障法的功能，而更多的房地产法律规范直接体现了经济法律规范的综合性。

第三节　房地产法律关系

一、房地产法律关系概述

房地产法律关系是房地产法律规范在调整房地产使用、开发、经营、管理和服务等相关活动过程中所发生的权利和义务关系。这种法律关系具体可以产生于国家与社会组织之间，社会组织相互之间，国家、社会组织和公民之间，公民彼此之间，等等。房地产法律关系具有其自身的特征。

1. 主体具有广泛性

在房地产法律关系中，涉及房地产开发、交易、中介服务、管理等活动中的各种主体，包括房地产管理机关、土地管理机关、房地产开发公司、房地产经营公司、房地产交易所、房地产咨询服务公司、房地产评估事务所以及其他法人和公民。既有民事法律关系的主体，又有行政法律关系的主体和经济法律关系的主体，甚至在某些情况下，一个主体可能同时具有两种主体资格，如在国有土地使用权出让法律关系中，国家作为土地所有者既是合同关系中的民事主体，又是土地资源的管理者和房地产业的管理者。

2. 客体具有特殊性

土地和房屋都是不动产，不能在空间上移动位置或者一经移动就会损坏其价值和使用价值。因此，在房地产流转过程中，只有主体的变化，没有客体的变化；只有价值的转移，没有物质实体的转移。而且，没有地产就没有房产，房产在其物质内容上总是包含着地产，房产与地产常常融合在一起，二者的法律关系也是联系在一起的。此外，土地具有不可再生性、有限性，房地产法律关系也具有相对稳定性，土地和房屋作为房地产法律关系的客体，受国家专门法律保护和约束，这使得房地产法律关系比其他民事、经济法律关系更多、更直接地体现国家意志和国家利益。例如，在房地产开发过程中，从土地的选址布局、房地产的规划设计、征地拆迁、工程发包、房屋建造、竣工验收直至交付使用，均受国家房地产法律规范的调整。

3. 内容具有综合性

房地产法律关系的内容包括主体享有的权利和承担的义务。房地产经济关系的综合性，决定了除了房地产法律关系的主体和客体具有综合性外，还集中体现为其内容具有综合性。房地产法律关系是民事法律关系、行政法律关系和经济法律关系的综合，它既包括因平等主体之间在房地产流转过程中发生的民事法律关系，又包括因实施房地产管理行为而在房地产管理机关与房地产开发公司之间所发生的行政法律关系，还包括因国家对房地产市场的干预而发生的经济法律关系。

4. 程序具有法定性

房地产法律关系的产生、变更和消灭都要严格按照法律规定的程序和具体的行为规范进行，如房地产开发要依法办理开发用地、开发项目的审批手续，房地产交易要依法进行成交价格申报和产权登记等。

二、房地产法律关系的构成要素

房地产法律关系的构成要素指组成房地产法律关系必不可少的因素。房地产法律关系具有法律关系的一般属性，由主体、客体、内容三大基本要素构成。

（一）房地产法律关系的主体

房地产法律关系的主体指房地产法律关系中的当事人，是房地产法律关系中权利（或权力）的享有者和义务（或职责）的承担者。我国房地产法律关系的主体非常广泛，从一般民事法律关系角度，可将其做下列划分。

1. 国家或政府

这类主体在房地产法律关系中居主导地位，主要包括土地管理部门、房屋管理部门、规划管理部门、建设管理部门、公证机构等。国家或政府作为房地产法律关系的主体具有如下三重性质或地位：一是作为一般的房地产民事法律关系的主体，如国家机关向开发商购买商品房而形成的房地产买卖关系中作为买方的主体资格，属纯粹的民事法律关系主体。二是作为房地产活动的管理者所具有的主体资格，如对房地产价格和交易的管理等，属纯粹的行政或经济行政法律关系主体。三是作为国有土地资源所有者和管理者的特殊主体资格，这是我国内地和港澳地区的特有现象，国家和政府在土地使用权出让关系中既是合同一方，同时是房地产建设用地的管理者，这种法律关系既有财产内容也有管理内容，属经济法律关系主体。

2. 法人和非法人组织

法人是经济生活中最活跃的主体，在房地产法律关系中也不例外。就房地产业而言，主要有下列法人和非法人组织。

（1）开发商。开发商是指专门从事房地产开发的企业，是房地产开发活动的组织者，是首要的房地产法律关系主体，在房地产开发过程中居核心地位。

（2）建筑商。建筑商是指承接开发商提供的房地产开发项目进行建筑施工的企业，它主要受《中华人民共和国合同法》（以下简称《合同法》）和《中华人民共和国建筑法》（以下简称《建筑法》）的调整，由此而形成的法律关系是房地产相关法律关系。

（3）销售商。销售商主要是作为商品房的出售者和土地使用权的转让者，但不包括土地使用权出让的卖方。

（4）辅助商。辅助商是指从事除直接进行房地产开发和交易以外的房地产服务性业务的经营者，如房地产经纪人、房地产交易行、房地产金融和保险机构、房地产估价机构、房地产咨询顾问人、物业管理公司及为各类房地产活动提供法律服务的律师等。

（5）劳动群众集体经济组织。劳动群众集体经济组织可以成为房产所有权的主体和国有土地使用权的主体，并且农村劳动群众集体经济组织还是集体土地所有权的主体。

（6）房地产他项权利人和义务人。房地产他项权利人和义务人包括房地产抵押权人及其相对人、房地产出租人和承租人等。

（7）非法人社会组织。非法人社会组织包括法人的分支机构、个人合伙、个体工商户、农村承包经营户等。

3. 自然人

在房地产法律关系中，自然人不仅可以依法享有房产的所有权和国家及集体土地的使用权，而且可以就自己享有所有权的房产进行转让、设定抵押、进行出租等，从而设立相应的房地产转让法律关系、房地产抵押法律关系和房地产租赁法律关系，并成为这些房地产法律关系中的主体。

（二）房地产法律关系的客体

房地产法律关系的客体是指在房地产法律关系中主体所享有的权利和承担的义务共同指向的对象。就房地产法律关系的客体范围，学术界有不同意见，主要有以下几种观点：第一种观点认为房地产法律关系的客体是物，即土地和房屋；第二种观点认为房地产法律关系的客体包括物、行为和精神财富；第三种观点认为房地产法律关系的客体是物和行为；第四种观点认为房地产法律关系的客体是房地产物质利益，因为房地产法律关系的标的是物，但其核心内容是对土地的利用行为及房地产开发、交易和转让等行为，也包括一定的经济管理行为，当事人权利和义务指向的对象并不完全是物，也不是单纯的行为，而是二者相结合而形成的物质利益。编者同意房地产法律关系的客体应包括物（土地及房屋）和行为的观点。

1. 物

物是指现实存在的、可由人们控制和支配、具有一定经济价值的物品与其他物质财富。在房地产法律关系中，这种客体形式具体表现为土地和房屋及其附属物。

（1）土地。土地不同于地产，地产是在法律上有明确的权属关系并可以由所有者、经营者和使用者进行土地开发、土地经营，能够带来相应经济效益的建设用地。地产只是土地的一部分，只有那些与使用权相联系的，而且发生了使用权转移的土地才具有地产的意义。因此，一切作为资源特别予以保护的土地，或者是法律禁止其发生土地使用权流转的土地都不具有地产的性质，比如用于防洪、防沙、国防等用途的土地，文化古迹用地、耕地。依土地用途的不同，土地可分为工业用地、商业用地、公用事业用地、居住用地等。依土地权属性质划分，土地可以分为国家所有土地、集体所有土地。国家所有土地主要包括城市市区土地，国家建设依法征用的土地，国家依法将土地使用权交给国家机关、部队、其他社会组织和个人的土地，国有"四荒"（荒山、荒沟、荒丘、荒滩）土地，以及其他不属于集体所有的土地；集体所有土地主要包括除法律规定属于国家所有以外的农村和城市郊区的土地，以及依法由集体组织享有所有权的村民自留地、自留山和宅基地等。

（2）房屋。房屋是指土地上的房屋等建筑物及其构筑物。房屋不同于房产，房产是指在法律上有明确所有权权属关系的房屋财产，它具有商品属性，房产只是房屋中的特定部分，有些房屋不具备房产的商品属性，法律上禁止其进入房地产市场，不能成为房产，比如一些文化遗产性质的建筑、军事建筑等。依房屋用途的不同，房屋可分为居住用房、工业用房、商业用房、旅游用房、娱乐用房、教育用房等。依所有权性质的不同，房屋可分为国有房屋、集体房屋、私有房屋、不同所有制混合的共有房产、涉外房产，以及其他房产如宗教房产、中华人民共和国成立初期遗留的国家代管房产等。

（3）附属物分为土地上的附着物和房屋的附属物。土地上的附着物，是指在土地上建造的一切建筑物（如平房、楼房及附属房屋等）、构筑物（如水塔、水井、桥梁等）及地上定着物（如花草树木、铺设的电缆等）的总称。房屋的附属物是指在房屋所有权证或房屋租赁合同中载明的、与房屋主体建筑有关的附属建筑或构筑物。一般是指附属于居住房屋的平厦、杂房、厨房、厕所、过道、院落、占地、公有住房非居室等有合法权属证明或不计算租金面积的居室的附属使用部分。

2. 行为

行为指房地产法律关系的主体为享受权利、行使职权或承担义务、履行职责而在房地产活动中的作为或不作为。主要包括审批房地产开发企业成立、房地产产权产籍管理、市场价格管理、税费管理、对违反房地产管理法规进行处罚等管理行为，以及土地的征用补偿、房屋拆迁、物业管理、土地利用、房地产开发、交易、转让等提供劳务或经济协调的行为。

（三）房地产法律关系的内容

房地产法律关系的内容是指房地产法律关系主体所享有的权利（职权）和承担的义务（职责）。

1. 房地产权利和职权

房地产权利是指房地产法律关系中平等主体之间依法享有的民事权利，包括房地产物权、房地产债权和房地产继承权。房地产物权是指主体依法拥有的土地所有权和房屋所有权，以及他物权，包括土地所有权、土地使用权、房屋所有权、建筑物区分所有权、房地产经营管理权、相邻权、抵押权、典权及具有一定物权意义的房屋租赁权等。房地产债权是指主体在不同的房地产债权关系中依法享有的权利，如房地产买卖、房屋保险、房屋拆迁、房地产中介服务、房地产价格评估、房地产物业管理服务、房地产金融服务、房地产代管与托管等活动中形成的权利和义务关系。房地产继承权是指依照法律规定或遗嘱指定取得被继承人房地产遗产的权利。

房地产职权是房地产法律关系主体为履行职务在依法行使领导或组织监管的职能时所拥有的权力。行使职权的主体通常为城市规划部门、房地产主管部门、物价与税务管理部门等。房地产职权主要包括：第一，决策权，即制定有关房地产的法规、规章和决定，作为各种房地产法律主体从事开发、经营和服务活动的法律依据；第二，命令权，即向下级单位、有关社会组织和公民下达房地产管理方面的命令，禁止其做出一定行为或者要求其做出一定行为；第三，审批权，即按照权限范围，批准有关房地产企业建立或者允许其做出一定的行为；第四，监督、处罚权，即采取有关措施，监督各房地产主体实施房地产法规，对不执行或违反房地产法规的行为进行处罚；第五，指导协调权，即指导下级机关和有关房地产主体开展活动及在出现纷争时进行协调。此外，房地产职权还包括同时具有财产和管理内容的权力，例如，国有土地使用权的出让权利、房地产税收权利、房地产社会福利和社会保障权等，这些权利是国家基于宏观调控和市场秩序的需要，通过法律手段、行政手段和经济手段对房地产经济关系进行综合调整所享有的权利。房地产职权主体必须行使自己的职权，不可转让和放弃。

2. 房地产义务和职责

房地产义务是指房地产法律关系的民事主体依照法律规定或合同约定必须为或不为一定行为，如依法纳税的义务，全面履行合同的义务，产权转让登记的义务，对获得土地使用权的土地依法合理使用的义务，等等。

房地产职责是房地产法律关系的职权主体依照法律、法规、规章制度的某些要求在行使职权时，必须做出或不得做出一定行为的制约，以及违背这些制约后受到的处罚。例如，行政主体应依法履行岗位职责或竭诚为客户提供服务、禁止滥用职权等。

三、房地产法律事实

房地产法律事实是指符合房地产法律规范的，能够引起房地产法律关系发生、变更和终止的客观情况。与其他法律关系一样，房地产法律关系的产生、变更或消灭总是以一定的法律事实的出现为根本原因和依据，而此种法律事实是具有法律意义的自然现象或人们的行为。它须具有以下特征。

（1）客观性。作为房地产法律事实须是某种客观情况，是已经现实发生和存在的客观事实，包括行为、事件等，如果是主观想象或者还未现实存在的情况就不是法律事实。

（2）法定性。涉及房地产的客观现象和情况并不一定都会引起房地产法律关系的产生、变更和消灭，只有符合房地产法律规定的客观情况，才是房地产法律事实，才能引起房地产法律关系的产生、变更和消灭。

（3）差异性。法律事实的具体表现形式不一样，不同性质的法律事实产生的房地产法律关系也不同。

根据法律事实的发生是否与人的意志有关，可将房地产法律事实分为事件和行为。

1. 事件

事件是指不依房地产法律关系主体的主观意志为转移，能够引起房地产法律关系产生、变更或消灭的客观情况。能够引起房地产法律关系产生、变更或消灭的事件有：第一，自然现象，如地震、火灾、洪水、人的死亡等。第二，社会现象，如战争爆发、法律法规的修改、国家政策的重大改变等。虽然社会事件有人参加，但它与房地产法律关系主体的意志没有关系，房地产法律关系主体无法预见、无法避免且不可克服事件的是否发生，因此，社会现象仍然是当事人主观意志不能左右的事件，具有非意志性。第三，一定状态的出现。一定状态是指客观存在的抽象自然状况，如人的失踪、一定时间的经过等，这些也能引起一定的房地产法律关系产生、变更或消灭，也属于法律事实。

2. 行为

行为是指以房地产法律关系主体的意志为转移，并能够引起房地产法律关系产生、变更或消灭的客观事实。行为有合法行为与违法行为之分。凡是符合房地产法律规范的行为为合法行为，反之，则是违法行为。

房地产行为主要包括：第一，房地产法律行为，它是指房地产法律关系主体为了设立、变更或消灭一定的房地产法律关系而实施的具体合法行为，如房地产企业的房地产开发行为、土地使用权出让行为、房地产转让行为、房地产预售或销售行为、房地产租赁行为、物业管理行为。第二，房地产管理行为，它是指房地产行政管理机关在职权范围内行使的带有强制命令性的行为，如审批房地产企业设立的行为、审批土地使用权出让申请的行为、征用集体所有土地为国有土地的行为、房地产权属登记的行为，以及对房地产违法现象进行处罚的行为，均属于房地产行政行为，这一切都会导致相应的房地产法律关系产生、变更或终止的后果，但它不是以意思表示为特征而预期产生、变更或消灭一定房地产法律关系的行为，而是其职责所要求的必须实施的行为。第三，房地产违法行为，它是指房地产法律关系主体不履行法定义务或侵犯其他房地产主体的权利，扰乱房地产市场秩序的行为，如非法进行土地使用权出让和转让，以及出租、非法进行房地产开发、违章搭建、抢占他人房产的行为等，这些行为常常会使房地产法律关系归于无效，引起民事损害赔偿及行政处罚等法律后果。第四，房地产司法和仲裁行为，它是指司法机关和仲裁机关所为的与房地产相关的行为，如人民法院依法就房地产诉讼所做的判决或裁定，由此涉及有关当事人的财产执行或其他义务的履行，最终引起与之相应的法律关系的产生、变更或终止。

第四节 房地产法的渊源

一、我国房地产法律体系

综合国内外房地产法律体系的理论和实践，结合我国房地产业健康和可持续发展的基本要求，可建立纵横交错的房地产立法体系。

从纵向看，房地产法至少应当包括宪法、法律、行政法规、地方性法规、行政规章五个层次的立法规范，基本与房地产法的渊源一致。从横向看，房地产法至少应当包括综合性法律体系、专门性法律体系和相关性法律体系三个子系统。综合性法律体系主要包括宪法及宪法性文件中的有关规定。专门性法律体系主要包括土地法（主要涉及土地管理、国有土地使用权出让和转让及外商成片开发土地管理），住宅法（主要涉及个人建造住宅管理、物业管理、房屋租赁管理、住房基金管理、公务员住房管理、公房出售管理及住宅建设管理），城市房地产管理法（主要涉及产权产籍管理、私房管理、外国人私房管理、公房管理、商品房预售管理、企业资质管理、估价管理、房屋修缮管理及住宅小区管理）和规划法。相关性法律体系主要包括民法体系（如民法通则、民法总则、物权法、合同法、拆迁法、担保法、建筑物区分所有权法、继承法、婚姻法）和其他法律体系（如建筑法、消费者权益保护法、环境与资源保护法、税法、森林法、草原法、渔业法、商业银行法等）。

二、房地产法的具体渊源

房地产法的渊源指房地产法律规范的表现形式。房地产法调整范围复杂，决定了房地产法的具体表现形式众多，主要有以下几种。

1. 宪法中的房地产规范

《中华人民共和国宪法》（以下简称《宪法》）是由全国人民代表大会制定的具有最高法律效力的根本大法。《宪法》中有关房地产方面的规定，如关于土地归属、土地权利流转的规定，关于保护公民合法房屋财产所有权等方面的规定，都是调整房地产关系的重要法律规范，也是我国房地产立法的根本依据。

2. 基本法中的房地产规范

全国人民代表大会及其常务委员会依据宪法制定的法律在全国范围内具有仅次于《宪法》的法律效力。其中有关房地产的法律或包含房地产规范内容的法律是我国房地产规范的主要表现形式。如《中华人民共和国城市房地产管理法》（以下简称《城市房地产管理法》)、《中华人民共和国土地管理法》（以下简称《土地管理法》）、《中华人民共和国物权法》（以下简称《物权法》）、《中华人民共和国担保法》（以下简称《担保法》）等。

3. 国务院制定的行政法规中的房地产规范

国务院根据全国人民代表大会或全国人民代表大会常务委员会所制定的宪法和法律，以及根据全国人民代表大会常务委员会的授权制定的行政法规、发布的决定和命令，其中有关房地产的内容是我国房地产法的具体表现形式，如《中华人民共和国城镇国有土地使用权出让和转让暂行条例》（以下简称《城镇国有土地使用权出让和转让暂行条例》）、《物业管理条例》《国有土地上房屋征收与补偿条例》《不动产登记暂行条例》等。

4. 国务院所属各部、委发布的部门规章中的房地产规范

国务院所属部、委依据法律或国务院的法规、决定和命令，在其职权范围内发布的命令、指示和规章。其中有关房地产方面的规范也是我国房地产法的具体表现形式，如2007年12月1日，建设部、国家发展和改革委员会、监察部、财政部、国土资源部、中国人民银行、国家税务总局七部门联合发布的《经济适用住房管理办法》、2002年4月3日中华人民共和国国土资源部第4次部务会议通过的《招标拍卖挂牌出让国有建设用地使用权规定》等。

5. 地方性法规中的房地产规范

依据宪法、法律和行政法规，县级以上地方人民代表大会、人民政府或民族自治地方的自治机关，在本行政区域内发布有关决议和命令、地方性法规和条例等。其中有关房地产方面的规范，也是我国房地产法的表现形式，但这些规范只在本行政区域内有效，如《天津市房地产抵押管理规定》《黑龙江省〈城市房地产抵押管理办法〉实施细则》等。

6. 最高人民法院有关房地产的司法解释和具有指导性的指示

最高人民法院发布的有关具体适用房地产法律、法规的解释和对房地产案件处理的意见等具有指导性的指示，也是我国房地产法不可忽视的一种表现形式，如《最高人民法院关于审理商品房买卖合同纠纷案件适用法律若干问题的解释》《最高人民法院关于审理房屋登记案件若干问题的规定》等。

7. 政策性规范

在我国经济转轨时期，房地产业发展过程中出现的一些新问题，尚没有上升为被法律规范调整之前，往往先由政策性规范进行调整，这些政策性规范也构成我国房地产法的渊源，如国务院发布的《国务院关于坚决遏制部分城市房价过快上涨的通知》《国务院关于解决城市低收入家庭住房困难的若干意见》等。

8. 房地产习惯

房地产习惯是长期以来形成的在一定范围内、一定区域内为多数人认可并遵守的行为规则。例如，《物权法》第85条规定："法律、法规对处理相邻关系有规定的，依照其规定；法律、法规没有规定的，可以按照当地习惯。"

第五节 房地产法的基本原则

房地产法的基本原则，是社会主义市场经济体制下房地产法本质的集中体现，是房地产经济规律在法律上的反映。它是房地产立法、执法、司法、守法全过程的基本指导思想和行动准则。作为一门部门法的基本原则，应当符合全面、充分反映该部门法所调整的社会经济关系的客观要求，同时，还要求能对部门法的立法、行政执法、司法和守法具有普遍指导意义，以克服或弥补成文法的局限性。根据我国现行的有关规范性文件，可对我国房地产法的基本原则做如下归纳。

一、土地公有原则

我国的国家土地所有权的公有制度是在中华人民共和国成立初期对全社会的土地所有关系进行根本性制度变革中形成的，随着社会主义建设事业进程的不断发展，形成了公有制经济占主导地位，多种所有制经济共同发展的社会主义经济。而土地不仅是资源，而且是资产，我国坚持社会主义道路，基本原则之一就是实行土地的社会主义公有制，包括国家所有和集体所有。《宪法》明文规定，由法律规定属集体所有的森林和山岭、草原、荒地、滩涂外，其余的矿藏、水流、森林、山岭、草原、荒地、滩涂等自然资源都属于国家所有，即全民所有；城市的土地属于国家所有；农村和城市郊区的土地，由法律规定属于国家所有的，也归国家所有。此外，国家为了公共利益的需要，可以依照法律规定对土地实行征用。这些规定，确立了我国国家土地所有权的基本法律依据。

二、国有土地有偿、有期限使用原则

《城市房地产管理法》明确规定，国家依法实行国有土地有偿、有期限使用制度，但是，国家在本法规定的范围内划拨国有土地使用权的除外。这一规定要求土地使用者按照房地产市场的基本交换规则，向国家支付土地使用费或出让金，方能取得国有土地使用权。允许土地使用权作为商品，可由国家让渡给使用者，使用者又可以通过市场将其享有的土地使用权再行转让。

三、十分珍惜、合理利用土地和切实保护耕地的原则

土地是不可再生资源，十分珍惜、合理利用土地和切实保护耕地已成为我国的基本国策之一。这就要求我们必须采取有效措施，全面规划，严格管理，对土地进行科学的开发与利用，坚决贯彻执行土地用途管制制度，严格制止一切非法使用土地的行为。而耕地是

人们生活最基本的来源，因此，我国对耕地实行特殊保护包括建立基本农田保护制度和占用耕地补偿制度，确保耕地总量动态平衡。

四、房地产综合开发原则

房地产在国民经济中居于重要地位，房地产市场交易本身具有投机性和风险性，因此，科学的管理方法是以宏观调控为指导，适当放开，由市场去调节，但又不能放任自流，特别要警惕"泡沫经济"成分。同时，房地产开发经营还应当按照经济效益、社会效益、环境效益相统一的原则，实行全面规划、合理布局、综合开发、配套建设，努力谋求三大效益的平衡，并根据国家社会、经济发展水平，扶持发展居民住宅建设，逐步改善居民的居住条件。

❓思考题

1. 简答房地产的概念与特点。
2. 简答房地产业的概念。
3. 试述房地产法的概念和调整对象。
4. 试述房地产法律关系的概念和特征。
5. 简述房地产法律关系的主体。
6. 试述房地产法的渊源。
7. 试述房地产法的基本原则。

第二章

土地管理法律制度

> **重点提示**
>
> 通过本章的学习，要求学生了解土地管理法的概念，土地管理法的立法宗旨，土地法律关系及我国土地基本制度的有关内容；掌握土地的所有权和使用权制度、耕地保护制度和建设用地制度的有关内容。

第一节　土地管理法概述

土地管理是国家用以维护土地所有权、合理组织利用土地的一项行政管理活动。土地是人类赖以生存的基本条件，也是最为珍贵的、不可再生和替代的生产资料，因而，对土地实行有效的管理，是各社会制度下的一项重要法律制度。我国人多地少，全国人均耕地仅 1.3 亩①，耕地逐年减少与人口增长的矛盾日趋严重。为实现耕地总量动态平衡，确保农业的基础地位和社会经济可持续发展，必须建立完整的法律制度，全面规划，严格管理，保护、开发土地资源，制止非法占用土地的行为。十分珍惜、合理利用土地和切实保护耕地已被确定为我国的基本国策之一。

土地管理法就是国家为实现土地管理目的而制定的法律规范。土地管理法调整了因确认土地所有权、开发利用土地、取得和转让土地使用权，以及规划管理土地而产生的各种经济关系。

一、土地管理法的立法宗旨

土地管理法的直接目的是实现土地管理的规范化。由于土地资源十分重要，人们在土地上生存、发展，土地既是生产资料，又是生活资料，从而围绕土地产生了占有、使用、收益、分配、保护、管理等多种关系，涉及广泛的权利和义务，人们有关土地的行为必须是有规则的，秩序井然的，也就是要规范化进行。如果不是这样，而是无规则的、秩序混乱的、盲目行动的，那就将破坏土地资源，直接损害人类自身的利益，影响人们的正常生活，甚至会危及人类的生存与持续发展。所以，人们有关土地的行为应当合乎规范，包括

---

① 亩：中国市制土地面积单位，1 亩 ≈ 666.67 平方米。

人与土地的关系是规范的，在保护和利用土地过程中形成的人与人的关系是规范的，土地作为可开发利用的财富所引致的权利和义务关系也应当是有明确规范的，国家管理土地也必须依照一定的规范进行。这些有关土地的行为应当规范化，将土地管理活动纳入法制化的轨道，实现依法治理土地。可以说，土地管理法是保证规范管理土地的前提与基础，保障、推进、建立并强化土地管理的法律秩序，促使人们在保护、利用、管理土地过程中遵循自然规律与经济规律。

根据土地管理法的规定，土地管理法的立法宗旨有以下几个方面：

一是维护土地的社会主义公有制。我国实行土地的社会主义公有制，即全民所有制和劳动群众集体所有制。土地公有制是我国土地制度的基础，体现了社会主义制度的基本特征。在实行市场经济的条件下，土地公有制和土地市场化并容，以土地所有权和使用权分离的方式实现土地的商品性。依法维护土地的社会主义公有制具有十分重要的意义。

二是保护、开发土地资源，合理利用土地。土地作为一种宝贵的自然资源，是人类生存和生活的基本物质资料。随着我国人口的增长和经济的发展，土地数量的有限性和对土地需求的无限增长性之间的矛盾日益突出。因此，有效保护土地资源，合理利用土地，是制定土地管理法的重要任务。

三是切实保护耕地。耕地是农业最基本的生产资料，我国作为一个人口众多的农业大国，人均耕地数量少，耕地的后备资源不足，为了稳固农业基础，必须切实保护耕地，这是由我国的基本国情所决定的。

四是促进社会经济的可持续发展。当前，走可持续发展的道路已经成为世界各国的共同选择。土地作为一种自然资源，它的存在是非人力所能创造的，土地本身的不可移动性、地域性、整体性、有限性是固有的，人类对它的依赖和永续利用程度的增加也是不可逆转的。因此，通过立法强化土地管理，保证对土地的永续利用，以促进社会经济的可持续发展，也是制定土地管理法的一项重要任务。

总之，我们必须根据依法治国、建设社会主义法治国家的基本方略，加强土地管理，使之规范化、制度化。《土地管理法》第1条的规定与土地管理法其他条文的规定之间是目的与手段的关系，土地管理法的其他条文都是为实现立法目的服务的。通过对《土地管理法》的修订，特别是土地用途管制制度的建立，必将对土地管理法立法宗旨的实现起到重要的作用。

二、我国的基本土地制度

土地基本制度是土地管理法着重规范的内容。根据《宪法》和《土地管理法》的规定，我国基本土地制度的内容如下。

1. 实行土地的社会主义公有制

土地是宝贵的自然资源，同时也是最基本的生产资料。中华人民共和国成立以后，土地的社会主义公有制逐步确立，形成了全民所有土地即国家所有土地，劳动群众集体所有土地即农民集体所有土地，这样两种基本的土地所有制形式。土地所有制的法律表现形式是土地所有权，即土地所有者对其土地享有占有、使用、收益和处分的权利。根据《宪法》和《土地管理法》规定，城市市区的土地属于国家所有。农村和城市郊区的土地，除由法律规定属于国家所有的以外，属于农民集体所有。因此，我国土地公有制的法律表现形式是国有土地所有权和农民集体土地所有权。国家和农民集体是土地所有权的主体，国家和农民集体对自己所有的土地行使权利受法律保护。对于任何侵犯土地所有权的行为，都将受到法律制裁。土地公有制是我国土地制度的基础和核心，也是社会主义制度的重要经济基础，一切土地立法都必须遵循和维护这一制度。

2. 国有土地所有权由国务院代表国家行使

国有土地所有权由国务院代表国家行使，是指国务院代表国家依法行使对国有土地的占有、使用、收益和处分的权利。在法律上规定国务院作为国有土地所有权的代表，这就赋予中央人民政府行使国有土地资产经营管理的职能；明确国有土地的收益权归中央人民政府，并由其决定国有土地收益的分配办法。地方各级人民政府不是国有土地所有权代表，无权擅自处置国有土地，只能依法根据国务院的授权处置国有土地。

3. 不得侵占、买卖或者以其他形式非法转让土地，土地使用权可以依法转让

为了保护土地的社会主义公有制不受侵犯，同时也是为保护我国的耕地资源，《宪法》第10条第4款规定："任何组织或者个人不得侵占、买卖或者以其他形式非法转让土地。土地的使用权可以依照法律的规定转让。"《土地管理法》对《宪法》上述规定加以具体化。这些规定为土地使用制度改革提供了有力的法律保障。将土地使用权和所有权分离以实现土地的商品属性，有利于土地资源的优化配置，有利于探索土地公有制的有效实现形式，有利于公有土地资产的保值和增值，也有利于促进对外开放。经过多年的实践，我国土地使用制度改革，特别是国有土地使用制度改革已经取得了巨大成功。

4. 国家为公共利益的需要可以依法征用集体所有的土地

《宪法》第10条第3款规定："国家为了公共利益的需要，可以依照法律规定对土地实行征收或者征用并给予补偿。"这就赋予了国家土地征用权，确立了土地征用制度。在我国，土地或者为国家所有，或者为集体所有。各项社会公共或者公益事业的发展所需要的土地，主要来源于对国有土地的分配调整。但由于国有土地不足而涉及集体所有的土地时，为了保证社会公共事业或者公益事业的发展，体现全社会的长远利益，建立一种使集体所有土地转为国有并用于公用的特殊取得制度并使其合法化，是完全必要的。

5. 国家依法实行国有土地有偿使用制度

我国土地使用制度改革前的长时期内，国有土地是由国家以行政手段无偿划拨给企业、事业单位使用的，这种土地使用制度存在诸多弊端。因此，对国有土地使用制度必须进行改革。国有土地有偿使用制度，主要是指国家将国有土地使用权在一定年限内出让给土地使用者，由土地使用者向国家支付土地使用权出让金。国有土地使用制度改革是经济

体制改革的重要组成部分。只有实行有偿、有限期、能流动的国有土地使用制度，对土地既作为资源管理，又作为资产管理，才能合理配置土地资源，实现最大的土地利用效益，并确保土地资产的保值和增值。进行国有土地使用制度改革，实行国有土地有偿使用制度，是实现城市基础建设良性循环、促进经济发展的正确途径。

6. 国家在法律规定的范围内划拨国有土地使用权

划拨国有土地使用权，是指县级以上人民政府依照土地管理法的有关规定，在土地使用者缴纳有关补偿、安置等费用后，将一定数量的国有土地交付其使用，或者直接将一定数量的国有土地无偿交付给土地使用者使用。对建设用地，我国长期以来一直采用这种方式。随着国有土地使用制度改革的不断深化，出让国有土地使用权在整个建设用地供应总量中所占的比重在不断增加。

第二节　土地的所有权、使用权及承包经营权

一、土地所有权

土地所有权是由土地所有制决定的，是土地所有制在法律上的表现。我国实行土地的社会主义公有制，即全民所有制和劳动群众集体所有制，从而在土地所有权方面，确立了国有土地和农民集体所有的土地这两种所有权。

土地所有权的一个特点是具有排他性，也就是同一块土地上只能有一个所有权存在，而不能同时存在两个以上的所有权。因此，土地管理法首先规定城市市区的土地属于国家所有；接着规定，农村和城市郊区的土地除由法律规定属于国家所有的以外，属于农民集体所有；宅基地和自留地、自留山，属于农民集体所有。这样规定，可以涵盖所有的城乡土地，在一块土地上只能有一种土地所有权，排除了确认土地所有权时可能出现的遗漏、重叠或交叉。

关于土地所有权的确认，其一，国有土地的所有权只能由国家统一行使，具有唯一性和统一性，其他任何社会团体和个人都不得作为国有土地的所有权人。其二，农民集体所有的土地，土地管理法明确规定由县级人民政府登记造册，核发证书，确认所有权。这种由法律来确定的土地所有权是一种完整的、全面的财产权利；它并不是一个抽象的概念，而是具体地表现为占有、使用、收益、处分等权能。

在土地管理法中，对土地所有权作出规定时，还有两项重要的规定，一项是明确由国务院代表国家行使国家所有土地的所有权；另一项是明确了农民集体所有的土地由谁来行使其所有权的问题。土地管理法规定，依法属于村农民集体所有的，由村集体经济组织或者村民委员会经营、管理；属于村内的农民集体分别所有的（实际上是以生产队为基础延续存在的），由村内的农村集体经济组织或者村民小组经营、管理；属于乡（镇）的，则

由这一级的农村集体经济组织经营、管理。以上两项规定的积极作用在于有效地维护土地所有者的合法权益，有利于实际操作。

二、土地使用权

土地使用权是指土地使用者在法律规定的范围内对所使用的土地享有占有、使用和收益的权利。这种权利的产生以土地具有使用价值为基础，同时又具有某些商品属性。在法律上是以《宪法》中有关"土地的使用权可以依照法律的规定转让"为根据的。

在土地管理法中，对土地使用权作出了多项规定，主要内容如下：

一是明确规定土地使用权可以依法转让，这样就使土地使用权从土地所有权中相对分离出来，成为一项独立的权利。当然，从其根源上说，土地使用权仍然是土地所有权的内容之一。

二是明确规定国家依法实行国有土地有偿使用制度；国有土地和农民集体所有的土地，可以依法确定给单位或者个人使用。这些法律规定表明，土地使用权可以有偿取得，单位和个人都可以取得土地使用权；土地使用权的取得必须具有合法性，非法使用土地不能形成土地使用权。

三是明确规定农民集体所有的土地依法用于非农业建设的，由县级人民政府登记造册，核发证书，确认建设用地使用权；单位和个人依法使用的国有土地，由县级以上人民政府登记造册，核发证书，确认使用权。这些法律规定使土地使用权依法得到确认，使用者凭借合法的依据，占有与使用土地。在这里占有与使用是一致的，占有是使用的前提，使用是占有的目的。

四是明确规定依法登记的土地所有权和使用权受法律保护，任何单位和个人不得侵犯。这项法律规定表明，依法取得的土地使用权是一项可以独立存在的权利，它与所有权一样受到法律保护，保护的内容则根据依法取得权利的内容决定。

三、土地承包经营权

土地承包经营形式是在我国农村改革中创立的，适应中国的实际情况，对调动农民的积极性、推进生产力发展显示出了巨大的威力。这种承包经营关系反映在法律上，就产生了土地承包经营权这一特定的概念。《中华人民共和国民法通则》（以下简称《民法通则》）规定，公民、集体依法对集体所有的或者国家所有由集体使用的土地的承包经营权，受法律保护。承包双方的权利和义务，依照法律由承包合同规定。《土地管理法》总结了近十几年在土地承包经营方面的经验，吸收了农民群众要求稳定土地承包经营关系，切实保护合法权益的意愿，增加了有关土地承包经营的法律规范，使之趋于完善并增强了可操作性。《中华人民共和国民法总则》（以下简称《民法总则》）也规定，农村集体经济组织的成员，依法取得农村土地承包经营权。

《土地管理法》对土地承包经营按三种情况作出规定。

一是农民集体所有的土地由本集体经济组织的成员承包经营。这种情况的土地承包经营，法定期限为30年；在这个期限内对承包的土地进行适当调整的，必须经过法定的程序。

二是国有土地可以由单位或者个人承包经营。

三是农民集体所有的土地可以由本集体经济组织以外的单位或者个人承包经营。对于这种情况的承包经营，必须按法律规定的特定程序决定。

《土地管理法》对上述三种承包经营情况所作出的规定，它们的共同原则与具体要求如下：

第一，土地承包经营权是在土地公有制的基础上确立的，它是依赖于国家、集体土地所有权的一种权利。

第二，土地承包经营行使权利的范围只限于从事种植业、林业、畜牧业、渔业生产，承包者无权超出这个范围使用土地。

第三，承包经营土地，发包方和承包方应当订立承包合同，约定双方的权利和义务。在承包的三种情况中，除本集体经济组织成员的承包期限由法律规定外，其余两种则由承包合同约定。

第四，承包经营土地者负有保护和按照承包合同约定的用途合理利用土地的义务。

第五，农民的土地承包经营权并不是简单地按市场原则有偿使用土地，而是包含着集体经济组织和农户双层经营的因素，农民应当享有土地使用权。

第六，土地承包经营权是一项独立的权利，在依法取得后，承包者享有在承包经营的土地上依法占有、使用和收益的权利，这些合法的权益受法律保护。

第三节 土地用途管制制度

一、土地用途管制制度的概念

土地用途管制制度，是指国家为保证土地资源的合理利用，促进经济、社会和环境的协调发展，通过编制土地利用总体规划划定土地用途区域，确定土地使用限制条件，土地的所有者、使用者严格按照国家确定的用途利用土地的制度。土地用途管制制度与过去的用地审批制度的主要区别在于，主动依据土地利用规划划定土地用途，并依法规范土地利用行为，划分土地管理权限，控制土地用途变更。此外，土地用途管制制度采用规划公示的办法，向社会公众告示土地用途分区和用途限制，有利于社会公众对土地利用和管理实施监督。

土地用途管制，是世界上一些土地管理较为完善的国家采用的一种土地利用管理制度。日本、美国、加拿大等称之为"土地使用分区管制"；瑞典称之为"土地使用管制"；英国称之为"土地规划许可制"；法国、韩国则称之为"建设开发许可制"。实行这种制度的目的是通过土地利用规划引导合理利用土地，促进区域经济、社会和环境的协调发展，依据土地利用规划对土地用途转变实行严格控制。上述国家实行土地用途管制的措施和手段大致相同，概括起来，就是主管土地的部门经过调查研究，用科学方法主动规划土地用途，先把区域内土地划分成各种使用区，再把使用区内土地逐宗编定为各种使用地，只要使用区划分合理，各种使用地编定恰当，并依法施以各种管制措施，就有利于使有限的土地资源满足经济和社会发展的需要。从一些国家的情况来看，土地用途管制在合理利用土地资源，特别是在保护耕地方面取得了良好的效果。

二、土地用途管制制度的内容

（一）土地用途管制的依据

作为实行土地用途管制依据的土地利用总体规划，是在一定区域内，根据国家社会经济可持续发展的要求和当地自然、经济、社会条件，对土地的开发、利用、治理和保护，在空间上、时间上所做的总体安排和布局。

1. 土地利用总体规划的地位

各级人民政府应当依据国民经济和社会发展规划、国土整治和资源环境保护的要求、土地供给能力及各项建设对土地的需求，组织编制土地利用总体规划。土地利用总体规划的规划期限由国务院规定。下级土地利用总体规划应当依据上一级土地利用总体规划编制。地方各级人民政府编制的土地利用总体规划中的建设用地总量不得超过上一级土地利用总体规划确定的控制指标，耕地保有量不得低于上一级土地利用总体规划确定的控制指标。省、自治区、直辖市人民政府编制的土地利用总体规划，应当确保本行政区域内耕地总量不减少。

2. 土地利用总体规划的编制原则

一是严格保护基本农田，控制非农业建设占用农用地；二是提高土地利用率；三是统筹安排各类、各区域用地；四是保护和改善生态环境，保障土地的可持续利用；五是占用耕地与开发复垦耕地相平衡。

3. 土地利用总体规划对土地按用途分类

土地管理法将土地分为农用地、建设用地和未利用地三类。农用地是指直接用于农业生产的土地，包括耕地、林地、草地、农田水利用地等；建设用地是指建造建筑物、构筑物的土地，包括城乡住宅和公共设施用地、工矿用地、交通水利设施用地、旅游用地、军事设施用地等；未利用地是指农用地和建设用地以外的土地，如沙漠、冰川等。将土地作这样的分类是国家实行土地用途管制制度的需要，主要目的在于限制农用地转为建设用地，特别是要切实保护耕地。根据需要，各类土地还可以做进一步的分类，并确定具体的划分标准。

4. 土地利用总体规划审批程序

全国土地利用总体规划，由国务院土地行政主管部门会同国务院有关部门编制，报国务院批准。省、自治区、直辖市的土地利用总体规划，报国务院批准。省、自治区人民政府所在地的市，人口在100万以上的城市，以及国务院指定城市的土地利用总体规划，经省、自治区人民政府审查同意后，报国务院批准。前述以外的土地利用总体规划，逐级上报省、自治区、直辖市人民政府批准；其中，乡（镇）土地利用总体规划可以由省级人民政府授权的设区的市、自治州人民政府批准。土地利用总体规划一经批准，必须严格执行。

5. 全国和省级土地利用总体规划的性质和任务

全国和省级土地利用总体规划为宏观控制性规划，主要任务是，在确保耕地总量动态平衡的前提下，统筹安排各类用地，控制城镇建设用地规模。通过规划分区和规划指标对下级土地利用总体规划进行控制。县、乡级土地利用总体规划为实施性规划，主要任务是，根据上级土地利用总体规划的指标和布局要求，具体划分各土地利用区，明确用途和使用条件，为农用地转用审批、基本农田保护区划定、土地整理、土地开发复垦提供依据。特别是乡（镇）土地利用总体规划，要具体确定每一块土地的用途，并向社会公告。

6. 土地利用总体规划的修改

土地利用总体规划的修改，必须经原批准机关批准；未经批准，不得改变土地利用总体规划确定的用途。经国务院批准的大型能源、交通、水利等基础设施建设用地，需要改变土地利用总体规划的，根据国务院的批准文件修改。经省、自治区、直辖市人民政府批准的能源、交通、水利等基础设施建设用地，需要改变土地利用总体规划的，属于省级人民政府土地利用总体规划批准权限内的，根据省级人民政府的批准文件修改。

（二）农用地转为建设用地的批准权限

根据土地用途管制的要求，建设用地必须符合土地利用总体规划所确定的用途，并且严格限制农用地转为建设用地，控制建设用地总量。因此，建设占用土地，涉及农用地转为建设用地的，应当办理农用地转用审批手续。省、自治区、直辖市人民政府批准的道路、管线工程和大型基础设施建设项目、国务院批准的建设项目占用土地，涉及农用地转为建设用地的，由国务院批准。在土地利用总体规划确定的城市和村庄、集镇建设用地规模范围内，为实施该规划而将农用地转为建设用地的，按土地利用年度计划分批次由原批准土地利用总体规划的机关批准。前述以外的建设项目占用土地，涉及农用地转为建设用地的，由省、自治区、直辖市人民政府批准。

（三）集中征地审批权

根据宪法和有关法律的规定，土地征用权属于国家。1998年《土地管理法》修订时，针对以往土地征用权过于分散带来的弊病，适应土地用途管制的要求，适当集中了征地审批权。征用基本农田，或者征用基本农田以外的耕地超过35公顷①的，其他土地超过70

---

① 公顷：面积的公制单位，1公顷＝10 000平方米。

公顷的，必须由国务院批准；征用前述以外的土地的，由省、自治区、直辖市人民政府批准，并报国务院备案；取消省级以下人民政府的征地审批权，征用农用地还必须先行办理农用地转用审批。其中，经国务院批准农用地转用的，同时办理征地审批手续，不再另行办理征地审批；经省、自治区、直辖市人民政府在征地批准权限内批准农用地转用的，同时办理征地审批手续，不再另行办理征地审批，超过省级征地批准权限的，还要依法另行办理征地审批。

（四）完善土地登记制度

土地登记是指国家依照规定程序将土地的权属、用途、面积、政府对该宗地的利用设置的管制条件等情况登记在专门的簿册上，同时向土地所有者和土地使用者颁发土地证书（不动产权证书）的一种制度。为了适应土地用途管制的要求，《土地管理法》对土地登记制度作了一些新的规定。一是规定农民集体所有的土地依法用于非农业建设的，由县级人民政府登记造册，核发证书，确认建设用地使用权，以加强对农村建设用地的管理。二是规定依法改变土地用途的，应当办理土地用途变更登记。土地用途变更登记，是指对已经登记的土地用途发生变化的，经土地权利人申请，对原登记的土地用途依法进行变更的一种土地登记行为。

土地用途变更登记是土地用途管制的一项重要措施。首先，土地用途是土地权利的重要内容，土地权利未经登记不受法律保护。其次，土地用途是依照土地利用总体规划确定的，改变用途要审查其是否符合土地利用总体规划。再次，改变土地用途应有合法批准手续，通过土地用途变更登记可以有效地进行监督。最后，土地用途决定土地价值和收益，通过土地用途变更登记有助于保障国家土地收益。

（五）健全土地监督检查制度，强化土地法律责任

实行土地用途管制制度，要求使用土地的单位和个人必须严格按照土地利用总体规划确定的用途使用土地。为加强监督检查，《土地管理法》专门增加了监督检查一章，授权县级以上人民政府土地行政主管部门，对包括违反土地用途管制在内的土地违法行为进行监督检查，并对各种土地违法行为规定了相应的法律责任。

第四节 耕地保护制度

一、切实保护耕地是我国的一项基本国策

切实保护耕地是《土地管理法》立法的目的之一。《土地管理法》第3条指出："十分珍惜、合理利用土地和切实保护耕地是我国的基本国策。"把切实保护耕地作为一项基本国策固定在法律规范中，可见保护耕地的重要性。这是由我国人多地少、人均耕地严重

短缺的现状所决定的。切实保护耕地关系到农业的长期稳定发展，关系到整个国民经济持续、快速、健康发展，关系到全民根本利益，所以必须列为基本国策。

实现耕地总量动态平衡，是耕地保护的目标。实现耕地总量动态平衡就是要在今后一个时期内，做到耕地面积不再减少，并略有增加，用中国的地养活中国人，同时保证当前建设对土地的需求。它既包括了耕地数量的增长，也包括了耕地质量的提高，以及资源配置的优化。为保证实现这一目标，《土地管理法》规定了一系列的具体制度。

（1）从规划上保证总量平衡。土地利用总体规划必须确定土地的用途，根据耕地总量平衡与可供土地的可能，确定本地区的耕地总量和可供土地总量。《土地管理法》第 18 条规定："省、自治区、直辖市人民政府编制的土地利用总体规划，应确保本行政区域内耕地总量不减少。"同时通过土地利用年度计划，严格控制建设用地总量。

（2）实行土地用途管制制度。严格控制耕地转为建设用地，这是保护耕地的一项基本措施。非农业建设必须节约使用土地，可以利用荒地的，不得占用耕地；可以利用劣地的，不得占用好地。凡涉及农用地转为建设用地的，必须按规定办理农用地转用审批手续。

（3）实行占用耕地补偿制度。《土地管理法》第 33 条规定："省、自治区、直辖市人民政府应当严格执行土地利用总体规划和土地利用年度计划，采取措施，确保本行政区域内耕地总量不减少；耕地总量减少的，由国务院责令在规定期限内组织开垦与所减少耕地的数量和质量相当的耕地，并由国务院土地行政主管部门会同农业行政主管部门验收。个别省、直辖市确因土地后备资源匮乏，新增建设用地后，新开垦耕地数量不足以补偿所占用的耕地的数量的，必须报经国务院批准减免本行政区域内开垦耕地的数量，进行易地开垦。"《土地管理法》第 31 条规定："非农业建设经批准占用耕地的，按照'占多少，垦多少'的原则，由占用耕地的单位负责开垦与所占用耕地的数量和质量相当的耕地；没有条件开垦或者开垦的耕地不符合要求的，应当按照省、自治区、直辖市的规定缴纳耕地开垦费，专款用于开垦新的耕地。"

（4）实行基本农田保护区制度。对粮、棉、油、蔬菜等优良耕地，按规定划为基本农田保护区实行特殊保护。《土地管理法》第 34 条规定，各省、自治区、直辖市划定基本农田保护区应当占本行政区域内耕地的 80% 以上。

（5）禁止闲置和荒芜耕地。任何单位和个人不得闲置、荒芜耕地。已经办理审批手续的非农业建设占用耕地，1 年内不用而又可以耕种收获的，应当由原耕种该幅耕地的集体或个人恢复耕种，也可以由用地单位组织耕种；1 年以上未动工建设的，应当按省、自治区、直辖市的规定缴纳闲置费；超过 2 年未使用的，经原批准机关批准，由上级人民政府收回用地单位的土地使用权，该幅土地原为农民集体所有的，应当交回原农村集体经济组织恢复耕种。承包经营耕地的单位或者个人超过 2 年弃耕抛荒的，原发包单位应当终止承包合同，收回发包的耕地。

二、基本农田保护区制度

（一）基本农田保护区的划定

实行基本农田保护区制度，是保护耕地的一项有效措施。《土地管理法》和《基本农田保护条例》对此均明确作出规定。

所谓基本农田，是指按照一定时期人口和社会经济发展对农产品的需求，依据土地利用总体规划确定的不得占用的耕地。基本农田保护区就是为对基本农田实行特殊保护而依据土地利用总体规划和依照法定程序确定的特定保护区域。

下列耕地应当划入基本农田保护区，实行严格管理。

（1）经国务院有关主管部门或者县级以上地方人民政府批准确定的粮、棉、油生产基地内的耕地。

（2）有良好的水利与水土保持设施的耕地，正在实施改造计划及可以改造的中、低产田。

（3）蔬菜生产基地。

（4）农业科研、教学试验田。

根据土地利用总体规划，铁路、公路等交通沿线，城市和村庄、集镇建设用地区周边的耕地，应当优先划入基本农田保护区；需要退耕还牧、还林、还湖的耕地，不应当划入基本农田保护区。

基本农田保护区以乡（镇）为单位进行划区定界，由县级人民政府土地行政主管部门会同同级农业行政主管部门组织实施。划定的基本农田保护区，由县级人民政府设立保护标志，予以公告。任何单位或个人不得破坏或者擅自改变基本农田保护区的保护标志。基本农田保护区划定后，应经省级人民政府或其授权的市、自治州人民政府组织土地、农业行政主管部门验收。

（二）基本农田的保护

基本农田保护区一经依法划定，任何单位和个人不得改变或者占用。基本农田保护区受法律的严格保护。

（1）需要占用基本农田应报国务院批准。国家能源、交通、水利、军事设施等重点建设项目选址确实无法避开基本农田保护区，需要占用基本农田，涉及农用地转用或者征用土地的，必须经国务院批准。

（2）实行基本农田补充制度。经国务院批准占用基本农田的，当地人民政府应当按照国务院的批准文件修改土地利用总体规划，并补充划入数量和质量相当的基本农田。占用单位应当按照占多少、垦多少的原则，负责开垦与所占基本农田的数量与质量相当的耕地；没有条件开垦或者开垦的耕地不符合要求的，应当按照省、自治区、直辖市的规定缴纳耕地开垦费，专款用于开垦新的耕地。

占用基本农田的单位应当按照县级以上人民政府的要求，将所占用基本农田耕作层的土壤用于新开垦的耕地、劣质地或者其他耕地的土壤改良。

（3）禁止破坏基本农田。禁止任何单位和个人在基本农田保护区内建窑、建房、建坟、挖沙、采石、采矿、取土、堆放固体废弃物或者进行其他破坏基本农田的活动。禁止任何单位和个人占用基本农田发展林果业和挖塘养鱼。

（4）实行基本农田地力等级评定制度。利用基本农田从事农业生产的单位和个人应当保持和培肥地力。县级人民政府应当根据当地实际情况制定基本农田地力分等定级办法，由农业行政主管部门会同土地行政主管部门组织实施，对基本农田地力分等定级，并建立档案。农村集体经济组织或者村民委员会应当定期评定基本农田地力等级。有关主管部门应当建立基本农田地力与施肥监测、环境污染监测和评价等制度。

（5）实行基本农田保护责任书制度。在建立基本农田保护区内的地方，县级以上地方人民政府应当与下一级人民政府签订基本农田保护责任书；乡（镇）人民政府应当根据与县级人民政府签订的基本农田保护责任书的要求，与农村集体经济组织或者村民委员会签订基本农田保护责任书。

基本农田保护责任书应当包括基本农田的范围、面积、地块；基本农田的地力等级；保护措施；当事人的权利与义务；奖励与处罚。

三、土地开发与复垦

（一）土地开发

1. 土地开发的概念

土地开发是指为扩大土地的可利用面积和提高土地利用深度，通过劳力、技术和资金的投入将土地由自然资源改造为经济资源，土地开发包括对未利用土地的开发，也包括对被破坏土地或利用不合理、不充分的土地进行的开发。而土地开垦是以垦殖为目的的开发，即开垦荒地为耕地用于农作物的种植，因此开垦土地成为土地开发的一种具体形式。

2. 土地开发的原则

土地开发应遵循《土地管理法》规定的原则。

（1）符合土地利用总体规划。土地开发应以土地利用总体规划为依据，在该规划指导下进行。

（2）保护和改善生态环境、防止水土流失和土地荒漠化。开发未利用的土地必须经过科学论证和评估。禁止毁坏森林、草原开垦耕地，禁止围湖造田和侵占江河滩地。对破坏生态环境开垦、围垦的土地，要有计划、有步骤地退耕还林、还牧、还湖。

（3）农用地优先开发。适宜开发为农用地的，应当优先开发为农用地；不能开发为农用地的，可以开发为建设用地。

（4）保护开发者利益。国家依法保护开发者的合法权益，鼓励单位和个人进行土地开发。开垦未确定使用权的国有荒山、荒地、荒滩从事种植业、林业、畜牧业、渔业生产的，经县级以上人民政府依法批准，可以确定给开发单位或者个人长期使用。

3. 开垦的范围和程序

开垦未利用的土地，必须在土地利用总体规划划定的可开垦的区域内进行。依照《土地管理法》规定，土地利用总体规划中应当划定土地利用区，对可开垦的土地划定范围，经过科学论证和评估后依法进行开垦。

开垦未利用的土地，必须按以下程序进行。

（1）经过开垦的科学论证和评估。论证和评估的目的是要保证开垦土地在保护和改善生态环境、防止水土流失和土地荒漠化的前提下进行。论证和评估内容一般包括：选定的可开垦地区，对生态的影响是什么；是否有利于保护或改善当地的环境；是否有防治水土流失的措施；等等。

（2）开垦土地要经依法申请批准。开发未确定土地使用权的国有荒山、荒地、荒滩从事种植业、林业、畜牧业、渔业生产的，应当向土地所在地的县级以上人民政府土地行政主管部门提出申请，报有批准权的人民政府批准。一次性开发未确定土地使用权的国有荒山、荒地、荒滩600公顷以下的，按照省、自治区、直辖市规定的权限，由县级以上地方人民政府批准；开发600公顷以上的，报国务院批准。

（二）土地复垦

1. 土地复垦的概念

土地复垦是指对在生产建设过程中，因挖损、塌陷、压占等造成破坏的土地，采取整治措施，使其恢复到可供利用状态的活动。对此，国务院颁布的《土地复垦条例》和《土地管理法》第42条都作出了专门的规定。因挖损、塌陷、压占等造成土地破坏，用地单位和个人应当按照国家有关规定负责复垦；没有条件复垦或者复垦不符合要求的，应当缴纳土地复垦费，专项用于土地复垦。复垦的土地应当优先用于农业。

2. 土地复垦的实施

土地复垦实行"谁破坏、谁复垦"的原则。在开采矿产资源、烧制砖瓦、粗燃烧发电等生产建设活动中，造成土地破坏的企业和个人，负有复垦的义务。

复垦可以由企业和个人自行复垦，也可以由其他有条件的单位和个人承包复垦。承包复垦土地，应当以合同形式确立承包、发包双方的权利和义务。

土地复垦费用，应根据土地被破坏的程度、复垦标准和复垦工程量合理确定。

各级人民政府土地管理部门负责管理、监督检查本行政区域内的土地复垦工作；各级计划部门负责土地垦复的综合协调工作；各有关行业主管部门负责本行业土地复垦规划的制定与实施。

3. 复垦后的土地使用权和收益分配

（1）复垦后的集体土地，不能恢复原用途或复垦后需要用于国家建设的，由国家征用；不能恢复原用途，但集体经济组织愿意保留的，可以不实行征用；经复垦可以恢复原用途，但国家建设不需要的，不实行国家征用。

（2）复垦后的国有土地，如果是企业利用自有资金或者贷款进行复垦的，复垦后归该企业使用，依照国家规定办理过户登记手续；企业不需要使用的土地，或者未经当地土地管理部门同意复垦后连续 2 年以上不使用的土地，由县级以上人民政府统筹安排使用。

（3）企业采取承包或者集资方式复垦国有土地，复垦后的土地使用权和收益分配，依照承包合同或者集资协议约定的期限和条件确定；如因国家生产建设需要提前收回的，企业应当对承包合同或集资协议的另一方当事人支付适当的补偿费。

第五节　建设用地制度

一、建设用地的概念

建设用地是指建造建筑物、构筑物的土地，包括城乡住宅和公共设施用地、工矿用地、交通水利设施用地、旅游用地、军事用地等。从广义上讲，建设用地是指已利用土地中的一切非农业生产用地。如前所述，国家实行土地用途管制，严格限制农用地转为建设用地。

建设用地因不同的划分标准而有不同的分类方法。

按土地所有权性质，建设用地可以分为国家建设用地和乡（镇）建设用地。国家建设用地是指国家建设项目所需要占用或使用的土地，包括机关、部队、社会团体、学校以及企事业单位、公益事业、城市基础设施等一切建设工程所需用地。乡（镇）建设用地是指兴办乡镇企业和村民建设住宅的用地，以及乡（镇）村公共设施和公益事业建设使用的集体土地。

按建设项目的大小，建设用地可以分为大型建设项目用地、中型建设项目用地和小型建设项目用地。

按利用性质，建设用地可以分为农业建设用地和非农业建设用地。其中，农业建设用地是直接用于农业生产需要或规定用于农业生产配套工程需要的工程设施用地。

二、国家建设用地使用权的取得

（一）国家建设用地的来源

国家建设用地必须是国有土地，国家通过一定的程序将国有土地使用权有偿出让或无偿划拨给建设单位或个人使用。

国家要出让、租赁或划拨国有土地使用权，首要条件是国家拥有该幅土地的使用权。在下列三种情况下，国家可以划拨或出让、租赁土地使用权。

（1）农村集体所有的土地已征用为国有。

（2）国家已依法收回国有建设土地使用权。

（3）国有荒山、荒地，即国有未利用土地已改为建设用地。

申请使用国有建设用地，包括国家所有的土地和国家已征用的原属于农民集体所有的土地。

（二）农用地转用审批

建设占用土地，涉及农用地转为建设用地的，应当办理农用地转用审批手续。这是《土地管理法》实行土地用途管制的一个关键。办理转用审批后，方可办理征地手续。

农用地转用审批权主要集中在中央和省级。国务院批准的建设项目，省、自治区、直辖市人民政府批准的道路、管线工程和大型基础设施建设项目占用土地，涉及农用地转为建设用地的，由国务院批准。在土地利用总体规划确定的城市和村庄、集镇建设用地规模范围内，为实施该规划而将农用地转为建设用地的，按土地利用年度计划分批次由原批准土地利用总体规划的机关批准。在已批准的农用地转用范围内，具体建设项目用地可以由市、县级人民政府批准。上述规定以外的建设项目占用土地，涉及农用地转为建设用地的，由省、自治区、直辖市人民政府批准。

由于土地利用总体规划实行分级审批，除国务院、省、自治区、直辖市享有审批权外，乡（镇）土地利用总体规划可以由省级人民政府授权的设区的市、自治州人民政府批准。因此，设区的市、自治州人民政府可以在经省级人民政府授权后，审批乡（镇）土地利用总体规划中所确定的农用地转为建设用地。

在土地利用总体规划确定的城市建设用地范围内，为实施城市规划占用土地而需要办理农用地转用手续，按下列规定办理。

（1）市、县级人民政府按照土地利用年度计划拟订农用地转用方案、补充耕地方案、征用土地方案，分批次逐级上报有批准权的人民政府。

（2）有批准权的人民政府土地行政主管部门对农用地转用方案、补充耕地方案、征用土地方案进行审查，提出审查意见，报有批准权的人民政府批准；其中补充耕地方案由批准农用地转用方案的人民政府在批准农用地转用方案时一并批准。

（3）农用地转用方案、补充耕地方案、征用土地方案经批准后，由市、县级人民政府组织实施，按具体建设项目分别供地。

在土地利用总体规划确定的村庄、集镇建设用地范围内，为实施村庄、集镇规划占用土地的，由市、县级人民政府拟订农用地转用方案、补充耕地方案，依照上述规定的程序办理。

（1）在城市规划区内申请建设用地的，建设单位或个人应向城市规划行政主管部门提出选址申请，由城市规划行政主管部门对建设项目进行初步审查，核发建设项目选址意见书。

（2）建设单位或个人向计划管理部门申报可行性研究报告或设计任务书。《土地管理法》第52条规定："建设项目可行性研究论证时，土地行政主管部门可以根据土地利用总体规划、土地利用年度计划和建设用地标准，对建设用地有关事项进行审查，并提出意见。"《中华人民共和国土地管理法实施条例》进一步规定："可行性研究报告报批时，必须附具土地行政主管部门出具的建设项目用地预审报告。"

（3）建设单位持建设项目批准文件，包括可行性研究报告或设计任务书、年度基本建设计划等，向建设用地所在地的市、县级人民政府土地管理部门申请建设用地。由市、县级人民政府土地管理部门审查，拟订供地方案，报市、县级人民政府批准；需要上级人民政府批准的，应当报上级人民政府批准。

在城市规划区内申请建设用地，建设单位或个人应在先取得建设用地规划许可证后，才可以向土地管理部门提出申请。

（4）供地方案经批准后，由市、县级人民政府向建设单位颁发建设用地批准书。有偿使用国有土地的，由市、县级人民政府土地管理部门与土地使用者签订国有土地有偿使用合同；划拨使用国有土地的，由市、县级人民政府土地管理部门向土地使用者核发国有土地划拨决定书。

（5）土地使用者应当依法申请土地登记。

三、国家建设征用土地

（一）国家建设征用土地的法律特征

国家建设征用土地是国家运用其行政权力把农民集体土地转为国家所有的行为。在法制完善的社会里，土地强制征收要有法定事由才能进行。这些法定事由一般是为公共目的而进行的。

国家建设征用土地，具有以下法律特征。

（1）征地主体的唯一性。征地主体只能是国家，集体土地所有权向国家土地所有权转化是在国家与集体所有者之间发生的法律关系。

（2）征地行为的行政性。国家建设征用土地是通过具体行政行为实现土地所有权的转换，双方地位不是平等的，被征用土地的集体经济组织应当服从国家需要，不得阻挠。

（3）征地条件的补偿性。国家建设征用集体土地，要对集体经济组织给予经济补偿。征用耕地的，补偿费用应当包括土地补偿费、安置补助费及地上附着物和青苗补偿费，征用其他土地的，应当给予土地补偿费和安置补偿费。

（二）征用土地的审批权

征用土地的审批权，不同的历史时期有不同的规定。

1998年修订的《土地管理法》，上收了征地审批权，把征地审批权集中在中央和省两级，其他各级地方人民政府无征地审批权。《土地管理法》第45条规定，征收下列土地的，由国务院批准：①基本农田；②基本农田以外的耕地超过 35 公顷的（折合 525 亩）；③其他土地超过 70 公顷的（折合 1 050 亩）。征用前款规定以外的土地的，由省、自治区、直辖市人民政府批准，并报国务院备案。

征用农用地的，应当先行办理农用地转用审批。其中，经国务院批准农用地转用的，同时办理征地审批手续，不再另行办理征地审批；经省、自治区、直辖市人民政府在征地批准权限内批准农用地转用的，同时办理征地审批手续，不再另行办理征地审批，超过征地审批权限的，应当另行办理征地审批手续。

（三）征用土地的补偿安置

确定给被征用土地的农民的补偿标准，应当兼顾国家、集体和个人的利益，既保证国家征用土地，又照顾到群众利益，特别要保障妥善解决农民的生活问题，还要考虑到农村的发展需要。因此，《土地管理法》贯彻"使被征用土地单位的农民生活水平不降低的原则"，进一步提高土地补偿费和安置补助费。在费用计算标准上，照顾到各地存在差异的实际，采取区别对待、公平合理的原则，规定一个标准幅度，留给各地灵活掌握。

确定征地补偿费标准，除了《土地管理法》外，还有其他行政法规，如 2011 年 1 月 21 日国务院颁布的《国有土地上房屋征收与补偿条例》、2011 年 3 月 5 日国务院发布的《土地复垦条例》等。

四、临时用地的管理

1. 申请临时用地的理由

《土地管理法》第 57 条规定，建设项目施工和地质勘查需要临时使用国有土地或者农民集体所有的土地的，由县级以上人民政府土地行政主管部门批准。这项规定，明确了可以申请临时用地的两种情况：一是建设施工需要使用临时施工用地，如建设项目施工需要的材料堆场、运输通道等，也包括因铺设地上地下管线而需要临时使用土地的；二是地质勘查需要。

2. 临时用地的补偿

临时用地的使用者，应当根据土地权属，与有关土地行政主管部门或者农村集体经济组织、村民委员会签订临时使用土地合同，并按照合同的约定支付临时使用土地补偿费。

3. 临时用地的使用

临时土地的使用者应当按照临时使用土地合同约定的用途使用土地，不得在临时用地上修建永久性建筑物。临时用地的期限一般不超过 2 年，使用期满，应当将土地还给土地所有人。

五、乡（镇）建设用地

乡（镇）建设用地是指农村集体投资或农民投资兴办的乡镇企事业、村办企业、农村村民住宅、乡（镇）村公共设施、公益事业建设所使用的土地。乡（镇）建设用地应当按照村庄和集镇规划，合理布局、综合开发、配套建设。

1. 乡镇企业建设用地的管理

乡镇企业包括农村集体经济组织投资兴办企业土地使用权入股、联营等形式共同举办企业。

乡镇企业用地的审批权在县级以上地方人民政府。《土地管理法》第60条规定，农村集体经济组织使用乡（镇）土地利用总体规划确定的建设用地兴办企业或者与其他单位、个人以土地使用权入股、联营等形式共同举办企业的，应当持有批准文件，向县级以上地方人民政府土地行政主管部门提出申请，按照省、自治区、直辖市规定的批准权限，由县级以上地方人民政府批准；其中涉及占用农用地的，依照《土地管理法》第44条的规定办理审批手续。按照前款规定兴办企业的建设用地，必须严格控制。省、自治区、直辖市可以按照乡镇企业的不同行业和经营规模，分别规定用地标准。

由于集体所有土地仅限于本集体经济组织成员所有，因此集体经济组织举办乡镇企业，只能使用本集体所有的土地。

2. 乡（镇）村公共设施和公益事业建设用地

乡（镇）村公共设施用地，是指乡（镇）村集体投资或集资建设道路、桥梁、供电、供水设施等建设项目所使用的土地；乡（镇）村公益事业建设用地是指乡（镇）村行政办公、文化科研、医疗卫生、教育设施等用地。

乡（镇）村公共设施、公益事业建设需要使用土地的，经乡（镇）人民政府审核，向县级以上地方人民政府土地行政主管部门提出申请，按照省、自治区、直辖市规定的批准权限，由县级以上地方人民政府批准。其中涉及占用农用地的，则应依照规定先办理农用地转用审批。占用农用地的，则应依照规定先办理农用地转用审批。

为乡（镇）村公共设施和公益事业建设需要使用土地的，可以收回其他单位或个人使用的集体土地使用权，但应对土地使用者给予适当的补偿。乡（镇）公共设施和公益事业建设使用的集体土地，应当按有关规定给予被用地单位适当的补偿，并妥善安置农民的生活和生产，被占用的土地所有权转归乡（镇）集体所有。村办公共设施和公益事业建设占用本村集体所有的土地的，土地所有权不变，但对使用土地上属于个人的青苗及附着物应给予适当的补偿。

3. 农村村民宅基地

农村村民宅基地是农村村民建设住宅所使用的集体土地，包括居住用房和附属建筑所使用的土地。

农村村民一户只能拥有一处宅基地，其宅基地的面积不得超过省、自治区、直辖市规定的标准。宅基地的使用，应当符合乡（镇）土地利用总体规划，并尽量使用原有的宅基地和村内空闲地。农村村民出卖、出租住房后，再申请宅基地的，不予批准。

4. 农民集体所有土地使用权的转让和抵押

农民集体所有土地使用权，不得出让、转让或者出租用于非农业建设。这是保护集体土地的一项重要原则。只有在一种情况下，集体土地使用权才可以转让，即《土地管理法》第 63 条规定，符合土地利用总体规划并依法取得建设用地的企业，因破产、兼并等情形而致使土地使用权依法发生转移的，不受集体土地使用权不得转让的限制。

集体土地使用权也可以设立抵押。可以抵押的集体土地使用权，既包括乡镇企业建筑物所占用范围内的集体土地使用权，也包括乡镇企业在抵押自己的建筑物时，该建筑物占用范围内的集体土地使用权。集体荒地抵押的前提是土地使用权已进行登记，并实行了承包经营，同时经发包方同意。乡镇企业集体土地使用权的抵押仅限于建筑物涉及所占用的集体土地。集体土地使用权抵押时，应当到土地管理部门办理抵押登记。

第六节　违反土地管理法及基本农田保护的法律责任

一、违反土地管理法的法律责任

（一）非法转让土地的法律责任

法律禁止非法转让土地，包括国家所有的土地和集体所有的土地。

1. 以各种形式非法转让土地的

买卖或者以其他形式非法转让土地的，由县级以上人民政府土地行政主管部门没收非法所得。这又分为两种情况处理：一是对违反土地利用总体规划擅自将农用地改为建设用地的，限期拆除在非法转让的土地上新建的建筑物和其他设施，恢复土地原状；二是对符合土地利用总体规划的，没收在非法转让的土地上新建的建筑物和其他设施。非法转让土地是非法所得的前提条件。对非法转让土地的，除作上述处理外，还可并处罚款，罚款额为非法所得的 50% 以下。

对非法转让土地的直接负责的主管人员和其他直接责任人员，依法给予行政处分；构成犯罪的，依法追究刑事责任。

2. 以各种形式非法处分集体土地的

擅自将农民集体所有的土地的使用权出让、转让或者出租用于非农业建设的，由县级以上人民政府土地行政主管部门责令限期改正，没收违法所得，并处罚款，罚款额为非法所得的 5% 以上 20% 以下。

（二）非法使用土地的法律责任

1. 违法使用或开发不当而造成种植条件破坏的

违反《土地管理法》规定，占用耕地建窑、建坟或者擅自在耕地上建房、挖砂、采石、采矿、取土等，破坏种植条件的，或者因开发土地造成土地荒漠化、盐渍化的，由县级以上人民政府土地行政主管部门责令限期改正或者治理；可以并处罚款，罚款额为土地复垦费的2倍以下。构成犯罪的，依法追究刑事责任。

2. 拒不履行土地复垦义务的

土地复垦，实行"谁破坏、谁复垦"的原则。违反《土地管理法》规定，拒不履行土地复垦义务的，由县级以上人民政府土地行政主管部门责令限期改正。逾期不改正的，责令缴纳复垦费，专项用于土地复垦；还可处以罚款，罚款额为土地复垦费的2倍以下。

3. 逾期不恢复种植条件的

建设项目施工和地质勘查需要临时占用耕地的，土地使用者应当自临时用地期满之日起一年内恢复种植条件。违反这一规定，逾期不恢复种植条件的，由县级以上人民政府土地行政主管部门责令限期改正，还可处耕地复垦费2倍以下的罚款。

4. 违反用途规定使用国有土地的

不按照批准的用途使用国有土地的，由县级以上人民政府土地行政主管部门责令交还土地，处以罚款，罚款额为非法占用土地每平方米10元以上30元以下。

（三）非法占用土地的法律责任

1. 未经批准或骗取批准而占用的

（1）未经批准或者采取欺骗手段骗取批准，非法占用土地的，由县级以上人民政府土地行政主管部门责令退还非法占用的土地。这又分两种情况处理：一是对违反土地利用总体规划擅自将农用地改为建设用地的，限期拆除在非法占用的土地上新建的建筑物和其他设施，恢复土地原状；二是对符合土地利用总体规划的，没收在非法占用的土地上新建的建筑物和其他设施。实施上述处理后，还可并处罚款，罚款额为非法占用土地每平方米10元以上30元以下。

对非法占用土地单位的直接负责的主管人员和其他直接责任人员，依法给予行政处分；构成犯罪的，依法追究刑事责任。

（2）超过批准的数量占用土地，多占的土地以非法占用土地论处。

2. 在禁止开垦区内进行开垦的

国家禁止单位和个人在土地利用总体规划确定的禁止开垦区内从事土地开发活动。违反这一规定，在禁止开垦区内进行开垦的，由县级以上人民政府土地行政主管部门责令限期改正；逾期不改正的，依照关于对上述非法占用土地的规定予以处罚。

3. 农村土地未经批准或骗取批准而占用的

（1）农村村民未经批准或者采取欺骗手段骗取批准，非法占用土地建造住宅的，由县级以上人民政府土地行政主管部门责令退还非法占用的土地，限期拆除在非法占用的土地上新建的房屋。有的地方用罚款代替拆除，这是违法的；依照法律规定须限期拆除的，不得拖延，更不得以实施罚款的办法将非法的变成合法的。

（2）超过省、自治区、直辖市规定的标准多占的土地以非法占有土地论处。

4. 不应当修建建筑物的

（1）在临时使用的土地上修建永久性建筑物、构筑物的，由县级以上人民政府土地行政主管部门责令限期拆除；逾期不拆除的，由作出处罚决定的机关依法申请人民法院强制执行。

（2）对在土地利用总体规划制定前已建的、不符合土地利用总体规划确定的用途的建筑物、构筑物重建、扩建的，由县级以上人民政府土地行政主管部门责令限期拆除；逾期不拆除的，由作出处罚决定的机关依法申请人民法院强制执行。

（四）非法批准征用、使用土地的法律责任

违法批准征用、使用土地是违法行为，其危害是很大的，必须坚决制止、纠正。无权批准征用、使用土地的单位或者个人非法批准占用土地的，超越批准权限非法批准占用土地的，不按照土地利用总体规划确定的用途批准用地的，或者违反法律批准的程序批准占用、征用土地的，其批准文件无效。

对非法批准征用、使用土地的直接负责的主管人员和其他直接责任人员，依法给予行政处分；构成犯罪的，依法追究刑事责任。

非法批准、使用的土地应当收回，有关当事人拒不归还的，以非法占用土地论处。

非法批准征用、使用土地，对当事人造成损失的，应当依法承担赔偿责任。

（五）侵占、挪用征地补偿费的法律责任

侵占、挪用被征用土地单位的征地补偿费用和其他有关费用的，依法追究刑事责任；尚不构成犯罪的，依法给予行政处分。

（六）依法应归还土地而不归还的法律责任

依法收回国有土地使用权而当事人拒不交出土地的，临时使用土地期满拒不归还的，由县级以上人民政府土地行政主管部门责令交还土地，处以罚款，罚款额为非法占用土地每平方米 10 元以上 30 元以下。

（七）不按规定办理土地变更登记的法律责任

不按照《土地管理法》规定办理土地变更登记的，由县级以上人民政府土地行政主管部门责令限期办理。

（八）拒不拆除非法建筑的法律责任

按照《土地管理法》规定，责令限期拆除在非法占用土地上新建的建筑物和其他设施的，建设单位或者个人必须立即停止施工，自行拆除；对继续施工的，作出处罚决定的机关有权制止。

建设单位或者个人对责令限期拆除的行政处罚决定不服的，可以在自接到责令限期拆除决定之日起的 15 日内，向人民法院起诉；期满不起诉又不自行拆除的，由作出处罚决定的机关依法申请人民法院强制执行，执行费用由违法者承担。

（九）阻挠国家建设征用土地的法律责任

违反土地管理法律、法规规定，阻挠国家建设征用土地的，由县级以上人民政府土地行政主管部门责令交出土地；拒不交出土地的，申请人民法院强制执行。

（十）阻碍执行土地管理职务的法律责任

阻碍土地行政主管部门的工作人员依法执行职务的应承担相应的法律责任。

二、关于基本农田保护方面的法律责任

（一）非法占用、非法批准占用、非法转让基本农田的法律责任

违反《基本农田保护条例》规定，有下列行为之一的，依法从重给予处罚：

（1）未经批准或者采取欺骗手段骗取批准，非法占用基本农田的；

（2）超过批准数量，非法占用基本农田的；

（3）非法批准占用基本农田的；

（4）买卖或者以其他形式非法转让基本农田的。

以上所称"从重处罚"，应当在《土地管理法》及《土地管理法实施条例》规定的处罚的限度以内做出。

（二）应划入基本农田保护区而不划入的法律责任

对应当划入基本农田保护区的耕地，立法上作出了明确的规定。违反《基本农田保护条例》规定，应当将耕地划入基本农田保护区而不划入的，由上一级人民政府责令限期改正；拒不改正的，对直接负责的主管人员和其他直接责任人员依法给予行政处分或者纪律处分。

（三）破坏基本农田保护区标志的法律责任

违反《基本农田保护条例》规定，破坏或者擅自改变基本农田保护区标志的，由县级以上地方人民政府土地行政主管部门或者农业行政主管部门责令恢复原状，可以处 1 000 元以下罚款。

（四）非法占用基本农田的法律责任

违反《基本农田保护条例》规定，占用基本农田建窑、建房、建坟、挖砂、采石、采矿、取土、堆放固体废弃物或者从事其他活动破坏基本农田，毁坏种植条件的，由县级以上人民政府土地行政主管部门责令改正或者治理，恢复原种植条件，处占用基本农田的耕地开垦费1倍以上2倍以下的罚款；构成犯罪的，依法追究刑事责任。

（五）侵占、挪用基本农田的耕地开垦费的法律责任

侵占、挪用基本农田的耕地开垦费，构成犯罪的，依法追究刑事责任；尚不构成犯罪的，依法给予行政处分或者纪律处分。

❓ 思考题

1. 土地管理法的立法宗旨是什么？
2. 我国基本土地制度包括哪些内容？
3. 《土地管理法》对土地使用权作出了哪些规定？
4. 土地用途管制制度的内容有哪些？
5. 为什么说切实保护耕地是我国的一项基本国策？
6. 国家建设征用土地的法律特征是什么？
7. 违反土地管理法的行为主要有哪些？如何承担法律责任？

第三章

房地产所有权法律制度

重点提示　　通过本章的学习，要求学生了解房地产权利的概念与特点；掌握土地权属制度，房屋所有权制度，房地产相邻关系。

第一节　房地产权利概述

一、房地产权利的概念与特点

房地产权利，指以房地产为标的的民事财产权利，是权利人依法对其所有的房地产享有的占有、使用、收益和处分的权利。我国目前有法律依据的房地产权利包括土地所有权、土地使用权、房屋所有权和房地产抵押权等。

房地产权利具有以下特点：

第一，房地产权利属于财产权。民事权利有人身权与财产权之分。人身权是指与民事主体的人格、身份不可分离，并不直接具有财产利益的权利，一般不具有可让与性。财产权是指以财产利益为内容的、直接体现物质利益的权利。财产权以财产利益为内容，一般具有可让与性。房地产权利是以获取房地产利益为内容的权利，不具有人身属性，因而房地产权利属于财产权的范畴。

第二，房地产权利是众多权利的集合。房地产权利并不是单一的一项权利，而是由众多具体权利集合而成的。从权利的性质上说，房地产权利包括房地产物权、房地产债权、房地产继承权等。就上述各类房地产权利而言，其又包含了众多的多层次权利。例如，房地产物权包括房地产所有权、房地产用益物权、房地产担保物权。房地产所有权又包括土地所有权（国有土地所有权、集体土地所有权）、房屋所有权，房地产用益物权又包括土地承包经营权、建设用地使用权、宅基地使用权、地役权等。

第三，房地产权利的客体包括物和行为。房地产权利是由众多具体的、单一的房地产权利所构成的，这些具体房地产权利的客体虽然并不完全相同，但基本上包括物和行为两大类。房地产物权、房地产继承权的客体是物，即房屋和土地及相关权益；而房地产债权的客体为行为，即在房地产债权关系中，债务人为满足债权人的利益需求而实施的特定行为。

二、土地权利与建筑物权利

房地产一般由土地及定着于土地之上的房屋和其他建筑物构成。因此，土地权利与建筑物权利之间关系问题，即地上建筑物尤其是房屋的地位问题是房地产权利体系中的关键问题。

在传统民法上，房屋等建筑物附属于土地，建筑物不是独立的不动产，建筑物权利与土地权利（所有权或地上权）不可分离。在当代，随着各国城市化进程的加快，房地产业的发展，为缓解住宅紧张以及维护住户权益，房屋等建筑物得以脱离土地所有权，享有单独权利正成为一种趋势。如在英美等国，20世纪五六十年代亦先后立法确认了建筑物区分所有权制度。我国物权法也有此项规定，后面将具体阐述。

第二节 土地权属制度

一、土地所有权的基本原理

土地所有权是土地所有制的法律表现形式，是以土地为其标的物，土地所有人独占性地支配其所有的土地的权利。土地所有人在法律规定的范围内有权对其所有的土地进行占有、使用、收益、处分，并排除他人的干涉。作为一项民事权利，土地所有权是财产所有权的重要组成部分，具有所有权的一般属性，而且，土地所有权在所有权制度的历史发展中始终处于显要的地位，所有权制度中的许多规则直接来自土地所有权。但土地的特性及其在我国经济生活中的特殊作用，决定了它还具有不同于一般财产所有权的如下特征：①土地所有权是基于我国现实经济情况而产生的法律制度。②土地所有权反映了土地所有权人与非土地所有权人之间产生的法律关系。③土地所有权通常通过土地所有权权能的分离，使非土地所有权人对土地享有他物权。

土地所有权的权能包括占有、使用、收益和处分四项权能。

土地占有，指对土地的控制。在所有权法律关系上，土地占有表现为权利人对土地的控制及不受他人侵犯的状态。土地占有权是土地所有权一项重要的权能。在大多数情况下，土地占有权与土地所有权是重合的，但是，土地占有权也可以与土地所有权发生分离，而成为非所有人享有的一项独立的权利，这种分离主要有以下几种：一是非所有人依法律规定取得对他人所有的土地的占有权；二是根据合同而转移的占有权，如土地租赁；三是在依合同而形成的他物权中，他物权人受到非法侵犯时，可基于占有权而提起占有之诉，诸如返还占有、排除妨害、恢复原状等，土地占有权人取得的土地占有权甚至可以对抗土地所有人。

土地使用权指对土地的有效利用。在法律关系上，土地使用权表现为权利人依照自己的意志对土地加以利用或不利用的权利。土地使用权本身是由土地的使用价值决定的，获取土地的使用价值以满足土地所有人的需要，是土地所有人的意志和利益的体现。在土地交易中，交易双方看重的是土地的效用和对土地的使用权。土地使用权是直接于土地上行使的权力，因而其行使首先以占有土地为前提。土地所有权人可根据合同或法律的规定，将土地使用权让与他人行使。

土地收益权是在土地上获取经济利益的权利。在法律关系上，土地收益权表现为权利人能够对土地产生的经济利益主张权利归属的地位。在当代，资本所有权已完全表现为一种收益权，现代所有权的观念就是由绝对权向收益权的转化。因此，土地所有权人可以把土地占有权和使用权让渡于他人而保留一定的收益权。

土地处分权是指土地所有人对土地依法进行处置的权利，表现为对土地权利的转让。土地处分权有狭义和广义之分。狭义的土地处分权仅指对土地所有权的转让，它决定了土地的归属；广义的土地处分权指对土地上各种权利的转让，可以由所有人行使，也可以由其他有权人行使。例如，在我国，以出让形式获得国有土地使用权的人可以把土地使用权再行转让。

二、土地使用权的基本原理

对土地的合法使用在法律上可分为两种情况，一是土地所有人对自己土地的使用；二是非土地所有权人合法对他人土地的使用。因后一种土地使用而形成的土地使用权是与土地所有权并立存在的，它并不是作为土地所有权权能之一的土地使用权。

1. 土地使用权的概念

在我国，土地使用权是一种与土地所有权相并列的独立的民事权利，它是有中国特色的土地使用制度的产物，是一种新型物权。因此，关于我国土地使用权的定义，在传统民法中没有相应的概念。

我国的土地使用权，指公民、法人及其他组织依法控制、支配全民所有或集体所有的土地及其收益，并排斥他人干涉的权利。按照《民法通则》，土地使用权属于"与财产所有权有关的财产权"。作为一种独立权利形态的存在，无论在立法上还是在实践中，它都已经得到确认。

2. 土地使用权的性质

土地使用权作为一项民事权利，具有以下性质。

（1）土地使用权是一种物权。所谓物权，是指权利主体支配物的绝对权。土地使用权虽然是土地所有权权能分离的结果，是在他人所有的土地上设定的权利，但它与在租赁、使用借贷、寄托等情况下因债而发生的占有权的转移是不同的，主要表现在：首先，土地使用权包含了占有、使用、收益的全部权能，而且可以依法处分；其次，土地使用权具有相当长的存续期间，而且这种存续可以不受债权制约；最后，土地使用期尚未届满，土地所有人不得收回土地，有法定事由者除外。按照《民法通则》的规定，土地使用权属于"与财产所有权有关的财产权"，在现行《土地管理法》中，土地使用权与土地所有权是并列的权利。由此可见，无论在理论上还是在实践中，土地使用权作为一种独立的物权形态已得到确认。

（2）土地使用权是一种他物权。所谓他物权是指在他人所有之物上设定的权利。在我国，土地使用权主要是在国有土地上设定的，集体土地要做房地产开发之用的，要先征用为国有土地。

（3）土地使用权是一种用益物权。所谓用益物权，是指以物之使用、收益为目的的他物权。土地使用权不论以何种方式获得，目的不外乎两种，或是非营利性使用或是营利性使用。在我国，法律不允许未经开发而转让土地使用权的人从中渔利。

三、土地所有权与土地使用权的相互关系

土地所有权与土地使用权既相互区别，又相互联系、相互制约，分别实现着权利人的不同意志，共同促进土地效益的充分发挥。

1. 土地所有权与土地使用权的区别

土地所有权是自物权，土地使用权是他物权。所谓自物权，是建立在自己之物上的权利。他物权，是建立在他人所有之物上的权利。

土地所有权为完全物权，土地使用权为限制物权。土地所有权的内容有对土地的占有、使用、收益、处分和排除他人干涉的权利，是一种完全的、充分的财产权，故称为完全物权。土地使用权一般不包括决定财产命运的处分权能，所以称为限制物权。在我国，土地使用权中包含了依法处分的权利。

在我国，土地所有权具有不可交易性，而土地使用权却可交易。我国的土地所有权不能通过市场发生转移，而且国家土地所有权绝对不能转移，但土地使用权可以在地产市场上流转。

2. 土地所有权与土地使用权的联系

土地所有权决定着土地使用权。土地所有权是对土地的绝对的支配权，土地权能的分离进而形成的土地使用权是由土地所有权人的意志决定的，土地使用的方式、用途、期限、处分等都得服从于土地所有权。

第三节 房屋所有权制度

一、房屋所有权

（一）房屋所有权的概念和性质

房屋所有权是指房屋所有人依照法律规定，对房屋享有的占有、使用、收益、处分的权利。

房屋所有权是房地产权利的重要组成部分。房屋所有权是典型的不动产物权，具有物权的全部特征。房屋所有权是对房的支配权，同时具有排他性，同一房屋上不可能存在另一个房屋所有权。房屋所有权是与土地所有权、使用权等土地权利有相互联系的独立不动产物权。依物权法定主义，房屋所有权被肯定为独立的物权，但由于其附着于土地的特性，该权利与土地权利联系紧密，互相依存。一般情形下，土地所有权人当然享有其上的房屋所有权；在创设土地使用权的情形下，则房屋所有权与土地使用权主体须为一致。例如，《中华人民共和国城市房地产管理法》（以下简称《城市房地产管理法》）第32条规定："房地产转让、抵押时，房屋的所有权和该房屋占有范围内的土地使用权同时转让、抵押。"

此外，房屋所有权具有要式物权的特征。房屋所有权的设立与移转和存续均须严格遵守法定的方式，以特定的形式确定和证明其存在。《城市房地产管理法》明确规定对城市范围内的房屋实行登记发证制度进行管理。新建房屋所有权的取得必须依房产管理部门核发的房屋所有权证书确认，其他房屋所有权的取得、移转、抵押等也均以政府有关部门的登记为要件。不办理房屋所有权登记或变更登记手续，不发生确定房屋所有权或移转房屋所有权的效力。除非有法院认定的相反证据，房产管理部门核发的房屋所有权证是房屋所有权的唯一合法证明。

（二）房屋所有权的取得、消灭

1. 房屋所有权的取得

房屋所有权的取得，指因法定事实的发生而使不具有某房屋所有权者获得该房屋的所有权。按照民法所有权的理论，所有权的取得有两种方式：原始取得和继受取得。同样，房屋所有权的取得方式也包括原始取得和继受取得。

（1）房屋所有权的原始取得，指房屋所有权人直接依法律规定，不以原所有权人的所有权和意志为依据即可取得房屋所有权。主要包括：①新建取得。这是原始取得的主要方式。但违法修建的房屋不能取得所有权。②国家承继、没收取得。如中华人民共和国成立后，承继旧中国一切国有房屋，并没收了地主、官僚资产阶级的房产归国有。此外，一些违法建筑也没收归国有。③无主房屋取得。无主房屋依民法占有取得时效制度为占有人取得。但我国传统上无主房屋收归国家，集体经济组织成员死亡后无继承人的房屋收归集体。④添附取得，即在原有房屋上扩建、加层，添附人取得添附房屋的所有权，但添附必须依法进行才能取得所有权。

（2）房屋所有权的继受取得，指通过一定法律行为，根据原所有人的意思接受原房屋所有人转移的房屋所有权。继受取得的方式包括买卖、互易、赠与、继承。房屋所有权的继受取得与原始取得的主要区别在于，继受取得中后手权利直接来自前手权利的转让，原始取得则不以他人已有的所有权为前提而直接通过权利人的一定行为或根据法律上的规定而取得房屋所有权，如新建、添附、没收、征收等。

房屋所有权的取得是不动产物权的取得，必须采用特定的方式，我国在房屋所有权的取得上采取的是生效件主义，即登记是房屋所有权转移和取得的特别生效要件。

2. 房屋所有权的消灭

房屋所有权的消灭是指通过一定的法律行为或法律事实而使房屋所有权丧失或与原房屋所有人脱离的一种法律现象。

房屋所有权消灭的原因主要有以下几种。

（1）所有权客体的消灭。房屋因拆除、倒塌或其他自然灾害而灭失使房屋所有权不复存在。这是房屋所有权的绝对消灭。

（2）所有权主体的消灭。公民死亡和法人解散后，以其为主体的房屋所有权消灭，通过继承或其他方式归新的所有权人所有。

（3）所有权的转让。房屋经出卖、交换、赠与等行为转让给他人，原所有权消灭，由受让人取得所有权。

（4）所有权的抛弃。依法享有房屋所有权的人不愿意取得这项权利而予以放弃，如不愿接受赠与和继承，这是一种单方面消灭房屋所有权的行为。

（5）所有权因强制手段而被消灭。如中华人民共和国成立初期国家通过立法没收地主、官僚资本家的房屋。另外，国家行政机关和司法机关也可依法强制房屋所有权的转移，如人民法院判决抵押人的房屋偿还债务。

（三）房屋所有权的类型

房屋所有权按主体构成不同可分为单独所有房屋所有权和共同所有房屋所有权。其中，共同所有房屋又包括共同共有和按份共有。共同共有与按份共有的区别在于各共有人对房屋的利益和负担是否存在份额：存在份额者为按份共有，不存在份额者为共同共有。另外根据房屋所处的土地性质不同，可分为城镇房屋所有权和农村房屋所有权。

二、建筑物区分所有权

（一）我国物权法的规定

建筑物区分所有权是各国立法上的新型不动产权利。建筑物区分所有权是指多个区分所有权人共同拥有一栋区分所有建筑物时，各区分所有权人对建筑物专有部分所享有的专有所有权，与对建筑物共用部分所享有的共用部分持分权，以及因区分所有权人之间的共同关系所生的成员权的总称。

《物权法》第70条规定："业主对建筑物内的住宅、经营性用房等专有部分享有所有权，对专有部分以外的共有部分享有共有和共同管理的权利。"这一条是关于建筑物区分所有权的规定。在我国，随着住房制度的改革和高层建筑物的大量出现，住宅小区越来越多，业主的建筑物区分所有权已经成为私人不动产物权中的重要权利。对此，《物权法》对业主的建筑物区分所有权作了规定。根据本条规定，业主的建筑物区分所有权包括对其专有部分的所有权、对建筑区划内的共有部分享有的共有权和共同管理的权利。

第一，业主对专有部分的所有权。即本条规定的，业主对建筑物内的住宅、经营性用房等专有部分享有所有权，有权对专有部分占有、使用、收益和处分。

第二，业主对建筑区划内的共有部分享有的共有权。即业主对专有部分以外的共有部分如电梯、过道、楼梯、水箱、外墙面、水电气的主管线等享有共有的权利。《物权法》规定，建筑区划内的道路，属于业主共有，但属于城镇公共道路的除外。建筑区划内的绿地，属于业主共有，但属于城镇公共绿地或者明示属于个人的除外。建筑区划内的其他公共场所、公用设施和物业服务用房，属于业主共有。占用业主共有的道路或者其他场地用于停放汽车的车位，属于业主共有。

第三，业主对建筑区划内的共有部分享有的共同管理权。即业主对专有部分以外的共有部分享有共同管理的权利。《物权法》规定，业主可以自行管理建筑物及其附属设施，也可以委托物业服务企业或者其他管理人管理。业主可以设立业主大会，选举业主委员会，制定或者修改业主大会议事规则和建筑物及其附属设施的管理规约，选举业主委员会和更换业主委员会成员，选聘和解聘物业服务企业或者其他管理人，筹集和使用建筑物及其附属设施的维修资金，改建和重建建筑物及其附属设施等。业主大会和业主委员会，对任意弃置垃圾、排放大气污染物或者噪声、违反规定饲养动物、违章搭建、侵占通道、拒付物业费等损害他人合法权益的行为，有权依照法律、法规及管理规约，要求行为人停止侵害、消除危险、排除妨害、赔偿损失。

（二）专有所有权、共有所有权、成员权

1. 专有所有权

专有所有权指建筑物区分所有权人对专有部分享有的自由使用、收益和处分的权利。

专有所有权在区分所有权三要素中具有主导性。其一，区分所有权人取得专有所有权即取得共用部分持分权及成员权。反之，区分所有权丧失专有所有权即丧失了共用部分持分权和成员权。其二，专有所有权的大小，决定区分所有人共用部分持分权及成员权（如表决权）的大小。

专有所有权的客体即专有部分，指在建筑中物理构造能够明确区分，具有排他性且可独立使用的作为区分所有权之标的的建筑物部分。专有部分由一定平面的长度与一定立体的厚度所构成，与其他专有部分以墙壁、天花板、地板相间隔。

区分所有权人对专有所有权得在法律规定范围内自由行使，区分所有权人在行使占有、使用、收益和处分权利时，要求专有所有权、共用部分持分权和成员权三者必须作为整体处分，不可以分离处分。如自己为居住、经营目的而占有使用，将其出租他人或设定抵押，或将专有部分让与他人。但专有所有权由于其物理上的特性，受到法律及规约的诸多限制。①专有所有权与共用部分持分权、成员权三要素具有一体性，所以区分所有权人不得就专有部分进行与建筑物共用部分的应有部分及其他使用权的应有部分相分离的转移或其他设定负担的行为。②区分所有权人（包括合法占有人，如承租人）对专有部分的利用，不得有妨碍建筑物正常使用及违反区分所有权人共同利益的行为。③其他区分所有权人或管理委员会因维护修缮、设置管线等情形须进入专有部分时，区分所有权人无正当理由不得拒绝。④在有特殊约定时，区分所有权人应按约定使用专有部分，不得擅自变更。如约定专有部分用途限于住宅，则区分所有权人不得作为营利场所利用。

2. 共有所有权

共有所有权又称共用部分持分权，指区分所有权人对建筑物共用部分占有、使用、收益的权利。

共有所有权具有两个特征。其一，从属性。共用部分视为专有部分的从物，区分所有权人取得专有所有权，亦附带取得共用部分持分权。将专有部分出让或抵押时，其效力均涉及共用部分。其二，不可分割性。共用部分持分权作为区分所有权三要素之一，由区分所有权人一并占有、处分，不得与专有所有权、成员权分割。

共有所有权客体即共用部分的范围包括建筑物不属专有的部分及其他附属物。前者如电梯、过道、屋顶、地下室，后者如排水设备、照明设备、消防设备等。共用部分又分为法定共用部分或约定共用部分、全体共用部分或部分区分所有权人共用部分。

区分所有权人对共有所有权的行使受到更为严格的限制。对共用部分的修缮、管理及维护改良、拆除等重大使用处分行为一般不得擅自进行，须经由区分所有权人会议决议或管理委员会、管理负责人决定。而且由于共有部分的利用不仅关系建筑物整体效能，更攸关城市的安全美观，故又受行政法规、规划等的管制。但在合理合法的范围内，各区分所有权人则依共有的应有部分比例，对建筑物的共有部分有使用收益的权利，如乘坐电梯、庭院散步，或者收取共用部分的天然、法定孳息。

3. 成员权

成员权又称社员权，指建筑物区分所有权人基于在一栋建筑物之构造、权利归属及使用上的不可分离的共同关系而产生的，作为建筑物的一个团体组织的成员而享有的权利与承担的义务。

成员权的主要特点包括两点。其一，成员权是区分所有权中的"人法性"因素。成员权主要是对全体区分所有权人的共同事务所享有的权利和承担的义务，它不仅仅是单纯的财产关系，其中有很大一部分是管理关系，具有人法（管理制度）的要素存在。其二，成员权具有永续性。只要建筑物存在，就始终存在区分所有权人间的团体关系。基于共同关系而产生的成员权因而与共同关系共始终。

区分所有权人作为成员权人的权利包括：①参加区分所有权人会议并行使表决权。②参加订立管理规约。③选举及解任管理者。④请求权，包括会议召开、正当管理、收益、分配、不法行为禁止等事项之请求。其义务则为：①遵守管理规约。②执行区分所有权人会议决议。③接受管理者的义务。

第四节　房地产相邻关系

一、房地产相邻关系概述

相邻关系指相邻各方对各自所有的或使用的不动产行使所有权或使用权时，因相互间依法应当给予方便或接受限制而发生的权利和义务关系。从本质上讲是一方房地产所有权人或使用人的财产权利的延伸，同时又是对他方房地产所有权人或使用人房地产权利的限制。

相邻关系，即为不动产相邻关系。房地产与不动产视为同义，房地产权属体系中，房地产相邻关系是不动产相邻关系的另一称谓。相邻关系中的核心概念是相邻权，相邻权指相邻不动产所有人或占有人、使用人在行使其所有权或其他物权时要求对方给予方便或接受限制的权利。相邻权是相邻关系的内容体现，相邻关系是相邻权的现实基础。

以相邻权为核心的相邻关系在房地产经济活动中具有重要意义。其一，有助于房地产开发活动的顺利进行，提高经济效率。例如，管线设置权，允许为安装电线、水管、煤气管在必要时进入他人土地房屋，保障了正常经济活动的便捷开展。其二，有助于房地产消费者排除不当妨害，促进生活便利。例如，房地产所有人、使用人据相邻关系有权禁止邻人的污染物侵袭、噪声干扰。其三，有助于各方人员团结互助，维护社会安定。相邻关系制度的功能在于自身行为的限制，给予他人方便，以达到睦邻和好。

相邻关系中的相邻权与物权体系中的地役权都是为方便自己而利用邻人不动产的权利，同样适用于土地所有、土地使用人等不动产权利人，但两者有很大区别：①相邻权基于法律直接规定，是不动产所有权等自身效力当然的扩张或限制，因此不是一项独立的物权类型，无须进行登记；地役权出自当事人契约约定，是不动产所有人等另行设定的利益或负担，系用益物权之一种，依公示原则须为登记。②相邻权作为法定权利，仅体现法律对相邻关系最低程度调节，对不动产权利的限制和扩展仅维持在较低的必要水平；而地役权作为当事人双方超越相邻权限度而约定的权利，其可在法定的必要水平上作较为广阔的自由设定。③相邻权可由土地及地上房屋等建筑物的权利人享有，除法律有规定，一般为无偿享有；而地役权的设定限于土地权利人之间只是一种地产相邻权，除当事人另行约定外，一般是有偿享有。

相邻关系制度在当代的发展有两个趋势：①复杂化。相邻关系制度起始于罗马法。但在现代社会，科技日新月异，许多以往不曾妨碍房地产权利人的事项层出不穷，如电磁干扰、城市噪声。另外现代城市，高层建筑如雨后春笋，区分建筑物之相邻关系亦远非传统不动产相邻关系可比拟。所以相邻关系制度日趋复杂，在各国立法中的地位日渐显著。②公法化。传统相邻关系一般由民法调整，但为应对日益复杂之关系，房地产管理法、环保法、规划法等行政法规亦多有对相邻关系的规定，以期加强对相邻关系的调整，保障社会秩序的和谐。

二、房地产相邻关系的内容

相邻关系的实质是相邻不动产所有权或使用权的扩展或限制。房地产相邻关系的主要内容有如下两方面。

（一）权利的扩展——相邻权人对邻地的积极利用

（1）必要通行权。相邻人的土地、建筑物与道路隔离无法正常利用时，必须通过相邻人的土地或建筑物，相邻人自己恶意造成隔离的除外。通行权人有必要时，可以经邻地开设道路。

（2）管线设置权。相邻人非通过邻地不能安设电线、电缆、水管、煤气管、下水道等管线时，有权通过邻人土地的上空或地下设置管线。

（3）施工临时占用权。土地所有人或使用人建造或维持自己房屋等建筑物时，因施工需要临时使用相邻方土地。

（4）用水权、引水权、排水权。用水权指当自然水流经相邻各地时，相邻各方均有权利使用，不得擅自堵塞，妨碍邻地用水；另外当一方在缺水的特殊情形下，得支付价金使用邻地的余水。引水权、排水权指相邻方必要时得经由他方土地引水排水。

上述权利的行使一般须以对邻人损害最小的方式进行，造成损害的，应依法赔偿邻人。

（二）权利的限制——相邻权人对邻地的消极限制

（1）通风、采光。相邻人建造房屋或其他建筑物时，应与相邻方的房屋或其他建筑物保持适当距离或限制适当高度，不得妨碍相邻方的房屋或其他建筑物的通风采光。

（2）环境保护。相邻人排放废水、废气、废渣、粉尘、噪声及其他污染物时，不得影响他方正常生活。相邻人亦不得制造电波、强光等其他有碍生活的干扰源。

（3）危险防范。相邻人施工时不得对邻人造成危险。若其建筑物或其他附属物构成对邻人的危险须及时预防排除。

（4）其他妨碍的禁止。例如，相邻人不得设置屋檐或其他设备，使雨水或其他液体直注于邻人的不动产。相邻人之建筑物附属物不得妨害邻人的电信接收。

三、房地产相邻关系的保护

房地产相邻关系的保护实际就是相邻各方的相邻权的保护。随着人们法制观念的提高和对生活环境等各方面条件要求的提高，房屋使用人的房屋相邻权的保护也越来越受到人们的重视。从我国现行法律规定的内容来看，对房地产相邻关系的保护主要是民法的规定，因此就我国目前而言，房地产相邻关系的保护除当事人的自力救济外主要是民法保护。

所谓当事人对房地产相邻关系进行的自力保护，主要是指相邻一方的权利受到相邻他方的侵害时，双方通过协商寻求解决的方式。这种当事人的自力保护相对保护性和救济性不强，需要相邻他方的密切配合和协作，而实践中因相邻关系发生的争执与相邻各方的利益都紧密相连，自行协商解决的可能性并不高。因此，当事人的自力保护仅仅是房屋相邻权保护的辅助性方式，不是主导方式，但由于协商解决可以缓解矛盾和节约成本，故应提倡当事人通过协商解决房地产相邻关系中的问题，从而保护相邻各方的相邻权。

房屋相邻权的民法保护与其他民事权利的保护基本一致，都是通过民事责任制度使违反义务的一方承担不利的法律后果，从而实现对相对方的权利的救济。对房屋相邻关系而言，民法保护主要是要求侵害一方房屋相邻权的相邻他方承担停止侵害、排除妨碍、消除影响、恢复原状及赔偿损失等。至于具体案件中的保护方式，则首先由受到侵害的相邻方选择协商解决或诉讼解决，然后根据具体情况由侵害方进行赔偿或排除妨碍等，选择诉讼解决的，则由法院决定具体的保护措施。

❓思考题

1. 简答房地产权利的概念与特点。
2. 土地所有权的权能包括哪些内容？
3. 我国物权法对建筑物区分所有权是如何规定的？
4. 房地产相邻关系的内容有哪些？

第四章

房地产权属登记管理法律制度

> **重点提示**　通过本章的学习，要求学生了解房地产权属登记的概念、功能、效力；掌握房地产登记的原则与类型。

第一节　房地产权属登记概述

一、房地产权属登记的概念

房地产权属登记，是指房地产行政主管部门代表政府对房地产所有权和使用权及由上述权利产生的抵押权、典权等房地产他项权利进行登记，依法确认房地产权隶属关系的行为。房地产权属登记是房地产登记的主要内容之一。房地产登记还包括在某一宗房地产上设立的其他权利与负担的情况的记录，如租赁、地役等。所以，房地产权属登记相对房地产登记而言，是种属关系。房地产又称不动产，在许多国家房地产登记又称不动产登记或土地登记。我国目前为不动产登记。

房地产登记属不动产登记的范畴。我国《物权法》《不动产登记暂行条例》等法律法规，就不动产登记的程序性问题等都作了专门规定。所谓不动产登记，是指不动产登记机构依法将不动产权利归属和其他法定事项记载于不动产登记簿的行为（《不动产登记暂行条例》第 2 条第 1 款）。依此定义，所谓房地产登记，就是指不动产登记机构依法将房地产的所有权、他物权等权利归属和其他法定事项（如异议登记、查封登记等）记载于不动产登记簿的行为。

从我国现行法的规定来看，我国房地产登记是房产与地产统一登记。《物权法》第 10 条规定："国家对不动产实行统一登记制度"。所谓"统一登记"，主要是指登记机构、登记簿册、登记依据和信息平台的"四统一"。在《物权法》提出统一登记的制度要求后，《不动产登记暂行条例》自 2015 年 3 月 1 日起施行，我国统一的不动产登记制度已经付诸实施。

二、房地产权属登记的功能

房地产权属登记作为现代房地产法律制度的基础，具有三个方面的功能，即产权确认功能、公示功能和管理功能。

（一）产权确认功能

房地产登记的产权确认功能，是房地产权属登记具有的确认房地产的权属状态，赋予房地产权以法律效力，建立房地产与其权利人之间的法律支配关系的功能。经过登记的房地产权利受法律确认后由国家强制力予以保护，可以对抗权利人以外的任何主体的侵害，从而取得社会公认的权威。产权确认功能必须具备两个条件：一是房地产登记机关是法律规定的机关，登记程序由法律设定，登记的簿、册、证、状采用法定的形式；二是房地产登记对房产的权属状态进行实质性的审查。我国土地管理部门和房地产管理部门为房地产登记机关，登记依法定程序进行，并予以实质性审查。

（二）公示功能

房地产权属登记的公示功能，是将房地产权利的事实向社会公开用以标示房地产流转的功能。这是为维护房地产交易安全的需要，一方面可以防止不具有支配权或者不再具有支配权的人进行欺诈；另一方面公示房地产已经设立的相关权利，如抵押权，也可以防止以隐瞒权利的瑕疵进行交易。

（三）管理功能

房地产权属登记的管理功能，是指房地产登记所具有的实施国家管理意图的功能。主要体现在两个方面：一是产籍管理功能，即通过房地产权属登记建立产籍资料，为房地产的规划、税收提供依据。二是审查监督功能，即通过房地产权属登记的审查程序，对房地产的方位、面积等自然状况及其权属的真实情况进行调查，核实房地产及其权属；同时，依据实体法的规定，对房地产权利的设立、变更、终止的合法性进行审查，取缔违反法律、政策和社会公共利益的行为。

三、房地产权属登记的效力

（一）房地产权属登记的效力模式

房地产权属登记的效力，是指法律赋予房地产权属登记的强制力。在世界各国的立法中，关于房地产登记的效力主要有两种：一是成立要件主义；二是对抗要件主义。前者认为，房地产权利的转移和设定在登记之前只体现为债权的存在，在登记之后才能认为是完成产权的转移或者权利的设立；未经登记，则对房地产交易的权利受让方来说就只能得到债权的保护，而不能得到物权的保护。后者认为，房地产是一种特定物，其产权的变动与其他权利的设定应当与债权的成立同步，即在登记之前权利就已经转移或者设立，登记只是对抗第三人的要件，申请登记的权利只有在登记完成之后才能受法律的全面保护。与上述两种立法主义相适应，各国关于房地产权属登记及其效力的规定，大致有三种模式。

1. 德国法模式

德国法模式以登记作为物权变动的要件。不动产物权的变动除了当事人之间的合意外，还要进行登记。非经登记不仅不能对抗第三人，而且在当事人之间也不产生效力。登记具有公信力。该种模式起源于德国，所以称德国法模式，后来瑞士及我国台湾地区等亦在不同程度上采用。

2. 托伦斯（Robert Torrens）模式

托伦斯模式由澳大利亚托伦斯爵士设计提出，1858年1月27日经南澳州议会通过，于1958年7月施行。这种模式也强调登记对房地产权利的转移或者设定具有绝对的效力，但在登记方式上与德国法模式略有不同。它规定将房地产的权属状态记载于依法制成的地券上，一式两份：一份由权利人保存，另一份由登记机关存查，权属状态发生变化时，登记申请人应将旧地券交回，由登记机关重新颁发新地券。登记具有公信力。这种模式为大多数英美法系国家所采纳。

以上两种模式与成立要件主义相适应。

3. 法国法模式

法国法模式以登记作为公示不动产权利状态的方法，在登记方法上与德国法模式基本相同，所不同的是登记在当事人之间不具有绝对的效力。不动产物权的变动，依当事人之间的合意而产生法律效力，但是，非经登记不能对抗第三人。登记没有公信力。法国、意大利、日本等国家采用此模式。

法国法模式与对抗要件主义相适应。

上述三种模式，德国法模式和托伦斯模式比较严密，而法国法模式则有明显的漏洞。例如，对同一宗房地产先后存在两个买卖合同，先存在的未经登记，但在当事人之间仍然有效；后存在的经过了登记，不但在当事人之间有效，而且对任何人均可主张有效。按照法国法模式的观点，后一个受让人完全享有房地产权，对包括先一个受让人在内的任何人均可主张权利，先一个受让人无权抗辩。同样，按照法国法模式的观点，先一个受让人也享有房地产权，但无权对后一个受让人主张权利。这种冲突的存在，难以合理地解决。而德国法模式和托伦斯模式以登记为房地产物权变动的成立要件，方能克服上述弊端。

（二）我国房地产权属登记的效力

《土地管理法》第11条规定，农民集体所有的土地，由县级人民政府登记造册，核发证书，确认所有权。农民集体所有的土地依法用于非农业建设的，由县级人民政府登记造册，核发证书，确认建设用地使用权。单位和个人依法使用的国有土地，由县级以上人民政府登记造册，核发证书，确认使用权；其中，中央国家机关使用的国有土地的具体登记发证机关，由国务院确定。上述规定表明，无论是"确认所有权"，还是"确认使用权"，其前提条件都是"登记造册"和"核发证书"，即都强调以登记为取得物权的成立要件。《城市房地产管理法》《土地登记办法》《不动产登记暂行条例》等房地产物权变动都规定以登记为成立要件。

第二节 房地产登记的原则与类型

一、房地产登记的原则

《不动产登记暂行条例》第 4 条第 2 款规定："不动产登记遵循严格管理、稳定连续、方便群众的原则。"根据此规定，房地产登记须遵循以下三项原则。

（一）严格管理原则

房地产登记行为是一项以民事行为为主而兼具行政行为的法律行为，因而从行政管理的角度讲，房地产登记须遵循严格管理原则。严格管理体现在登记程序的严格性、登记结果的准确性、登记结果的不得随意改变性、登记簿保管的严格性、登记人员专业素养的高要求性、登记资料的保密性、登记信息共享平台的严格管理性等诸多方面。

（二）稳定连续原则

稳定连续原则既是财产权保障的内在要求，也是保证登记信息权威性的必然要求。《不动产登记暂行条例》第 4 条第 3 款规定："不动产权利人已经依法享有的不动产权利，不因登记机构和登记程序的改变而受到影响。"第 33 条规定："本条例施行前依法颁发的各类不动产权属证书和制作的不动产登记簿继续有效。"以上两条规定就是稳定连续原则的体现。

（三）方便群众原则

法律是为人制定的，方便群众原则是以人为本原则的下位原则。《不动产登记暂行条例》中有许多规定都体现了这一原则。例如，统一登记机构，就可以避免政出多门，群众办理房地产登记就只需要到一个主管部门办理即可。再如，不动产登记信息的共享和查询制度，明确要求不动产登记机构能够通过互通共享取得的信息，就不得再要求不动产登记申请人重复提交了。

二、房地产登记的类型

《不动产登记暂行条例》第 3 条规定："不动产首次登记、变更登记、转移登记、注销登记、更正登记、异议登记、预告登记、查封登记等，适用本条例。"按照此规定，我国现行法上的房地产登记，在类型上分为以下八种。

（一）首次登记

首次登记又称初始登记，是指不动产权利的第一次登记，集体土地所有权，房屋等建筑物、构筑物所有权，森林、林木所有权，耕地、林地、草地等土地承包经营权，建设用地使用权，宅基地使用权，海域使用权，地役权，抵押权等权利，都存在权利的首次登记问题。根据《物权法》第9条第2款规定："依法属于国家所有的自然资源，所有权可以不登记。"因此，自然资源的国家所有权，原则上不存在首次登记问题。

（二）变更登记

变更登记是指在房地产权利的要素发生变动时所进行的登记。《不动产登记暂行条例》对变更登记与转移登记作了平行规定，这一立法模式是科学的。一般而言，有下列情形之一的，房地产权利人可以申请变更登记：①权利人的姓名、名称、身份证明类型或者身份证明号码发生变更的；②房地产的坐落、名称、用途、面积等自然状况发生变更的；③房地产权利期限、来源等权利状况发生变化的；④同一房地产权利人对自己所有的或者拥有的房地产权利进行分割或者合并的；⑤抵押担保的范围、主债权数额以及最高额抵押权债权确定期间等发生变化的；⑥地役权的利用目的、方法等发生变化的；⑦共有性质发生变更的；⑧法律、法规规定的其他变更情形。

（三）转移登记

转移登记是指房地产权属发生转移时所进行的登记。根据《物权法》第9条规定，转移登记乃物权变动登记，是物权变动的法定要件之一。一般而言，有下列情形之一的，房地产权利人可以申请转移登记：①买卖、互换、赠与房地产的；②以房地产作价入股的；③法人或者其他组织因合并、分立等原因致使房地产权属发生转移的；④房地产分割、合并导致权属发生转移的；⑤继承、受遗赠导致房地产权属发生转移的；⑥共有人人数增加或者减少以及共有房地产的份额发生变化的；⑦因人民法院、仲裁机构的生效法文书致房地产权属发生转移的：⑧因主债权转移引起房地产抵押权转移的；⑨因需役地不动产权利转移引起地役权转移的；⑩法律、法规规定的其他转移情形。

（四）注销登记

注销登记又称涂销登记，是在房地产权利发生消灭时应进行的登记。一般而言，有以下情形之一的可以申请或者由不动产登记机构依职权主动进行注销登记：①不动产灭失的；②权利人放弃房地产权利的；③依法没收、征收房地产权利或者建设用地使用权依法被提前收回的；④因人民法院、仲裁机构的生效法律文书致使房地产权利消灭的；⑤法律、法规规定的其他消灭情形。

（五）更正登记

更正登记是指在房地产权属登记记载的事项有错误时所作的改正登记。对此，《物权法》第 19 条第 1 款规定："权利人、利害关系人认为不动产登记簿记载的事项错误的，可以申请更正登记。不动产登记簿记载的权利人书面同意更正或者有证据证明登记确有错误的，登记机构应当予以更正。"更正登记所针对的应当是不涉及房地产权利归属和内容的登记，如果涉及房地产权利归属和内容的，不动产登记机构不得直接予以更正，而应告知申请人遵循异议登记等法定程序依法解决。

（六）异议登记

异议登记是指房地产利害关系人申请更正登记未果后，依法向登记机构提出的针对应更正事项持有异议的登记申请，旨在阻止登记权利人处分房地产，从而保全利害关系人权利的登记。对此，《物权法》第 19 条第 2 款规定："不动产登记簿记载的权利人不同意更正的，利害关系人可以申请异议登记。登记机构予以异议登记的，申请人在异议登记之日起十五日内不起诉，异议登记失效。异议登记不当，造成权利人损害的，权利人可以向申请人请求损害赔偿。"关于房地产异议登记应当明确：①异议登记的前提条件是利害关系人申请更正登记后，不动产登记簿记载的权利人不同意更正。②异议登记的存续期间为异议登记之日起 15 日内，即申请人应当在异议登记之日起 15 日内向人民法院起诉。逾期不起诉的，异议登记失效。③异议登记不当的法律后果是产生申请人赔偿责任，即异议登记不当造成权利人损害的，权利人有权请求申请人赔偿损害。

（七）预告登记

预告登记又称为预登记，是指当事人为保障将来实现房地产权利，针对将来发生的房地产权利变动所进行的登记。就是说，在房地产权利所需具备的条件还不满足或尚未成就，当事人还只对未来的房地产权利享有期待权时，法律为保护这一期待权的实现所进行的登记。关于预告登记，《物权法》第 20 条规定："当事人签订买卖房屋或者其他不动产物权的协议，为保障将来实现物权，按照约定可以向登记机构申请预告登记。预告登记后，未经预告登记的权利人同意，处分该不动产的，不发生物权效力。预告登记后，债权消灭或者自能够进行不动产登记之日起三个月内未申请登记的，预告登记失效。"对于房地产预告登记，应当明确：①预告登记的前提条件是当事人签订了买卖房屋或者其他不动产物权的协议，其目的是保障将来能够实现房地产权利；②预告登记的效力是使经登记的期待权具备物权的效力，因此，未经预告登记的权利人同意，不得处分该房地产权利，否则不发生物权变动的效力；③预告登记只是保障当事人将来能够取得房地产权利，因此，预告登记应当有一定期间的限制。即预告登记后，债权消灭或者自能够进行登记之日起 3 个月内，当事人未申请登记的，预告登记失效。该 3 个月期间，在性质上应为除斥期间。

（八）查封登记

查封登记是指人民法院等国家其他的有权机关为依法查封已登记的房地产所进行的登记。本质上，查封是一种司法强制措施，但《不动产登记暂行条例》已经把查封登记规定为一种独立的登记类型。查封登记又包括正式查封登记、预查封登记、轮候查封登记三种类型。房地产查封期限届满，人民法院未续封的，查封登记失效。

❓ 思考题

1. 简答房地产权属登记的概念。
2. 房地产登记的原则有哪些？
3. 简述房地产登记的类型。

第五章

房屋征收与补偿法律制度

重点提示　通过本章学习，要求学生了解城市房屋拆迁的概念；掌握国有土地上房屋征收与补偿制度，违反房屋征收与补偿的法律责任。

第一节　城市房屋拆迁概述

一、房屋拆迁的概念

房屋拆迁是指建设单位根据城市规划要求和拆迁许可证，依法拆除批准的建设用地范围内的房屋及其他附属物，并对被拆迁人进行补偿，对被拆迁人或被拆迁房屋承租人进行安置的行为。《城市房屋拆迁管理条例》（本条例已被 2011 年 1 月 21 日颁布的《国有土地上房屋征收与补偿条例》取代）所指的房屋拆迁，是指在城市规划区内国有土地上实施的房屋拆迁。2011 年国务院颁布的《国有土地上房屋征收与补偿条例》规定，为了公共利益的需要，征收国有土地上单位、个人的房屋，应当对被征收房屋所有权人依法予以公平补偿。

城市的发展是一个不断进行再建设的过程，进行城市建设必然要拆除大量旧房屋和其他建筑物，并应对被拆除房屋的所有人给予补偿，对被拆除房屋的使用人进行安置。因此，房屋拆迁和安置就成为城市建设中必须认真处理的一项极其复杂和重要的工作。为了规范房屋拆迁行为，保护当事人的合法权益，1991 年 6 月 1 日起，实施了国务院颁布的《城市房屋拆迁管理条例》，这是我国第一部有关城市房屋拆迁管理的行政法规，为拆迁人对被拆迁人的补偿安置，保证拆迁的实施及城市房屋拆迁的行政管理提供了极为重要的法律依据。它的颁布实施标志着我国城市房屋拆迁进入了规范化、法制化的轨道，对于规范房屋的拆迁行为，加强对城市房屋拆迁的管理，维护当事人的合法权益，保障城市建设的顺利进行，发挥了积极的作用。

但是，随着改革的深化和社会主义市场经济的发展，原条例的不少规定已经明显不适应当前的客观实际，2001 年 6 月 6 日，国务院第 40 次常务会议通过了新的《城市房屋拆迁管理条例》，于 2001 年 11 月 1 日起施行。

　　为了规范国有土地上房屋征收与补偿活动，维护公共利益，保障被征收房屋所有权人的合法权益，根据《全国人民代表大会常务委员会关于修改〈中华人民共和国城市房地产管理法〉的决定》，国务院制定了《国有土地上房屋征收与补偿条例》并于 2011 年 1 月 21 日正式公布施行，《城市房屋拆迁管理条例》同时废止。《国有土地上房屋征收与补偿条例》已经颁布实施，从"拆迁"改为"征收"，透过这些词语的变化，可以看到条例更加突出房屋征收和补偿的规范、公平、合理，强调阳光征收、公平补偿使公共利益和私人利益得到更好的协调与平衡。它的实施使公共利益和个人利益得到协调和平衡，折射出从强化行政管理到规范行政行为的法治理念的进步。

　　当前，我国正处在改革发展的关键阶段，也处在工业化、城镇化的重要时期。制定《国有土地上房屋征收与补偿条例》，关系到群众切身利益，关系到工业化、城镇化进程，关系到现代化建设全局。党中央、国务院高度重视条例的制定工作，为了妥善处理实践中的矛盾，制定条例时在总体思路上主要把握了三点：一是统筹兼顾工业化、城镇化建设和土地房屋被征收群众的利益，努力把公共利益同被征收人个人利益统一起来。二是通过明确补偿标准、补助和奖励措施，保护被征收群众的利益，使房屋被征收群众的居住条件有改善、原有生活水平不降低。三是通过完善征收程序，加大公众参与，禁止建设单位参与搬迁，取消原条例行政机关自行强制拆迁的规定，加强和改进群众工作，把强制减到最少。地方政府在进行房屋征收与补偿工作的过程中，要充分考虑被征收群众的利益和实际困难，做好群众工作，减少强制，才能统筹兼顾好工业化、城镇化建设和土地房屋被征收群众的利益。在工业化、城镇化发展过程中，还必须坚持节约集约利用土地、严格保护耕地的原则，这需要通过提高规划的科学性、严格执行规划、调整产业政策、转变经济发展方式、严格立项审批等手段，控制城乡建设用地盲目无序扩张，确保 18 亿亩耕地红线与粮食安全。《国有土地上房屋征收与补偿条例》正式出台后，社会各界也对条例的主要内容给予了充分肯定。

　　拆迁活动主要是一种民事活动。在拆迁活动中，被拆迁人通过放弃被拆迁房屋及其附属物，以货币形式或者产权调换房屋的形式而取得拆迁补偿；被拆迁房屋的承租人通过与被拆迁人解除租赁，或者与被拆迁人就产权调换的房屋达成租赁协议而迁出租赁房屋；拆迁人对被拆迁人进行拆迁补偿而取得拆除被拆迁人的房屋及其附属物的权利，从而为进一步开发建设打下基础。

　　保护拆迁当事人的合法权益，是促进拆迁活动有序进行的需要。如果拆迁人的合法权益得不到保护，会打击拆迁人的积极性，影响城市建设的顺利进行。如果被拆迁人的合法权益得不到保护，被拆迁人可能对拆迁产生抵触情绪，不仅会导致拆迁活动和建设项目无法按计划完成，而且会造成较为严重的社会问题。

　　保护拆迁当事人的合法权益，应当侧重保护被拆迁人和被拆迁房屋承租人的合法权益，原因在于虽然拆迁人与被拆迁人之间的法律地位是平等的，但是在经济地位、参与拆迁的主动性上，拆迁人和被拆迁人之间是不一样的。第一，拆迁人是经济实力强大的单位，属于强势群体；被拆迁人是经济实力相对较弱的分散个体，属于弱势群体。第二，拆迁人是有计划、有准备地参与拆迁活动的，是拆迁程序的启动者；而被拆迁人是被动地加入拆迁活动中来，对拆迁程序的运行没有控制权。第三，在订立拆迁补偿安置协议时，拆迁人处于主动地位，被拆迁人比较被动。一旦拆迁程序启动，不管被拆迁人与拆迁人能否达成协议，拆迁都会进行下去，被拆迁人的房屋都将被拆除。拆迁人与被拆迁人之间的上述不平等，导致被拆迁人的合法权益易受侵害，所以要注重保护被拆迁人的合法权益。

二、房屋拆迁法律关系

在城市房屋拆迁过程中，既存在拆迁人与被拆迁人、房屋承租人之间及拆迁人与城市房屋拆迁单位之间的民事法律关系，同时也存在房屋拆迁管理部门与拆迁人、被拆迁人、房屋承租人之间的行政法律关系。

（一）房屋拆迁民事法律关系

1. 拆迁人与被拆迁人的民事法律关系

拆迁人是指取得《房屋拆迁许可证》的单位，被拆迁人是指被拆迁房屋的所有人。拆迁人取得《房屋拆迁许可证》，拆除被拆迁人的房屋及其他附属物，应当按照条例规定，对被拆迁人给予补偿；被拆迁人因其房屋及其他附属物被拆除，而产生对拆迁人的补偿与安置请求权，同时有按时搬迁的义务。拆迁人与被拆迁人的权利和义务，通过双方订立的房屋拆迁补偿安置协议确定。

2. 拆迁人与房屋承租人的民事法律关系

被拆迁房屋承租人因承租房屋被拆除而产生一定的经济损失，有向拆迁人请求支付搬迁补助费和临时安置补助费的权利，同时有按时搬迁的义务。拆迁人与房屋承租人的权利和义务，通过房屋拆迁安置协议确定。

3. 拆迁人与城市房屋拆迁单位的民事法律关系

拆迁人可以委托具有拆迁资格的单位实施拆迁。拆迁人与受委托的城市房屋拆迁单位通过订立拆迁委托合同建立民事法律关系。房屋征收部门可以委托房屋征收实施单位，承担房屋征收与补偿的具体工作。房屋征收实施单位不得以营利为目的。

（二）房屋拆迁行政法律关系

房屋拆迁行政法律关系，是指房屋拆迁管理部门与行政相对人之间发生的行政法律关系。

根据《国有土地上房屋征收与补偿条例》第4条规定："市、县级人民政府负责本行政区域的房屋征收与补偿工作。市、县级人民政府确定的房屋征收部门（以下称房屋征收部门）组织实施本行政区域的房屋征收与补偿工作。市、县级人民政府有关部门应当依照本条例的规定和本级人民政府规定的职责分工，互相配合，保障房屋征收与补偿工作的顺利进行。"

（三）城市房屋拆迁管理体制

城市房屋拆迁管理体制是指由城市房屋拆迁管理机构及其管理职责、管理程序、相互关系等组成的有机整体。《国有土地上房屋征收与补偿条例》规定由市、县级人民政府负责本行政区域的房屋征收与补偿工作。这一规定包括三层含义：一是房屋征收与补偿的主体是市、县级人民政府；二是房屋征收与补偿工作由市、县级人民政府确定的房屋征收部门组织实施；三是市、县级人民政府有关部门应当按照职责分工，互相配合，保障房屋征收与补偿工作的顺利进行。

第二节　国有土地上房屋征收与补偿

一、国有土地上房屋征收与补偿的概念

国有土地上房屋征收与补偿是指为了公共利益的需要，对国有土地上单位、个人的房屋依法进行征收，并对被征收房屋的所有权人依法予以公平补偿的具体行政行为。

2007 年，《物权法》第 42 条规定了征收条款。之后，《城市房地产管理法》依据《物权法》做出了相应的修订，于第 6 条规定了城市房屋的征收条款。《城市房地产管理法》第 6 条规定："为了公共利益的需要，国家可以征收国有土地上单位和个人的房屋，并依法给予拆迁补偿，维护被征收人的合法权益；征收个人住宅的，还应当保障被征收人的居住条件。具体办法由国务院规定。"依据该条规定的授权，国务院经两次向社会公开征求意见，于 2011 年 1 月 21 日发布实施了《国有土地上房屋征收与补偿条例》（以下简称《征收条例》）。根据《征收条例》第 35 条规定："本条例自公布之日起施行。2001 年 6 月 13 日国务院公布的《城市房屋拆迁管理条例》同时废止。本条例施行前已依法取得房屋拆迁许可证的项目，继续沿用原有的规定办理，但政府不得责成有关部门强制拆迁。"据此，《征收条例》成为我国现行法上调整国有土地上房屋征收与补偿事宜的专项法律。

二、国有土地上房屋征收与补偿的基本原则

《征收条例》第 3 条规定："房屋征收与补偿应当遵循决策民主、程序正当、结果公开的原则。"

这是关于房屋征收与补偿工作的基本原则的规定。房屋征收与补偿工作应当遵循以下四个方面的原则。

（一）决策民主的原则

依法行政是依法治国的重要内容。《国务院关于加强法治政府建设的意见》（国发

〔2010〕33号）明确，要加强行政决策程序建设，健全重大行政决策规则，推进行政决策的科学化、民主化、法治化。要坚持一切从实际出发，系统全面地掌握实际情况，深入分析决策对各方面的影响，认真权衡利弊得失。要把公众参与、专家论证、风险评估、合法性审查和集体讨论决定作为重大决策的必经程序。做出重大决策前，要广泛听取、充分吸收各方面意见，意见采纳情况及其理由要以适当形式反馈或者公布。完善重大决策听证制度，扩大听证范围，规范听证程序，听证参加人要有广泛的代表性，听证意见要作为决策的重要参考。据此，《征收条例》的规定充分体现了决策民主原则，如在房屋征收与补偿工作中，要求所有因公共利益需要，确需征收房屋的建设活动，应当符合国民经济和社会发展规划、土地利用总体规划、城乡规划和专项规划。保障性安居工程建设、旧城区改建，应当纳入市、县级国民经济和社会发展年度计划，并经本级人民代表大会审议通过。制定国民经济和社会发展规划、土地利用总体规划、城乡规划和专项规划，应当广泛征求社会公众意见，经过科学论证。市、县级人民政府应当就征收补偿方案组织有关部门论证，并征求公众意见。因旧城区改建需要征收房屋，多数被征收人认为征收补偿方案不符合本条例规定的，政府应当组织由被征收人和公众代表参加的听证会，并根据听证会情况修改方案，等等。这些规定都是决策民主原则的具体体现。

（二）程序正当的原则

程序正当就是要求政府要严格遵循法定程序，依法保障行政管理相对人、利害关系人的知情权、参与权和救济权。行政机关工作人员履行职责，与行政管理相对人存在利害关系时，应当回避。如在房屋征收与补偿工作中，赋予被征收人在征收补偿方案制订与修改、房屋征收评估办法的制定、房地产价格评估机构的选择、补偿方式的选择等方面的知情权、参与权。同时，赋予被征收人在房屋征收决定、补偿协议履行、补偿决定等环节的行政救济权和司法救济权。所有这些规定都是为了让有关各方能有机会在过程中表达诉求、发表意见，而程序正当是实现这一目的的重要保障，也是做好群众工作、顺利推进工作的重要条件。

（三）结果公开的原则

为了避免征收补偿过程中的暗箱操作，做到公开透明、公平公正，以确保房屋征收与补偿工作的顺利开展，本条例明确规定了结果公开的原则。按照该原则的要求，本条例规定了一系列具体的制度措施。例如，在房屋征收与补偿工作中，要求征收补偿方案应当公布，征收补偿方案征求意见情况和根据公众意见修改的情况应当公布，房屋征收决定应当公告，房屋的权属等调查结果应当公布，补偿决定应当公告，分户补偿情况应当公布，对征收补偿费用管理和使用情况的审计结果应当公布等。这样规定既有利于社会各界加强对政府征收与补偿行为的监督，也有利于被征收人之间相互了解情况，防止不公平、不公正的现象发生，也是相信群众、把工作交给群众、接受群众评判、真正走群众路线的重要体现。

（四）补偿公平原则

《征收条例》第 2 条规定："为了公共利益的需要，征收国有土地上单位、个人的房屋，应当对被征收房屋所有权人（以下称被征收人）给予公平补偿。"该规定在我国征收法制上首次确立了公平补偿（补偿公平）原则，代表着我国征收法制的巨大进步。"公平"是一个抽象法律概念，立法上难以直接界定何为补偿公平。一般来说，要满足补偿公平原则的要求，应做到完全补偿。所谓完全补偿，是指对被征收人因房屋征收而造成的一切损失都予以补偿。这些损失包括主观价值损失，也包括客观价值损失。但根据《征收条例》的规定，房屋征收补偿的范围只包括客观价值损失的补偿，不包括主观价值损失（如精神损失）的补偿。如对被征收房屋价值的补偿，不得低于房屋征收决定公告之日被征收房屋类似房地产的市场价格就被视为达到补偿公平原则的要求，这样的市价补偿当然也只是对被征收房屋客观价值损失的补偿。

三、国有土地上房屋征收与补偿的管理主体与职责

根据《征收条例》第 4 条规定："市、县级人民政府负责本行政区域的房屋征收与补偿工作。市、县级人民政府确定的房屋征收部门（以下称房屋征收部门）组织实施本行政区域的房屋征收与补偿工作。市、县级人民政府有关部门应当依照本条例的规定和本级人民政府规定的职责分工，互相配合，保障房屋征收与补偿工作的顺利进行。"

《征收条例》的规定包括三层含义：一是房屋征收与补偿的主体是市、县级人民政府；二是房屋征收与补偿工作由市、县级人民政府确定的房屋征收部门组织实施；三是市、县级人民政府有关部门应当按照职责分工，互相配合，保障房屋征收与补偿工作的顺利进行。

这里的"市、县级人民政府"是指：一是市级人民政府，主要包括除直辖市以外的设区的市、直辖市所辖区、自治州人民政府等；二是县级人民政府，主要包括不设区的市、市辖区（直辖市所辖区除外）、县、自治县人民政府等。

按照本条例的规定，设区的市及其所辖区的人民政府都有房屋征收权。这两级人民政府在征收权限划分上，各自承担什么样的职责，原则上由设区的市人民政府确定。从有利于征收行为有效实施的角度出发，房屋征收权由区级人民政府行使较为适宜，这有利于强化属地管理责任，在纠纷发生后，可以依法、及时、就地解决，在节约成本的同时，维护被征收人的合法权益。区级人民政府行使征收权的，设区的市人民政府应当明确市、区两级人民政府在房屋征收权方面的职责分工，并切实履行好监督职责。

市、县级人民政府的职责主要有：组织有关部门论证和公布征收补偿方案，征求公众意见（见《征收条例》第 10 条）；对征收补偿方案的征求意见情况和修改情况进行公布，以及因旧城区改建需要征收房屋，多数人不同意情况下举行听证会（见《征收条例》第 11 条）；对房屋征收进行社会稳定风险评估（见《征收条例》第 12 条）；依法作出房屋征

收决定并公布（见《征收条例》第13条）；制定房屋征收的补助和奖励办法（见《征收条例》第17条）；组织有关部门对征收范围内未经登记的建筑进行调查、认证和处理（见《征收条例》第24条）；依法作出房屋征收补偿决定（见《征收条例》第26条）；等等。

市、县级人民政府确定的房屋征收部门组织实施房屋征收补偿工作。房屋征收是政府行为，房屋征收与补偿的主体应当是政府。房屋征收与以前的房屋拆迁不同，房屋征收决定、补偿决定、申请人民法院强制执行都将以政府名义作出。鉴于我国对房地产实行属地化管理原则，房屋征收与补偿工作量大面广，情况复杂，涉及被征收人的切身利益，以及地方经济发展和社会稳定，以地方人民政府设立或者确定一个专门的部门负责房屋征收补偿工作为宜。同时，考虑到目前地方机构设置和职能分工不同，《征收条例》规定，市、县级人民政府确定一个房屋征收部门具体负责房屋征收的组织实施工作。房屋征收部门的设置可以有两种形式：一是市、县级人民政府设立专门的房屋征收部门；二是在现有的部门（如房地产管理部门、建设主管部门）中，确定一个部门作为房屋征收部门。

设区的市所辖区级人民政府行使征收权的，设区的市人民政府房屋征收部门应当加强对区级人民政府房屋征收部门的监督，特别是在征收计划、法规政策、征收补偿方案、补偿资金使用等方面的监督。区级人民政府房屋征收部门可负责具体实施。

房屋征收部门的职责主要有：委托房屋征收实施单位承担房屋征收与补偿的具体工作，并对委托实施的房屋征收与补偿行为负责监督（见《征收条例》第5条）；拟定征收补偿方案，并报市、县级人民政府（见《征收条例》第10条）；组织对征收范围内房屋的权属、区位、用途、建筑面积等情况进行调查登记，并公布调查结果（见《征收条例》第15条）；书面通知有关部门暂停办理房屋征收范围内的新建、扩建、改建房屋和改变房屋用途等相关手续（见《征收条例》第16条）；与被征收人签订补偿协议（见《征收条例》第25条）；与被征收人在征收补偿方案确定的签约期限内达不成补偿协议或者被征收房屋所有权人不明确的，报请作出决定的市、县级人民政府作出补偿决定（见《征收条例》第26条）；依法建立房屋征收补偿档案，并将分户补偿情况在房屋征收范围内向被征收人公布（见《征收条例》第29条）；等等。

地方人民政府有关部门在房屋征收补偿工作中互相配合。房屋征收是一个系统工程，涉及诸多方面的工作，需要政府相关部门的互相配合。例如，征收补偿中的有关工作涉及发展改革、财政等综合部门；土地使用权手续的办理，涉及土地行政主管部门；暂停办理相关手续，涉及规划、建设、房地产及工商、税务等行政主管部门；文物古迹保护，涉及文物行政主管部门；非住宅房屋认定，涉及工商、税务等行政主管部门。政府有关部门应当依照《征收条例》的规定和本级人民政府规定的职责分工，相互配合、相互协调，保障房屋征收工作的顺利进行。

四、征收决定

（一）征收必须以公共利益为目的

公共利益的认定问题一直是社会公众关注的焦点。《征收条例》明确界定了公共利益的范围，将因国防、外交需要和由政府组织实施的能源、交通、水利、教科文卫体、资源环保、防灾减灾、文物保护、社会福利、市政公用等公共事业需要及保障性安居工程建设、旧城区改建的需要等列入公共利益范畴。同时，还强调了规划和计划的调控作用，规定确需征收房屋的各项建设活动都应当符合国民经济和社会发展规划、土地利用总体规划、城乡规划和专项规划；保障性安居工程建设和旧城区改建还应当纳入市、县级国民经济和社会发展年度计划，经市、县级人民代表大会审议通过。并且为了保证规划的公众参与，还规定制定规划应当广泛征求社会公众意见，经过科学论证。

《征收条例》第8条规定，为了保障国家安全、促进国民经济和社会发展等公共利益的需要，有下列情形之一，确需要征收房屋的，由市、县级人民政府作出房屋征收决定：

（1）国防和外交的需要；

（2）由政府组织实施的能源、交通、水利等基础设施建设的需要；

（3）由政府组织实施的科技、教育、文化、卫生、体育、环境和资源保护、防灾减灾、文物保护、社会福利、市政公用等公共事业的需要；

（4）由政府组织实施的保障性安居工程建设的需要；

（5）由政府依照城乡规划法有关规定组织实施的对危房集中、基础设施落后等地段进行旧城区改建的需要；

（6）法律、行政法规规定的其他公共利益的需要。

2007年《物权法》规定，为了公共利益的需要，依照法律规定的权限和程序可以征收集体所有的土地和单位、个人的房屋及其他不动产。按照上述规定，征收城市房屋和农村土地房屋，应当基于"公共利益"的需要，但均未对"公共利益"的范围作出规定。农村土地房屋的征收由《土地管理法》调整。对于公共利益的界定，必须考虑我国的国情。在我国经济社会发展的现阶段，工业化、城镇化是经济社会发展、国家现代化的必然趋势，符合最广大人民群众的根本利益，是公共利益的重要方面；遏制房价过快上涨势头、稳定房价，满足人民群众的基本住房需求，也是公共利益的重要方面。在社会主义市场经济条件下，建立公共服务供给的社会和市场参与机制是必然趋势，不宜以是否采用市场化的运作模式作为界定公共利益的标准，不能因医院、学校、供水、供电、供气、污水和垃圾处理、铁路、公交等项目经营中收费就否认其属于公共利益范畴。保障性安居工程建设和旧城区改建，与广大城镇居民生活、工作密切相关，这些项目的实施既改善了城镇居民居住、工作条件，又改善了城市环境，提升了城市功能，不能因为其中包含必要的商业服务设施等商业开发，就将其置于公共利益范畴之外。对工业化、城镇化进程中出现的一些社会矛盾和冲突，应当综合治理，不能不顾实践中的用地需要而以减少征收作为解决当前问题的唯一措施。要对被征收人按照房地产市场价格给予公平补偿，确保房屋被征收的群众不吃亏，将公共利益和被征收人的利益统一起来。

基于上述考虑，《征收条例》在我国立法史上首次界定了公共利益，明确将因国防和外交的需要，由政府组织实施的能源、交通、水利、教科文卫体、资源环保、防灾减灾、文物保护、社会福利、市政公用等公共事业需要及保障性安居工程建设、旧城区改建的需要等纳入公共利益范畴。

（二）确需征收房屋的建设活动应当符合规划、纳入年度计划的规定

确需征收房屋的各项建设活动，除了符合《征收条例》第8条界定的公共利益需要之外，还应当符合国民经济和社会发展规划、土地利用总体规划、城乡规划和专项规划。保障性安居工程建设、旧城区改建，应当纳入市、县级国民经济和社会发展年度计划。制定国民经济和社会发展规划、土地利用总体规划、城乡规划和专项规划，应当广泛征求社会公众意见，经过科学论证。

五、征收补偿

房屋征收涉及公民最重要的私有财产——房屋，在强调为了公共利益需要征收房屋的同时，应当严格规范房屋征收活动，保护被征收人的合法权益。从以往实践来看，在所引发的各种矛盾纠纷中，大多反映的是补偿是否公平、公正。群众最为关注的也是房屋征收的补偿问题。

《征收条例》第17条规定，作出房屋征收决定的市、县级人民政府对被征收人给予的补偿包括：

（1）被征收房屋价值的补偿；

（2）因征收房屋造成的搬迁、临时安置的补偿；

（3）因征收房屋造成的停产停业损失的补偿。

市、县级人民政府应当制定补助和奖励办法，对被征收人给予补助和奖励。

房屋征收补偿的规定，主要包括以下内容。

1. 被征收房屋价值补偿

被征收房屋的价值是指被征收的建筑物及其占用范围内的建设用地使用权和其他不动产的价值。其他不动产是指不可移动的围墙、假山、水井、烟囱、水塔、苗木等。应当指出的是，被征收房屋的价值不仅仅指建筑物本身的价值。因为任何建筑物都必须依托土地而建立，建筑物所有权人必须依法取得一定的土地使用权，才能在土地上建造建筑物。因此，被征收房屋的价值除建筑物本身的价值外，还包括其所占用土地的建设用地使用权的价值。当然，在评估被征收房屋的价值时，评估对象只包括合法的被征收建筑物及其占用范围内的建设用地使用权和其他不动产，而不包括违法建筑和超过批准期限的临时建筑。

违法建筑和超过批准期限的临时建筑虽然在物质实体上也具有一定的使用价值，但由于《征收条例》明确规定了这两类建筑物不予征收补偿，因而不能把这两类建筑物作为评估对象。在实践操作上，被征收房屋的价值最终是指评估价值。所谓评估价值，是指评估对象在不被征收的情况下，由熟悉情况的交易双方以公平交易方式在评估时点自愿进行交易的金额，但不考虑被征收房屋租赁、抵押、查封等因素的影响。

2. 搬迁补偿

搬迁补偿即搬迁费补偿。所谓搬迁费，是指被征收房屋被拆除后，被征收人就地安置或异地安置所需支出的必要合理费用。国有土地上房屋被征收后，房屋所有权转归国家所有，建设用地使用权同时被收回，被征收人已无权再使用被征收房屋和土地了，其依法当然必须搬迁。而搬迁或多或少会支出一定的费用，这些费用，从被征收人的角度讲，就是搬迁费用；从作出征收决定的市、县级人民政府的角度讲，就是依法应予补偿的搬迁费。搬迁费应如何计算，在我国现行法上并没有明确的依据，往往由地方人民政府通过制定地方性规章甚至是政令的方式予以明确。通常的做法是，将被征收房屋区分为不同的类型分别确定搬迁费的计算方法。如区分为住宅和非住宅两个类型，对于住宅房屋征收搬迁的，搬迁费往往依当地物价水平确定一个固定的搬迁费数额，如200元、300元等；对于非住宅房屋征收搬迁的，一般按实际发生的费用计取。住宅和非住宅的类型区分还可以进一步细分，如将住宅类房屋再区分为自住与出租两个类型，将非住宅类房屋再区分为商业经营型和生产经营型。由于不同用途的房屋需要搬迁的物质实体和项目并不相同，因而搬迁费的确定只能一事一议，而不可能确定一个"一刀切"的标准。此外，如果是一次性安置的，往往只需计算一次搬迁费即可。但如果是回迁安置或者需搬迁两次以上的，因为存在一个过渡期限和过渡地点，往往需要搬迁两次甚至更多次，因而在计算搬迁费时需要分段、分次计算，最后加总的结果才是搬迁费的总额。

3. 临时安置补偿

临时安置补偿是指对选择房屋产权调换补偿方式的被征收人，在产权调换房屋交付前由房屋征收部门向被征收人支付临时安置费或者提供周转用房的补偿。因此，在内容上，临时安置补偿包括临时安置费补偿和提供周转用房补偿两项补偿。支付临时安置费补偿适用于在过渡期内，被征收人自行安排住处过渡的情形。即使选择使用周转用房的，在周转用房实际提供前，房屋征收部门也应当向被征收人支付过渡期限内所需的临时安置费。临时安置费的计算标准由地方政府制定，一般按照被征收房屋的用途（如住宅、商业经营用房、生产经营用房等）和房屋的建筑面积计算。至于周转用房，则以适于居住、不降低被征收人的生活水平、适于生产经营为标准。

4. 停产停业损失补偿

停产停业损失是指因房屋征收而造成被征收人生产经营活动暂停或者终止的损失。停产停业损失发生于非住宅型的房屋被征收时，对于住宅房屋，因为其不存在生产经营活动的用途，因而也就不存在停产停业损失的问题。从事合法的生产经营活动赚取利润属公民行为自由的范畴，由生产经营而获取的收入、利润等属于公民的合法财产权，依法不受侵犯。但房屋征收造成了被征收人于原址上无法继续从事生产经营活动，此种生产经营活动的中止或中断当然会造成被征收人的生产经营损失，致使其通过生产经营活动能够获取的期待财产利益丧失，因而对停产停业损失应依法给予补偿。当然，停产停业损失是指合法损失。

非住宅停产停业损失补偿是房屋拆迁中群众反映较为突出的问题之一。《征收条例》第 23 条规定，对因征收房屋造成停产停业损失的补偿，根据房屋被征收前的效益、停产停业期限等因素确定。具体办法由省、自治区、直辖市制定。有利于减少房屋征收过程中矛盾纠纷的发生。

由此可见，停产停业损失的补偿是根据房屋被征收前的效益、停产停业期限等因素确定，停产停业损失，一般以实际发生的直接损失为主。

停产停业损失补偿中涉及非住宅房屋的认定。认定为非住宅房屋，应当满足两个条件：第一，房屋为非住宅房屋，即营业性用房；第二，经营行为合法，不能是违法经营。二者缺一不可。

5. 补助与奖励

《征收条例》第 17 条第 2 款规定，市、县级人民政府应当制定补助和奖励办法，对被征收人给予补助和奖励。但这种补助和奖励并不是普惠的。比如，市、县级人民政府规定的奖励是针对按期搬迁的被征收人的；如果被征收人未按期搬迁，就不能够享受政府给予的奖励。市、县级人民政府规定的补助也是如此。补助可能是针对生活困难救助、重大疾病救助及住房困难家庭的。例如，上海市规定，拆迁旧式里弄房屋、简屋及其他非成套独用居住房屋的，为满足被拆除房屋基本使用功能（卫生、厨房），增加套型面积补贴，每户补贴建筑面积 15 平方米。广州市在旧城改造过程中，为鼓励居民外迁，对历史旧城区范围内的拆迁居民，除正常补偿外，另外按照被征收房屋的房地产市场价格的 20% 给予补助。

6. 被征收房屋价值补偿原则

对被征收房屋价值的补偿，不得低于房屋征收决定公告之日被征收房屋类似房地产的市场价格。被征收房屋的价值，由具有相应资质的房地产价格评估机构按照房屋征收评估办法评估确定。

对评估确定的被征收房屋价值有异议的，可以向房地产价格评估机构申请复核评估。对复核结果有异议的，可以向房地产价格评估专家委员会申请鉴定。

7. 房屋征收补偿方式

房屋征收补偿方式有两种，即货币补偿与房屋产权调换。被征收人可以选择货币补偿，也可以选择房屋产权调换。

被征收人选择房屋产权调换的，市、县级人民政府应当提供用于产权调换的房屋，并与被征收人计算、结清被征收房屋价值与用于产权调换房屋价值的差价。

因旧城区改建征收个人住宅，被征收人选择在改建地段进行房屋产权调换的，作出房屋征收决定的市、县级人民政府应当提供改建地段或者就近地段的房屋。

8. 对补偿决定不服的救济

补偿决定是一项具体行政行为。《征收条例》第 26 条规定，被征收人对补偿决定不服的，可以依法申请行政复议，也可以依法提起行政诉讼。根据《中华人民共和国行政复议法》（以下简称《行政复议法》）和《中华人民共和国行政诉讼法》（以下简称《行政诉讼法》）的规定，被征收人对市、县级人民政府作出的补偿决定不服的，可以依法在知道作出该具体行政行为之日起 60 日内，向作出补偿决定的市、县级人民政府的上一级人民政府申请行政复议；被征收人对市、县级人民政府作出的补偿决定不服的，可以依法在知道作出具体行政行为之日起 3 个月内向人民法院提起行政诉讼，或者依法提起行政复议后对复议决定不服的，可以自收到复议决定书之日起 15 日内向人民法院提起行政诉讼。

第三节 违反房屋征收与补偿的法律责任

法律责任是法律、法规、规章中必不可少的重要组成部分，是指法律关系的主体由于其行为违法，按照法律、法规规定必须承担的消极法律后果。任何一项完整的法律规范，都应当包括适用条件、行为模式及违反行为模式的法律后果三个要素。其中，法律责任的规定是体现法律规范国家强制力的核心部分，是法律运行、实施的重要保障。

法律责任包括行政责任、刑事责任和民事责任三大类。

一、行政责任

行政责任是指法律关系主体由于违反行政法律规范，所应承担的一种行政法律后果。主要表现为处分与行政处罚。《征收条例》作为国务院颁布的行政法规，主要规定了违法行为承担的行政责任，包括政府部门及其工作人员和行政相对人的行政责任。行政责任可分为处分和行政处罚。处分是指国家行政机关根据有关行政法律规范的规定，并依照行政隶属关系，对失职、渎职的公务员给予的惩罚性处理措施，是国家机关内部的一种惩戒措施，一般不涉及行政相对人权益。处分从轻到重依次为警告、记过、记大过、降级、撤职、开除六种。而行政处罚是指行政机关和法律、法规授权的组织，基于行政管辖职权，对违反行政法律规范的公民、法人或其他组织所实施的行政惩戒。行政处罚的种类有警告、罚款、没收违法所得、没收非法财物、责令停产停业、暂扣或者吊销许可证、暂扣或者吊销执照、行政拘留，以及法律、行政法规规定的其他行政处罚。《征收条例》在法律责任这一章规定了对政府及相关主管部门的工作人员应当依法给予处分，同时也规定了对行政相对人的行政处罚。

二、刑事责任

刑事责任是指具有刑事责任能力的人实施了刑事法律所禁止的行为（犯罪行为）所必须承担的法律责任。刑事责任是最为严厉的法律责任，只能由司法机关依法予以追究。《征收条例》规定刑事责任，主要是为了与刑法作相应的衔接。

例如，《征收条例》规定，暴力迫使被征收人搬迁可追究刑事责任。由于拆迁进度与建设单位的经济利益直接相关，容易造成拆迁人与被拆迁人矛盾激化。禁止建设单位参与搬迁活动，任何单位和个人不得采取暴力、威胁或者违反规定中断供水、供热、供气、供电和道路通行等非法方式迫使被征收人搬迁，造成损失的，依法承担赔偿责任；对直接负责的主管人员和其他直接责任人员，构成犯罪的，依法追究刑事责任；尚不构成犯罪的，依法给予处分；构成违反治安管理行为的，依法给予治安管理处罚。

采取暴力、威胁等方法阻碍依法进行的房屋征收与补偿工作，构成犯罪的，依法追究刑事责任。在实践中，主要表现为房屋所有权人及社会闲杂人员采取暴力、威胁等方法进行阻挠，对此规定相应的法律责任是必要的。社会闲杂人员采取暴力、威胁等方法阻碍征收补偿工作的，则应严厉打击。

三、民事责任

民事责任是指法律关系主体违反民事法律规范、不履行民事法律义务时所应承担的法律责任。《征收条例》规定民事责任，主要是为了与民事法律作相应的衔接。

《征收条例》不但规定了政府的法律责任，而且规定了被征收人、房地产价格评估机构和房地产估价师应当承担的法律责任，体现了各方法律责任的平衡，保证了权利和义务相统一，从而有利于《征收条例》更好地运行和实施。

例如，《征收条例》第34条规定："房地产价格评估机构或者房地产估价师出具虚假或者有重大差错的评估报告的，由发证机关责令限期改正，给予警告，对房地产价格评估机构并处5万元以上20万元以下罚款，对房地产估价师并处1万元以上3万元以下罚款，并记入信用档案；情节严重的，吊销资质证书、注册证书；造成损失的，依法承担赔偿责任；构成犯罪的，依法追究刑事责任。"

这里提到了房地产价格评估机构或者房地产估价师造成损失承担相应的民事赔偿责任。依照《征收条例》第34条的规定，房地产价格评估机构或房地产估价师出具虚假或者有重大差错的评估报告，造成了实际损失的，就应当按照民事法律的规定，承担一定形式的民事赔偿责任。

❓ 思考题

1. 简答房屋拆迁的概念。
2. 简答国有土地上房屋征收与补偿的基本原则。
3. 如何理解征收必须以公共利益为目的。
4. 简述房屋征收补偿的范围。
5. 违反房屋征收与补偿的法律责任有哪些?

第六章

房地产开发法律制度

重点提示　通过本章学习，要求学生了解掌握房地产开发的概念、特点、分类、原则；掌握房地产开发企业设立的条件和程序，房地产开发企业的法律责任，房地产开发建设管理，房地产开发项目建设中的施工管理制度。

第一节　房地产开发概述

一、房地产开发的概念

房地产开发是根据城市总体规划和经济社会发展计划的需要，在一定的区域内有计划、有步骤地进行土地开发和建筑物建设。在一个开发区域内，房地产开发是指土地和房屋开发一体化的全过程，包括规划设计、地质勘查、征地拆迁、土地开发（实现三通一平）、房屋建设、工程验收直至交付使用，它是一项综合性的生产活动。

根据《城市房地产管理法》的规定，房地产开发，是指在依法取得国有土地使用权的土地上进行基础设施、房屋建设的行为。所谓的基础设施建设，是指给水、排水、供电、供热、供气、通信和道路等设施建设和土地的平整。通过基础设施建设和土地平整将自然状态的土地变为可建造房屋及其他建筑物的土地，这一过程即土地开发。房屋建设即在完成基础设施建设的土地上建设房屋等建筑物，包括住宅楼、工业厂房、商业楼宇、写字楼及其他专门用房。

二、房地产开发的特点

（一）房地产开发投资量大

在房地产开发过程中，需要大量的资金投入。一个开发项目需要的投资额，少则上千万多则上亿，甚至十几亿元，因此，与金融业的关系十分密切。无论发达国家，还是发展中国家，房地产开发都离不开金融机构的支持，银行和非银行金融机构是房地产开发和房地产业发展的强大后盾。

（二）房地产开发回收周期长

绝大多数房地产开发项目都要经过立项、可行性研究、取得土地使用权、开发建设和经营销售五大环节。从立项开始就要进行市场调查、规划设计、拟订开发方案、选址、申请贷款、寻求合作伙伴、实施开发计划，这些工作都需要付出时间和资金，只有当开发项目建成销售后才能收回投资。一个开发项目的投资回收期，短则 2～3 年，长则 3～4 年，甚至长达五六年之久。

（三）房地产开发投资风险大

在房地产开发期间，社会需求的变化，市场行情的变化，以及不可抗力的发生都会对房地产开发活动及开发投资的回收产生一定的影响，因此，房地产开发投资具有很大的风险性。

（四）房地产开发涉及面广

房地产开发属于一项综合性的生产活动，涉及许多管理部门，并需要相关行业的协作，就所涉及的管理部门来讲，主要有计划、土地管理、规划、房屋管理、建设市政、税收、工商、消防、环保、卫生、园林绿化等。同时，需要勘测、设计、施工、银行等单位的合作与配合。否则，房地产开发难以顺利完成。就此而言，房地产开发是一项复杂的、综合的、高风险的生产活动。

房地产开发是城市建设的"龙头"，也是加快城市建设和改善人民居住条件的主要途径。世界经济发展的历史表明，工业化、现代化及其引起的城市化，都对建筑产品产生着旺盛的需求。房地产开发是满足这种需求的主要方式，同时，又影响着现代化的进程。

三、房地产开发的分类

我们可以从不同的角度，用不同的标准对房地产开发进行分类。

（1）按开发的主体来划分，房地产开发可分为政府开发和房地产开发企业开发。政府开发一般是由政府出面，组织人力和物力进行前期开发，将生地变为熟地，然后出让土地使用权。房地产开发企业开发又称非政府开发，包括自然人、法人、其他组织等非房地产开发企业的开发。主要是指房地产开发企业通过法定程序取得开发项目后，对土地进行开发，建设房屋等建筑物。其开发项目可以从熟地上开始，也可以从生地上开始。

（2）按开发的对象来划分，房地产开发分为新区开发和旧城改造。新区开发就是根据土地利用总体规划和城市规划，将农业用地或未利用土地开发建设成居住、工商业及其他用途的建设用地。《中华人民共和国城乡规划法》（以下简称《城乡规划法》）第30条规定，城市新区的开发和建设，应当合理确定建设规模和时序，充分利用现有市政基础设施和公共服务设施，严格保护自然资源和生态环境，体现地方特色。在城市总体规划、镇总体规划确定的建设用地范围以外，不得设立各类开发区和城市新区。旧城改造，则是根据城市规划的需要将现已开发利用的旧城区改造翻新，改变其原有的使用功能或增加新的使用功能的开发性活动,变成新的建成区。它是实施城市规划,加快城市建设的一条重要途径。随着社会经济的发展和人口的增长,未开发利用的土地数量有限,城市房地产开发中,旧城改造占有很大比重,是政府鼓励的开发行为。《城乡规划法》第31条规定,旧城区的改建,应当保护历史文化遗产和传统风貌,合理确定拆迁和建设规模,有计划地对危房集中、基础设施落后等地段进行改建。历史文化名城、名镇、名村的保护以及受保护建筑物的维护和使用,应当遵守有关法律、行政法规和国务院的规定。

(3)按开发使用目的来划分,房地产开发分为经济开发区、科技开发区和居民小区。经济开发区即为发展城市工业或商业所需的房屋和场地而设立的开发区。科技开发区是指利用已有的科技设施、条件,为发展高新技术和产业提供研究、经营场所而设立的开发区。居民小区即为了改善城市居民的居住条件,提供居民住房而设立的区域。

(4)按开发的方式来划分,房地产开发分为单项开发、成片开发和小区开发。单项开发通常是指在旧城改造或新区开发中所形成的一个相对独立的开发项目。其规模小、占地少、项目功能和配套设施比较单一。成片开发是指房地产开发企业在取得国有土地使用权以后,依照规划对较大面积的土地,进行综合性的开发建设,形成工业用地或其他建设用地条件,然后转让建设用地使用权,经营公用事业,或者建成通用工业厂房以及配套的生产和生活服务设施等地面建筑物,并对这些地面建筑物从事转让或者出租的经营活动。小区开发的方式有两种:一种是新城区开发中的一个小区综合房屋开发,要求在开发区范围内做到基础设施和配套项目齐全,功能完善,这是目前住宅开发的主要方式;另一种是在旧城区更新改造的局部改建。

(5)按房地产开发的目的来划分,房地产开发可以分为经营性开发与自用性开发。经营性开发是指房地产开发企业以房地产交易为目的所进行的房地产开发。这种房地产开发的目的在于通过开发建设、出售房地产获取利润的回报。自用性开发是指开发者为了满足自己的办公、生产、经营或者居住需要所进行的房地产开发。这种房地产开发的目的并不在于将开发的房地产作为商品出售,而是将房地产作为生产资料或生活自用。

在房地产法上,通常所称的房地产开发是指经营性开发。

(6)按房地产开发的主体人数来划分,房地产开发可以分为单独开发与合作开发。单独开发是指由单一的房地产开发主体所进行的房地产开发,这是房地产开发的基本形式。合作开发是指由两个以上的房地产开发主体以提供建设用地使用权、资金等作为共同投资、共享利润、共担风险为基本内容的房地产开发。

房地产合作开发具有如下特点。

①房地产合作开发存在两个以上的开发主体,且双方应签订合作开发房地产合同。②当事人双方共同投资,即一方以建设用地使用权出资,另一方以资金出资。这也就是通常所说的"一方出地,另一方出钱"。③当事人双方共享利益、共担风险。如果在房地产合作开发中,当事人约定一方只投资但不承担经营风险的,则不属于房地产合作开发,而应依具体情况确定为相关法律关系。对此,最高人民法院《关于审理涉及国有土地使用权

合同纠纷案件适用法律问题的解释》第 24～27 条规定：合同约定提供建设用地使用权的当事人不承担经营风险，只收取固定利益的，应当认定为建设用地使用权转让合同；合同约定提供资金的当事人不承担经营风险，只分配固定数量房屋的，应当认定为房屋买卖合同；合同约定提供资金的当事人不承担经营风险，只收取固定数额货币的，应当认定为借款合同；合同约定提供资金的当事人不承担经营风险，只以租赁或者其他形式使用房屋的，应当认定为房屋租赁合同。

四、房地产开发的原则

《城市房地产管理法》第 25 条规定："房地产开发必须严格执行城市规划，按照经济效益、社会效益、环境效益相统一的原则，实行全面规划、合理布局、综合开发、配套建设。"《城市房地产开发经营管理条例》（国务院令〔1998〕第 248 号，2011 年修订）第 3 条规定："房地产开发经营应当按照经济效益、社会效益、环境效益相统一的原则，实行全面规划、合理布局、综合开发、配套建设。"根据上述规定，房地产开发的原则主要体现在以下几个方面。

（一）严格执行城市规划的原则

城市规划是为了实现一定时期内城市的经济和社会发展目标，确定城市的性质、规模和发展方向，合理利用城市土地、协调城市空间布局和管理城市的基本依据，是保证城市经济和社会发展目标的重要手段。作为城市建设重要组成部分的房地产开发，其开发建设必须符合城市规划的要求，服从城市规划管理。对此，《城乡规划法》作了明确要求。

（二）经济效益、社会效益和环境效益相统一的原则

在房地产开发中，经济效益、社会效益和环境效益三者相互依存、相互促进、缺一不可，是一个统一的整体。因此，在房地产市场结构形成的过程中，一定要避免出现只注重经济效益而忽略社会效益和环境效益的现象。这一方面要引导房地产投资者树立全局观念、长远观念，服从社会整体利益，自觉地遵守城市规划的各项法规、技术规范；另一方面，管理部门要通过一系列的法律法规、政策去规范房地产投资者的行为，克服投资者的单纯追求经济效益的倾向。

为贯彻经济效益、社会效益和环境效益相统一的原则，《城市房地产开发经营管理条例》第 11 条规定："确定房地产开发项目，应当坚持旧区改建和新区建设相结合的原则，注重开发基础设施薄弱、交通拥挤、环境污染严重以及危旧房屋集中的区域，保护和改善城市生态环境，保护历史文化遗产。"

（三）全面规划、合理布局、综合开发、配套建设的原则

全面规划要求房地产开发一方面要执行城市总体规划，另一方面要对房地产开发区进行科学合理规划。合理布局要求无论在城市新区还是旧区进行房地产开发，各项开发项目

的选址、定点等，都不得妨碍城市的发展，危害城市的安全，破坏城市的环境，影响城市的各项功能。综合开发要求房地产开发企业要统一承担开发区的勘测、设计、征地、拆迁，进行道路、给水、排水、供电、供气、供热、通信、绿化等工程建设，并统一承担住宅、生活服务设施业网点、文教卫生建筑等的建设，逐渐形成完整的住宅小区，满足人们多方面的需求。配套建设要求各综合开发单位按照批准的开发方案和"先地下、后地上"的原则，配套进行房屋、各项市政公用和生活服务设施建设。

五、房地产开发的法律规范

房地产开发的法律规范主要包括三个方面：一是房地产开发用地方面的法律规范。房地产开发用地有两种供应方式，一是有偿出让国有土地的使用权；二是划拨国有土地的使用权。凡是调整房地产供地方式的规范性文件皆属房地产开发用地的法律规范的范畴，如《城镇国有土地使用权出让和转让暂行条例》。二是房地产开发建设竣工方面的法律规范，如《城市房地产管理法》《建筑法》《房屋建筑和市政基础设施工程竣工验收备案管理办法》《建设工程质量管理条例》等。三是房地产开发企业方面的法律规范，如《房地产开发企业资质管理规定》等。

第二节　房地产开发企业

一、房地产开发企业概述

（一）房地产开发企业的概念

房地产开发企业是以营利为目的，从事房地产开发和经营的企业。房地产开发企业是房地产开发和交易的主体，是房地产开发市场中的主要角色，在房地产开发市场中占有重要地位。房地产企业的开发、经营活动是否规范有序，直接关系着房地产业的繁荣和健康发展，其开发和经营行为对城市建设和发展具有巨大的推动作用。

（二）房地产开发企业的法律特征

（1）房地产开发企业是具有独立法人资格的经济组织。房地产开发企业必须依法成立，有自己的名称、组织机构和经营场所，有独立的财产并对外独立承担民事责任。

（2）房地产开发企业是以营利为目的的经济组织。房地产开发企业的经营目的是获取经济利益，即为了使公司自身的财产增加并获取利润；房地产开发公司的经营具有连续性，即经营不断，而不是一次性营利行为。

（3）房地产开发企业的业务活动范围主要是对房地产进行开发与经营。法人的权利能力是法律赋予其从事某种行为的资格。一定意义上说，法人的权利能力就是法人的业务活动范围。房地产开发企业必须在核准的业务范围内进行活动，超经营范围的，其行为无效。

（4）房地产开发企业实行行业归口管理。房地产开发企业由建设行政主管部门实行归口管理，并在规划和其他行政主管部门的监督下进行房地产开发与经营活动。

（三）房地产开发企业的种类

随着房地产业的迅速发展，我国的房地产开发企业从无到有，从少到多，并随着实践的发展，出现了多种类型。

1. 按房地产开发企业的所有制性质划分

按房地产开发企业的所有制性质划分，可将房地产开发企业分为全民所有的房地产开发企业、集体所有的房地产开发企业、中外合营的房地产开发企业、外商独资经营的房地产开发企业、私营的房地产开发企业、混合所有制的房地产开发企业六种主要类型。

全民所有的房地产开发企业，主要是在房屋统建的基础上发展起来的或由政府各部门组建的房地产开发公司。如"城市建设综合开发公司""房地产开发经营公司"等。目前，全民所有的房地产开发公司在房地产开发企业中占有较大的比重，它们大多是当地的骨干开发企业。这类开发企业主要是接受当地人民政府的委托，或投标中标，经营城市土地开发和房地产业务；按照城市的总体规划，搞好市政、公用、动力、通信等基础工程和相应配套设施的建设，并将达到法定开发要求的土地使用权或房地产转让给他人。这类房地产开发企业与政府部门的联系非常紧密，综合开发所涉及的市政工程、公用事业、园林绿化、文教卫生、商业交通等方面的协调与配合主要靠政府出面解决。

集体所有的房地产开发企业是集体出资开办，其资产属于集体所有的房地产开发企业。它一般是以有限责任公司的形式存在，实行自主经营、自负盈亏、独立核算。集体所有的房地产开发企业一般规模较小，管理体制水平较低。经前些年清理整顿和宏观调控后，数量已不是很大。

中外合营的房地产开发企业是中外双方在约定期限内，以合资或合作的方式进行房地产开发与经营的企业。合资或合作的条件可以是现金、实物，也可以是土地使用权。一般情况下，是由中方提供土地使用权，外方提供资金，以合作的形式进行合营。合营各方的权利、义务，资金回收方式，利润分配方式和分配比例，亏损及债务的负担均由合营双方协商确定，并按合同约定执行。

外商独资经营的房地产开发企业是依照我国法律在我国境内设立的，全部资金由外国投资者投资的房地产开发经营企业。

私营的房地产开发企业是指私人资本结合而成立的房地产开发企业。

混合所有制的房地产开发企业是指注册资本由两个或两个以上的不同所有制的主体共同投资的房地产开发企业。

2. 按房地产开发企业的经营性质划分

按房地产开发企业的经营性质划分，可将其分为房地产开发专营企业、房地产开发兼营企业和房地产开发项目公司。

房地产开发专营企业是指以房地产开发经营为主的房地产综合开发企业。其有独立健全的组织机构及同企业等级相适应的专职技术人员和经济管理人员。为了加强房地产业的管理，促进房地产开发经营的健康发展，建设部（现为住房和城乡建设部）于 1993 年发布了《房地产开发企业资质管理规定》，将房地产开发专营企业分为五个资质等级，并明确规定了各等级的资质标准。2000 年 3 月 29 日建设部以 77 号部长令的形式重新发布了《房地产开发企业资质管理规定》，把房地产开发企业的资质按照企业条件分为一级、二级、三级、四级四个资质等级。例如，一级资质企业的条件是：注册资金不低于 5 000 万元；从事房地产开发经营 5 年以上；近 3 年房屋建筑面积累计竣工 30 万平方米以上，或者累计完成与此相当的房地产开发投资额；连续 5 年建筑工程质量合格率达 100%；上一年房屋建筑施工面积 15 万平方米以上，或者完成与此相当的房地产开发投资额；有职称的建筑、结构、财务、房地产及有关经济类的专业管理人员不少于 40 人，其中有中级以上职称的管理人员不少于 20 人，持有资格证书的专职会计人员不少于 4 人；工程技术、财务、统计等业务负责人具有相应专业中级以上职称；具有完善的质量保证体系，商品住宅销售中实行了《住宅质量保证书》和《住宅使用说明书》制度；未发生过重大工程质量事故。二级资质企业的条件是：注册资本不低于 2 000 万元；从事房地产开发经营 3 年以上；近 3 年房屋建筑面积累计竣工 15 万平方米以上，或者累计完成与此相当的房地产开发投资额；连续 3 年建筑工程质量合格率达 100%；上一年房屋建筑施工面积 10 万平方米以上，或者完成与此相当的房地产开发投资额；有职称的建筑、结构、财务、房地产及有关经济类的专业管理人员不少于 20 人，其中具有中级以上职称的管理人员不少于 10 人，持有资格证书的专职会计人员不少于 3 人；工程技术、财务、统计等业务负责人具有相应专业中级以上职称；具有完善的质量保证体系，商品住宅销售中实行了《住宅质量保证书》和《住宅使用说明书》制度；未发生过重大工程质量事故。三级资质企业的条件是：注册资本不低于 800 万元；从事房地产开发经营 2 年以上；房屋建筑面积累计竣工 5 万平方米以上，或者累计完成与此相当的房地产开发投资额；连续 2 年建筑工程质量合格率达 100%；有职称的建筑、结构、财务、房地产及有关经济类的专业管理人员不少于 10 人，其中具有中级以上职称的管理人员不少于 5 人，持有资格证书的专职会计人员不少于 2 人；工程技术、财务等业务负责人具有相应专业中级以上职称，统计等其他业务负责人具有相应专业初级以上职称；具有完善的质量保证体系，商品住宅销售中实行了《住宅质量保证书》和《住宅使用说明书》制度；未发生过重大工程质量事故。四级资质企业的条件是：注册资本不低于 100 万元；从事房地产开发经营 1 年以上；已竣工的建筑工程质量合格率达 100%；有职称的建筑、结构、财务、房地产及有关经济类的专业管理人员不少于 5 人，持有资格证书的专职会计人员不少于 2 人；工程技术负责人具有相应专业中级以上职称，财务负责人具有相应专业初级以上职称，配有专业统计人员；商品住宅销售中实行了《住宅质量保证书》和《住宅使用说明书》制度；未发生过重大工程质量事故。2015 年《住房和城乡建设部关于修改〈房地产开发企业资质管理规定〉等部门规章的决定》（住建部〔2015〕24 号令）把企业一级、二级、三级、四级四个资质的注册资本金要求全部删除且不再要求出具验资证明和验资报告。

房地产开发兼营企业是以其他经营项目为主，兼营房地产经营的企业。房地产开发兼营企业不定资质等级。根据建设部在 1993 年发布的《房地产开发企业资质管理规定》，凡符合该规定第 19 条规定的标准的非生产型综合公司、信托投资公司，经省级以上建设行政主管部门批准，就可以兼营房地产开发业务，但不定资质等级。建设部 77 号令未对有关兼营问题作出规定。

房地产开发项目公司是以房地产开发项目为对象从事单项房地产开发经营的企业。其经营对象只限于批准的项目。被批准的项目开发、经营完毕后，应向工商行政管理机关办理核减经营范围的变更登记。该类房地产开发企业经建设行政主管部门审定，核发一次性资质等级证书后，便可以申请单项房地产开发经营的开业登记。这类企业经营期限短，经营方式灵活，风险也比较小，许多合资、合作经营的房地产开发企业都属此种类型。但目前建设部已取消了此种类型的房地产开发企业。

二、房地产开发企业设立的条件和程序

（一）房地产开发企业设立的条件

房地产开发企业是房地产开发经营活动主体，其设立应符合有关法律的规定。根据《城市房地产管理法》第 30 条的规定，房地产开发企业的设立应符合以下条件。

1. 有自己的名称和组织机构

企业的名称是此企业区别于彼企业的重要标志，它代表着企业的资信，是企业无形资产的一部分。组织机构是由企业的决策机构、管理机构、生产经营组织以及相应的分支机构组成的。有了自己的名称和健全的组织机构，才能形成法人意志，对内执行法人事务，对外代表法人参加经济活动。企业的名称必须在企业设立登记时，由工商行政主管部门核准。房地产开发企业采取公司形式的，还应在公司名称中标明"有限责任"或"股份有限"的字样。无论采取何种组织形式，房地产开发企业只允许使用一个名称。

2. 有固定的经营场所

固定的经营场所是指企业的住所，即企业主要办事机构所在地。在申请设立房地产开发企业时，申请人应向审批和登记机关提供固定经营场所所有权或使用权的合法证明文件。固定的经营场所是房地产开发企业进行活动的中心，是对外进行联系、开展经营活动所必需的场所，也是国家对企业进行监督管理的必要条件。所以有关法律将"有固定的经

营场所"作为房地产开发企业设立的重要条件之一。经营场所一经登记，即成为该企业法律上的住所，如有变更，须到有关主管部门办理变更登记。

3. 有符合国务院规定的注册资本

注册资本是反映企业经济实力的重要标志，也是企业对外承担法律责任的基础。房地产业属于周期长、规模大、资金回收较慢的行业。房地产开发企业是资金密集型企业，需要较大数额的资本作为企业正常运行的保证。因此，房地产开发企业的设立，注册资本的要求比一般别的企业要高。《城市房地产开发经营管理条例》第 5 条规定，设立房地产开发企业，除应当符合有关法律、行政法规规定的企业设立条件外，还应当有 100 万元以上的注册资本。

4. 有足够的专业技术人员

房地产开发是一个专业性很强的行业，具有技术密集的特点，它不仅需要建筑、设计等方面的专业技术人员，还需要经济、法律、会计、统计等方面的专业人才。根据《城市房地产开发经营管理条例》的规定，房地产开发企业设立的重要条件之一，是有 4 名以上持有资格证书的专职会计人员、建筑工程专业的专职技术人员，2 名以上的持有资格证书的专职会计人员。各省、自治区、直辖市人民政府还可以根据本地的实际情况，对设立房地产开发企业的注册资本和专业技术人员的条件提出更高的要求。

5. 法律、法规规定的其他条件

法律、法规规定的其他条件主要是指其他相关法律、法规所规定的条件。这是一个补充性的条款，它包含了在具体情况下法律、法规对设立房地产开发企业的其他一切要求。如《中华人民共和国公司法》（以下简称《公司法》）、《中华人民共和国公司登记管理条例》等有关企业组织形式、登记条件等的规定。

（二）房地产开发企业设立的程序

根据《城市房地产管理法》和《城市房地产开发经营管理条例》的规定，房地产开发企业设立的程序主要包括以下三个步骤。

1. 申请登记

设立房地产开发企业，首先应向县级以上人民政府工商行政管理部门提出登记申请，并如实报告创办企业所具备的各项条件，提供创办企业的可行性研究报告和各项经济技术资料。工商行政管理部门对符合法定条件的，自收到申请之日起 30 日内予以登记；对不符合法定条件的不予以登记，但应说明理由。工商行政管理部门在对房地产开发企业的登记申请进行审查时，还应当听取同级房地产开发主管部门的意见。《城市房地产管理法》第 30 条的规定，改变了过去设立房地产开发企业须先到建设行政主管部门进行资质审查批准，然后到工商行政管理部门去办理设立登记的制度，这是我国房地产开发企业设立登记制度的重大改革，其目的是适应社会主义市场经济发展的需要，并与《公司法》相衔接。《城市房地产管理法》第 30 条的规定，设立房地产开发企业，应当向工商行政管理部门申请设立登记。工商行政管理部门对符合本法规定条件的，应当予以登记，发给营业执照；对不符合本法规定条件的，不予登记。设立有限责任公司、股份有限公司，从事房地产开发经营的，还应当执行公司法的有关规定。房地产开发企业在领取营业执照后的一个月内，应当到登记机关所在地的县级以上地方人民政府规定的部门备案。与国际惯例接轨，企业设立实行直接登记制度，对于减少行政干预，提高政府部门的办事效率，促进企业步入市场，建立现代企业制度，真正实现房地产开发企业在市场中的相对独立性，具有十分重要的作用。

2. 依法备案

为了加强对房地产开发企业的行业管理，《城市房地产管理法》第 30 条第 4 款规定，房地产开发企业在领取营业执照后的一个月内，应当到登记机关所在地的县级以上地方人民政府规定的部门备案。《城市房地产开发经营管理条例》第 8 条规定，房地产开发企业应当自领取营业执照之日起 30 日内，持下列文件到登记机关所在地的房地产开发主管部门备案：①营业执照复印件；②企业章程；③验资证明；④企业法定代表人的身份证明；⑤专业技术人员的资格证书和聘用合同。

3. 资质审定

在房地产开发企业领取《营业执照》后，还必须取得相应的资质证书，才能进行具体项目的开发建设。依照《房地产开发企业资质管理规定》，房地产开发企业的资质等级分为四级。房地产开发企业的资质等级由建设行政主管部门分级审批。一级房地产开发企业由省、自治区、直辖市建设行政主管部门初审，报国务院建设行政部门审批，二级资质以下企业的审批办法由省、自治区、直辖市人民政府建设行政主管部门制定。建设行政主管部门在收到备案申请后 30 日内，向符合条件的企业核发《暂定资质证书》，《暂定资质证书》的有效期为 1 年。在《暂定资质证书》的有效期满前一个月内向房地产开发行政主管部门申请核定资质等级。主管部门根据其开发经营业绩核定相应的资质等级。

三、房地产开发企业的法律责任

房地产开发企业是以营利为目的，从事房地产开发经营的企业。设立房地产开发企业，应当向工商行政管理部门申请设立登记。设立有限责任公司或股份有限公司从事房地产开发经营的，还应当符合公司法的相关规定，在核准登记的范围内开展经营活动。因此，未依法领取营业执照，擅自从事房地产开发业务以及房地产经营的行为，均属违法行为，应依法承担相应的行政、民事法律责任；构成犯罪的，还应移送司法机关依法追究其刑事责任。

根据《城市房地产管理法》第 65 条、第 69 条和《城市房地产开发经营管理条例》第 34 条的规定，未取得营业执照，擅自从事房地产业务的，县级以上人民政府工商行政管理部门可以根据违法行为的轻重和造成后果的大小等实际情况，依法做出下列行政处罚。

（1）责令停止房地产业务活动。所谓责令停止房地产业务活动，是指县级以上工商行政管理部门在进行工商管理和监督检查的过程中，发现并经确认违法经营房地产开发、经营、中介业务以后，向违法经营房地产业务的单位发出处罚通知，以行政命令的方式责令违法经营房地产业务的单位在一定期限内停止正在进行的房地产业务活动。

（2）没收违法所得。所谓没收违法所得，是指县级以上工商行政管理部门对违法经营房地产业务的单位在违法经营中所获得的收入全部予以没收。

（3）罚款。所谓罚款，是指县级以上工商行政管理部门对违法经营房地产业务的单位给予一定的经济制裁。罚款是一种并处的行政处罚措施，由工商行政管理部门根据违法行为的性质、情节和造成的后果等具体情况，在做出责令停止房地产业务活动或者没收违法所得处罚的同时，决定是否给予罚款的处罚。这里的罚款数额限定为违法所得5倍以下。

根据《城市房地产开发经营管理条例》第34条的规定，未取得资质等级证书或者超越资质等级从事房地产开发经营的，由县级以上人民政府房地产开发主管部门责令限期改正，处5万元以上10万元以下的罚款；逾期不改正的，由工商行政管理部门吊销营业执照。

根据《城市房地产管理法》第66条、第67条和《城市房地产开发经营管理条例》第35条的规定，擅自转让土地使用权或房地产开发项目的，由县级以上人民政府土地管理部门没收违法所得，可以并处违法所得5倍以下的罚款。

根据《城市房地产管理法》第68条和《城市房地产开发经营管理条例》第36条的规定，擅自预售商品房的，由县级以上人民政府房地产开发主管部门责令停止违法行为，没收违法所得，可以并处已收取的预付款1%以下的罚款。

根据《城市房地产开发经营管理条例》第36条、第37条的规定，将未经验收的房屋交付使用的，由县级以上人民政府房地产开发主管部门责令限期补办验收手续；逾期不补办验收手续的，由县级以上人民政府房地产开发主管部门组织有关部门和单位进行验收，并处10万元以上30万元以下的罚款。将验收不合格的房屋交付使用的，由县级以上人民政府房地产开发主管部门责令限期返修，并处交付使用的房屋总造价2%以下的罚款；情节严重的，由工商行政管理部门吊销营业执照；给购买人造成损失的，应当依法承担赔偿责任；造成重大伤亡事故或者其他严重后果，构成犯罪的，依法追究刑事责任。

此外，房地产开发企业未按合同约定的动工开发期限开发土地，应承担违约责任，《城市房地产管理法》第26条和《城市房地产开发经营管理条例》第15条规定，超过出让合同约定的动工开发日期满1年未动工开发的，县级以上人民政府土地管理部门可以征收相当于土地使用权出让金20%以下的土地闲置费；满2年未动工开发的，可以无偿收回土地使用权。

所谓超过出让合同约定的动工开发日期满1年或者满2年未动工开发的，是指土地使用权出让合同中约定的动工开发日期之后1年之内或者2年之内未动工开发的情况。一般而言，动工开发日期与合同订立的日期不同，土地使用权出让合同约定的动工开发日期往往是合同订立日期之后的某一日，这段准备工作期间或长或短由双方协商约定。但合同约定的动工开发日期已到，之后又满 1 年仍未动工开发的，土地使用权出让方就可以依照《城市房地产管理法》第 26 条规定征收相当于土地使用权出让金 20% 以下的土地闲置费；满 2 年仍未动工开发的，土地使用权出让方就可以无偿收回土地使用权。《城市房地产管理法》第 26 条对违约责任作这样规定的目的，就是为了避免土地闲置，抑制投机行为。

第三节 房地产开发建设管理

一、房地产开发的规划管理

（一）城市规划的概念和作用

城市规划是指确定城市的性质、规模和布局，既指导城市的长远发展，又具体部署城市当前的各项建设的有关城市发展综合部署的法律文件。城市规划是城市发展的基本依据。

城市房地产开发与城市土地利用规划密切相关。由于土地是不可再生资源，合理利用城市土地就更为必要。城市土地利用规划在实现城市土地优化配置、保证城市建设健康发展方面具有重要作用。

我国实行城市土地国有制，政府可以有效地规划城市土地的用途，充分地发挥规划对城市土地资源配置的调节功能。政府对土地资源的调节手段主要是制定和实施城市土地利用规划，通过城市土地总体布局、功能分区和土地利用具体规范，控制城市土地用途、调节土地使用结构的布局平衡。因此，城市土地利用规划是政府调节土地资源配置的重要手段。

城市土地利用规划合理与否直接决定这个城市的形象，而城市的形象是由各种房地产产品组合而成的。房地产投资的增值归根到底是土地的增值，土地的增值来源于好的地段和位置，所以，城市土地利用规划为房地产业的发展及其区位选择提供了有利条件。

城市房地产业健康发展的前提，是要保证城市土地的合理利用，因而也就必须对土地实施管理，而这种管理的依据之一就是城市土地利用规划。可以说，城市土地利用规划是有效实施城市土地利用管理的科学依据。

（二）城市土地利用规划的层次

城市土地利用规划根据内容的不同可分为三个层次。

1. 城市土地利用总体规划

城市土地利用总体规划是综合研究和确定城市规划指标的法律文件。

总体规划是城市土地利用宏观的、指导性的长期规划，它根据当地土地资源的特点和社会经济发展目标以及生产力水平来确定城市土地利用的方向、目标和结构分区，以及骨干项目和基础设施工程的用地范围。城市土地利用总体规划又是一种带有区域性的总体规划，它对城市用地的布局、结构、范围及土地利用的重大原则都作了明确的规定。因此，它对城市各部门土地利用专项规划和分区规划有宏观指导和控制作用，特别是对各部门用地的比例结构和布局具有约束作用。

城市土地利用总体规划一般包括以下内容。

（1）对市和县辖行政区范围的城镇体系、交通体系、基础设施、生态环境、风景旅游、资源开发进行合理布置和综合安排。

（2）确定规划区内城市人口及用地规模，划定城市规划区范围。

（3）确定城市用地发展方向和布局结构，确定市、区中心位置。

（4）确定城市对外交通系统的结构和布局，编制城市交通运输和道路系统规划，确定城市道路等级和干道系统，主要广场、停车场及主要交叉路口形式。

（5）确定城市供排水、防洪、供电、通信、环保、环卫等基础设施的发展目标和总体布局，并综合协调。

（6）根据城市防灾要求，做出人防建设、防震防灾规划；各级历史文化名城的专门保护规划。

（7）确定旧城改造、用地调整的原则、方法和步骤，提出控制旧城人口密度的要求和措施。

（8）对规划区的自然保护地带、风景名胜、文物古迹、传统街区，划定保护和控制范围，提出保护措施。

（9）编制近期建设规划，确定近期建设目标、内容和实施步骤。

2. 城市土地利用功能分区规划

城市土地利用功能分区规划是为了进一步控制和确定不同地段的土地用途、范围和容量，协调各项基础建设和公共设施的建设，在总体规划的基础上制定的法律文件。

城市土地利用功能分区规划的主要内容如下。

（1）原则确定分区内土地使用性质、居住人口分布、建筑用地的容量控制指标；

（2）确定市、区级公共设施的分布及其用地范围；

（3）确定城市主、次干道的红线位置、断面、控制点坐标和标高，以及主要交叉口、广场、停车场的位置和控制范围；

（4）确定工程干管的位置、走向、管径、服务范围以及主要工程设施的位置和用地范围等。

3. 城市土地利用详细规划

城市土地利用详细规划是以总体规划和分区规划为依据，为详细规定建设用地的各项指标所作的规定和所提出的具体规划管理要求。

城市土地利用详细规划的内容如下。

（1）建筑利用的种类和程度，包括层数、密度、容积率、体积率；

（2）建筑形式、建筑物和基地与邻地境界的关系、建筑可占地和不可占地部分、建筑物的位置；

（3）建筑用地的规模，有关住宅占地的正面宽度与进深的最小值；

（4）有关的附属设施用地，如游乐场、文化娱乐用地、停车场和车库用地等；

（5）根据城区规划，确定有关居住用建筑中最大的居住户数；

（6）根据城市规划提供符合特殊需要的用地；

（7）交通用地、步行空间、停车用地和与交通用地直接有关的用地；

（8）公共设施用地（煤气、上下水）及管道用地；

（9）废弃场、下水处理用地和贮藏用地。

城市土地利用总体规划、分区规划及详细规划一旦经有权机关的批准，就成为法律文件，任何单位和个人都必须遵守。

（三）房地产开发用地出让、转让的规划管理

根据《城市房地产管理法》的规定，房地产开发用地的出让和转让，必须和土地的利用总体规划一致，必须做到土地使用权出让的投放量与城市土地资源、经济社会发展和市场需求相一致，做到土地使用权出让、转让与建设项目结合，一定要杜绝那种无规划、不按规划办事、"先批地后立项"、"先用地后规划"的现象。

做好房地产开发用地出让、转让的规划管理，应该做到以下几点：

（1）城市规划部门要根据城市规划实施的步骤和要求，编制城市国有土地使用权出让规划和计划，包括出让地块数量、用地面积、地块位置、出让步骤等，保证城市国有土地使用权的出让有规划、有步骤地进行。

（2）城市国有土地使用权出让前，必须制定控制性详细规划，出让地块必须具有城市规划部门提出的规划设计条件及附图。

（3）出让、转让合同必须附规划设计条件及附图，设计条件及附图不得擅自更改，如确需变更的，必须经城市规划部门批准后，按程序办理。

（4）城市规划部门应当加强对城市国有土地使用权出让、转让过程的监督检查工作，发现问题及时处理。

（四）开发项目选址的规划管理

开发项目选址的规划管理主要是指对大、中型建设项目的规划管理。

开发项目选址规划管理的内容如下：

（1）城市规划区内的建设工程的选址和布局必须符合城市规划，必须有城市规划主管部门批准的选址意见书。

（2）建设项目选址意见书应当提供建设项目的基本情况，包括项目的名称、性质、建设规模、能源的需求量、交通运输状况等；建设项目选址的基本依据，包括经批准的项目建议书、规划部门意见、影响环境报告等；建设项目选址、用地范围和具体规划要求。

（3）建设项目选址意见书的审批和发放实行分级管理、层层报批或备案，不能放任不管。

（4）建设项目选址意见书没有签发或签发部门不是法定的规划行政主管部门，则设计任务书不能审批或没有法律效力，建设项目无以立项，甚至还要接受处罚。

（五）建设用地规划审批管理

建设用地规划审批管理，主要是指政府规划行政主管部门在建设项目选址定点后，划定规划红线、发给建设用地许可证的过程，是开发建设用地取得的关键性一环，也是检验用地是否符合规划和落实规划的最后阶段。

建设用地规划审批管理的内容如下：

（1）在城市规划区内进行建设需要申请土地时，必须持有国家批准的建设项目的有关文件，向城市规划行政主管部门申请定点。

（2）城市规划行政主管部门在收到申请之后，应当到选址地点进行现场调查和踏勘，并征求环境保护、消防安全、文物保护、土地管理、供水、供电等有关部门的意见。

（3）城市规划行政主管部门经过初审后，认为符合要求的，向建设单位提供建设用地地址与范围的规划红线图，提出规划设计条件和要求，核定用地面积，并向建设单位核发建设用地规划许可证。

（4）建设单位在获得建设用地规划许可证后，方可向县级以上地方人民政府土地管理部门申请用地，经县级以上地方人民政府审查批准后，由土地管理部门划拨土地。

（5）未取得建设用地规划许可证而取得建设用地批准文件并占用土地的，批准文件无效，占用的土地由县级以上地方人民政府责令退回。

（六）建设工程规划管理

建设工程规划管理主要是指房地产开发中各项建设工程项目的安排和布局。

建设工程规划管理的内容如下：

（1）建设单位和个人进行工程建设应当持有关批准文件到城市规划行政主管部门申请建设；城市规划行政主管部门在接到申请后，要对工程进行审查，根据建设工程地段详细规划的要求，提供规划设计要点通知书。

（2）建设单位根据规划设计要点通知书进行具体工程设计，并将设计方案提交城市规划主管部门核查；城市规划行政主管部门通过核查，提出规划修改意见，核发设计方案通知书。

（3）建设单位根据设计方案通知书，委托设计单位进行施工图设计，再报城市规划行政主管部门审查；城市规划行政主管部门审查合格后，核发建设工程规划许可证。

（4）建设单位在取得建设工程规划许可证后，申请办理开工手续。

（5）城市规划行政主管部门有权对建设工程是否符合规划要求进行检查。对未取得建设工程规划许可证或违反建设工程规划许可证的规定进行建设，严重影响城市规划的，县级以上地方人民政府城市规划主管部门有权责令停止建设，限期拆除或没收违法建筑物、构筑物或者其他设施，对影响规划，但可以改正或补救的，可以责令限期改正，并处以罚款。

二、房地产开发建设用地管理

（一）房地产开发用地计划管理

为了贯彻十分珍惜和合理利用土地的基本国策，促进国民经济和社会的长期稳定发展，综合协调和统筹安排各种用地需求，保证国家重点建设项目用地，制止乱占滥用土地，1987 年起我国开始对建设用地实行计划管理。1987 年正式编制并下达了第一个全国性的土地利用方面的计划，即全国非农业建设占用耕地年度计划。随着 1987 年《国家计划委员会　国家土地管理局建设用地计划管理暂行办法》的实施，我国的建设用地计划管理制度得以确立，并在此后的实践中不断得到完善。1998 年新修订的《土地管理法》进一步明确规定，"各级人民政府应当加强土地利用计划管理，实行建设用地总量控制"，从而使我国的建设用地计划管理制度在法律上得到确认。

1. 土地利用计划

土地利用计划是国家根据土地利用总体规划和国民经济发展计划，对一定时期的各项用地数量所做的具体安排。目前我国的土地利用计划有以下几种分类。

（1）按土地利用计划分，我国的土地利用计划可分为土地开发计划、土地复垦计划、土地使用权出让计划等。

（2）按土地计划的调控程度分，我国的土地利用计划可分为指令性计划和指导性计划。目前，我国实行的非农业建设占用耕地计划就属于指令性计划，而非农业建设占用非耕地计划则属于指导性计划。

（3）按土地利用职权计划，我国的土地利用计划可分为长期计划、中期计划和年度计划。

2. 建设用地计划

建设用地计划是土地利用计划的一种，它是国民经济社会发展计划的组成部分，是国家加强土地资源宏观管理，实行建设用地总量控制的重要措施，也是建设用地审批的重要依据之一。国家通过各级建设用地计划的编制和实施，对各种建设用地的供给和分配进行控制和管理，从而达到控制建设用地总量的目的。

建设用地计划主要体现为土地利用年度计划。土地利用年度计划是根据国家经济和社会发展计划、国家产业政策、土地利用总体规划和土地利用的实际情况编制的。土地利用年度计划一经审批下达，必须严格执行。各项建设用地的审批不得突破年度用地计划指标，各种建设用地都应在土地利用年度计划内安排。土地利用年度计划的严格执行，也就意味着建设用地计划和计划管理目标的实现。

3. 建设用地计划对房地产开发用地的限制

根据国家规定，国家建设项目的用地，必须有按照规定程序批准的设计任务书或其他批准文件，方可申报当年用地计划；只有按照规定程序批准的初步设计或其他批准文件，才能纳入年度用地计划。房地产开发用地一般都属于建设用地而且用地数量通常比较大，自然要符合国家土地利用计划管理的要求，并纳入当地的土地利用年度计划。尽管房地产开发用地的使用权依法应以出让的方式取得，但土地使用权出让作为建设用地供给的方式，无疑也要纳入计划管理的范围。出让使用权的国有土地的用地指标，也要纳入国家下达的地方年度建设用地计划，未经批准，不得突破。可见，房地产开发建设用地，无论通过何种方式取得土地使用权，都应在土地利用年度计划内安排，服从国家土地利用计划管理的要求。

（二）房地产开发建设用地管理

1. 房地产开发建设用地使用权取得方式

根据《城市房地产开发经营管理条例》的规定，房地产开发用地应当以出让方式取得土地使用权；但是法律、法规规定可以采取划拨方式的除外。由房地产开发建设项目的性质所决定，房地产开发用地取得土地使用权的方式应是出让方式，划拨方式只在特定条件下适用。

2. 房地产开发建设用地的审批

房地产开发建设用地的审批，必须符合国家有关法律的规定，必须严格执行土地利用规划和年度计划。

（1）房地产开发企业通过出让方式取得土地使用权的，人民政府土地管理部门要会同城市规划、建设及房产管理部门，共同对出让的地块、用途、年限和其他条件拟订方案，然后报有批准权的人民政府批准。

（2）人民政府对征用或使用土地的审批，主要是以土地利用规划和年度土地利用计划为依据，对符合土地利用总体规划和年度土地利用计划的房地产开发项目用地予以批准，对不符合土地利用总体规划和年度土地利用计划的用地不予批准。不经人民政府依法批准，国有土地使用权不能出让或划拨。

（3）出让土地的审批权限。根据我国有关法律的规定，出让土地的审批权限与征用土地的审批权限相同，即使用基本农田的，使用基本农田以外的耕地在 35 公顷以上的，使用耕地以外的其他土地在 70 公顷以上的，由国务院批准；使用耕地在 35 公顷以下的，使用耕地以外的其他土地在 70 公顷以下的，由省级人民政府批准。人民政府在批准出让土地使用权时，必须严格遵守法律规定，不得超越法定权限行使土地审批权。

3. 房地产开发用地的使用

房地产开发企业在依法取得土地使用权之后，必须按照土地使用权出让合同约定的土地用途、动工开发期限进行项目开发建设。否则，将依法承担法律责任。根据《城市房地产管理法》和《城市房地产开发经营管理条例》的规定，土地使用权出让合同约定的动工开发期限满一年未动工开发的，可以无偿收回土地使用权。但是，因不可抗力或者政府、政府有关部门的行为或者动工开发必需的前期工作造成动工迟延的除外。这一规定为房地产开发用地的使用，严格执行城市土地利用规划和土地利用计划提供保障。

三、房地产开发的环境管理

依照《中华人民共和国环境保护法》（以下简称《环境保护法》）的规定，"环境"是指大气、水、土地、矿藏、森林、草原、生物、风景游览区、自然保护区和生活居住区等。房地产开发建设活动必然会直接或间接地对周围环境产生某种影响。因此，在房地产开发过程中，自始至终都存在开发建设和环境保护的矛盾。在人们追求建设规模和发展速度的时候，常常忽视了对社会环境的保护，片面追求经济利益的短期行为，已对社会环境产生了明显的负面影响，以至不少地方的环境现状出现恶化的趋势。加强房地产开发中的环境保护是政府的职责，也是房地产开发企业的法定义务。根据我国环境保护法的规定，房地产开发活动除受规划控制和计划管理之外，还必须遵守《环境保护法》的规定，符合环境保护的要求。

（1）在房地产开发前期阶段，进行房地产开发项目可行性研究时，应进行环境影响评价。由具备法定资格的环境评价单位对土地开发和建设项目的选址、设计，以及在开发过程中和开发完成后，可能对环境造成的影响做出评价，提出防治措施，并做出有关环境保护投资的概预算，编制《环境影响报告书》，然后由开发企业依法定程序报环境保护行政主管部门审批。没有《环境影响报告书》或《环境影响报告书》未被批准的开发项目，有关部门不予办理其他相应手续。擅自开工的，除可以责令停止施工、补做《环境影响报告书》及其审批手续外，还可以对开发企业及其领导人处以罚款。

（2）在房地产开发实施阶段，开发企业在开发建设过程中必须按《环境影响报告书》的要求，落实各项环保措施，使环境保护的要求真正落到实处。同时，开发企业对施工过程中产生的污染及对自然生态环境造成的破坏，要采取相应的防治措施，并及时修整和复原受到影响的环境，这是开发企业的法定义务。

（3）在开发建设项目竣工阶段，对开发成果进行验收时，环境保护措施的落实情况是开发成果验收的重要内容之一。开发企业应向负责审批的环境保护行政主管部门提交环境保护设施的验收申请报告，说明环境保护设施运行的情况和治理的效果及其达到的标准，经环境保护主管部门验收合格后，才能正式投入使用。环境保护行政主管部门通过组织审查验收，对污染防治、环保设施进行检验，保证开发成果符合《环境保护法》的要求。

总之，房地产开发应符合《环境保护法》的有关规定。只有按《环境保护法》"三同时制度"的要求，将开发方案与环境保护方案同时设计、同时实施、同时交付使用，才能保证房地产开发与环境保护协调发展，实现经济效益、社会效益、环境效益同步提高的综合效益。

第四节 房地产开发项目建设中的施工管理制度

房地产工程建设项目实施是房地产开发的重要环节，其是否规范、有序直接关系到房地产开发的质量，关系到建筑市场的秩序。

一、施工管理

依照《城市房地产管理法》和《城市房地产开发经营管理条例》对房地产开发项目提出的基本要求，房地产施工必须符合法律、法规规定，并符合相应的质量安全标准法规，《城市房地产开发经营管理条例》还规定，房地产开发项目的开发建设应当统筹安排配套基础设施，并根据先地下、后地上的原则实施。

为规范房地产开发项目的施工，建设项目的施工除要符合《城市房地产管理法》《建筑法》《城市房地产开发经营管理条例》的规定外，还要符合以下法规和规章的要求：《工程建设项目施工招标投标办法》（七部委〔2003〕30号令，2013年修订）、《建程施工许可管理办法》（住建部令〔2014〕第18号）、《建筑工程施工发包与承包计价管理办法》（住建部令〔2013〕第16号）等。

1. 施工企业资质管理

确定资质标准，即建设行政主管部门根据企业的经历、资历和技术人员、管理人员的资格、数量、比例，以及其拥有固定资产和专业设备的数量及生产能力，确定分等定级的资质标准，它体现了国家对施工企业在资格和素质方面的要求。根据住房城乡建设部关于印发《建筑业企业资质标准》的通知（建市〔2014〕159号）的规定，建筑业企业资质分为施工总承包、专业承包和施工劳务三个序列，每个序列一般设特级、一级、二级、三级四个等级。具备法人资格的企业申请建筑业企业资质的，应当具备以下基本条件：①具有满足要求的资产；②具备满足要求的注册建造师及其他注册技术人员、工程技术人员、施工现场管理人员和技术工作；③具备要求的工程业绩；④具备必要的技术装备。《建筑业企业资质标准》对不同等级的企业的资质等级标准、承包工程范围作出了详细的分类规定。

实践证明，建筑业企业资质管理制度对于控制施工队伍、提高企业素质、强化行业管理以及提高房地产工程建设项目质量等诸方面，都起了积极的作用。

国家除了对建筑业企业实行资质管理制度外，还对房地产开发企业提出要求，明确规定房地产开发企业要提高自身管理水平，建立质量管理体系，明确管理目标和责任，严格执行有关招投标和质量管理的规定，不得将工程发包给不符合资质条件的施工企业，要通过采取优质优价、奖优罚劣等手段提高质量水平。

2. 施工单位的确定

对于符合《工程建设项目招标范围和规模标准规定》规定的范围和标准的建设项目，原则上必须通过招标选择施工单位。但下列项目除外：①涉及国家安全、国家秘密，抢险救灾或者属于利用扶贫资金实行以工代赈需要使用农民工等特殊情况，不适宜进行招标；②施工主要技术采用不可替代的专利或者专有技术；③已通过招标方式选定的特许经营项目投资人依法能够自行建设；④采购人依法能够自行建设；⑤在建工程追加的附属小型工程或者主体加层工程，原中标人仍具备承包能力，并且其他人承担将影响施工或者功能配套要求；⑥国家规定的其他情形。

建设工程施工招标分为公开招标和邀请招标。所谓公开招标，是指招标人以招标公告的方式邀请不特定的法人或其他组织投标；所谓邀请招标，是指招标人以投标邀请书的方式邀请特定的法人或其他组织投标。依法必须进行公开招标的项目，有下列情形之一的，可以邀请招标：①项目技术复杂或有特殊要求，或者受自然地域环境限制，只有少量潜在的投标人可供选择；②涉及国家安全、国家秘密或者抢险救灾，适宜招标但不宜公开招标；③采用公开招标方式的费用占项目合同金额的比例过大。全部使用国有资金投资或者国有资金投资占控股或者主导地位的并需要审批的工程建设项目的邀请招标，应当经项目审批部门批准，但项目审批部门只审批立项的，由有关行政监督部门批准。

3. 建筑工程施工许可

国家对房地产开发建设项目开工实行施工许可证制度。它要求建设单位在施工之前，要向工程所在地县级以上人民政府建设行政主管部门办理施工许可证手续，取得施工许可证。

根据《建筑法》和《建筑工程施工许可管理办法》的相关规定，原则上，在我国境内从事各类房屋建筑及其附属设施的建造、装修装饰和与其配套的线路、管道、设备的安装，以及城镇市政基础设施工程的施工，建设单位在开工前应当依法向工程所在地的县级以上地方人民政府住房城乡建设主管部门申请领取施工许可证。但以下例外情形，无须申领施工许可证：①工程投资额在30万元以下或者建筑面积在300平方米以下的建筑工程，可以不申请办理施工许可证。②按照国务院规定的权限和程序批准开工报告的建筑工程，不再领取施工许可证。应当申请领取施工许可证的建筑工程未取得施工许可证的，一律不得开工。

建设单位申请领取施工许可证，应当具备下列条件，并提交相应的证明文件：①依法应当办理用地批准手续的，已经办理该建筑工程用地批准手续。②在城市、镇规划区的建筑工程，已经取得建设工程规划许可证。③施工场地已经基本具备施工条件，需要征收房屋的，其进度符合施工要求。④已经确定施工企业。按照规定应当招标的工程没有招标，应当公开招标的工程没有公开招标，或者肢解发包工程，以及将工程发包给不具备相应资质条件的企业的，所确定的施工企业无效。⑤有满足施工需要的技术资料，施工图设计文件已按规定审查合格。⑥有保证工程质量和安全的具体措施。施工企业编制的施工组织设计中有根据建筑工程特点制定的相应质量、安全技术措施。建立工程质量安全责任制并落实到人。专业性较强的工程项目编制了专项质量、安全施工组织设计，并按照规定办理了工程质量、安全监督手续。⑦按照规定应当委托监理的工程已委托监理。⑧建设资金已经落实。建设工期不足一年的，到位资金原则上不得少于工程合同价的50%，建设工期超过一年的，到位资金原则上不得少于工程合同价的30%。建设单位应当提供本单位截至申请之日无拖欠工程款情形的承诺书或者能够表明其无拖欠工程款情形的其他材料，以及银行出具的到位资金证明，有条件的可以实行银行付款保函或者其他第三方担保。⑨法律、行政法规规定的其他条件。

二、监理管理

工程建设监理制度是伴随着我国改革开放政策的实施而产生的一项新的管理制度。20世纪80年代后，我国引进外资逐步增加，许多外商投资项目需要工程监理，客观上要求我们引进工程监理这一国际惯例。《建筑法》明确规定，国家推行建设工程监理制度，国务院可以规定实行强制监理的建设工程的范围。

依法应当实行监理的房地产开发项目，房地产开发应当委托具有相应资质等级的工程监理单位进行监理。对于依法应当委托监理而未委托或者将监理业务委托给不具有相应资质等级的工程监理单位的，将依法受到行政处罚。自1988年我国开始试行监理制度以来，工程建设监理制度在确保工程质量、有效控制建设工期、提高工程建设水平和投资效益、保证国家建设计划的实施等方面都起了重要的作用。

工程建设监理是指监理单位受项目法人的委托，依据国家批准的工程项目建设文件，有关工程建设的法律、法规和工程建设监理合同及其他工程建设合同，对工程建设实施的监督管理。工程建设监理除要符合《建筑法》《城市房地产管理法》等法律外，还要遵守下列法规和规章：《建设工程监理规范》（中华人民共和国住房和城乡建设部公告〔2013〕第35号）、《注册监理工程师管理规定》（建设部令第147号）、《工程监理企业资质管理规定》（建设部令第158号，2015年修订）等。

1. 工程监理单位及注册监理工程师

从事建设工程监理活动的企业，应当按照《工程监理企业资质管理规定》取得工程监理企业资质，并在工程监理企业资质证书许可的范围内从事工程监理活动。工程监理企业资质分为综合资质、专业资质和事务所资质。其中，专业资质按照工程性质和技术特点划分为若干工程类别。综合资质、事务所资质不分级别。专业资质分为甲级、乙级；其中，房屋建筑、水利水电、公路和市政公用专业资质可设立丙级。

注册监理工程师是指经考试取得中华人民共和国监理工程师资格证书，并按照《注册监理工程师管理规定》注册，取得中华人民共和国注册监理工程师注册执业证书和执业印章，从事工程监理及相关业务活动的专业技术人员。注册监理工程师实行注册执业管理制度，取得资格证书的人员，经过注册后方能以注册监理工程师的名义执业。未取得注册执业证书和执业印章的人员，不得以注册监理工程师的名义从事工程监理及相关业务活动。

2. 工程建设监理范围及内容

工程建设监理的范围包括：大、中型工程项目；市政、公用工程项目；政府投资兴建和开发建设的办公楼、社会发展事业项目及住宅工程项目；外资、中外合资、国外贷款、赠款、捐款建设的工程项目。依照《建设工程质量管理条例》（国务院令第 279 号，2017年修订）和《建设工程监理范围和规模标准规定》的规定，下列建设工程必须实行监理：①国家重点建设工程；②大中型公用事业工程；③成片开发建设的住宅小区工程；④利用外国政府或者国际组织贷款、援助资金的工程；⑤国家规定必须实行监理的其他工程。工程建设监理的主要内容是控制工程建设的投资、建设工期和工程质量，进行工程建设合同管理，协调有关单位间的工作关系。

3. 工程建设监理合同与监理程序

项目法人一般通过招标投标方式择优选定监理单位。监理单位承担监理业务，应当与项目法人签订书面工程建设监理合同，其内容包括监理的范围和内容、双方的权利与义务、监理费的计取与支付、违约责任、双方约定的其他事项。实施监理前，项目法人应当将委托的监理单位、监理的内容、总监理工程师姓名及所赋予的权限，书面通知被监理单位；总监理工程师应当将其授权监理工程师的权限，书面通知被监理单位。监理单位应根据所承担的监理任务，组建工程建设监理机构。监理机构一般由总监理工程师、监理工程师和其他监理人员组成。承担工程施工阶段的监理、监理机构应进驻施工现场。在工程建设监理过程中被监理单位应当按照与项目法人签订的工程建设合同的规定接受监理。工程建设监理一般应按下列程序进行：编制工程建设监理规划；按工程建设进度，分专业编制工程建设监理细则；按照建设监理细则进行建设监理；参与工程竣工预验收，签署建设监理意见；建设监理业务完成后，向项目法人提交工程建设监理档案资料。

4. 外资、中外合资和国外贷款、赠款、捐款建设的工程建设监理

国外公司或社团组织在中国境内独立投资的工程项目建设，如果需要委托国外监理单位承担建设监理业务时，应当聘请中国监理单位参加，进行合作监理。中国监理单位能够监理的中外合资的工程建设项目，应当委托中国监理单位监理。若有必要，可以委托与该工程项目建设有关的国外监理机构或者聘请监理顾问。国外贷款的工程项目建设，原则上应由中国监理单位负责建设监理。如果贷款方要求国外监理单位参加的，应当与中国监理单位进行合作监理。国外赠款、捐款建设的工程项目，一般由中国监理单位承担建设监理业务。

三、房地产开发项目质量管理

建筑工程质量是房地产开发中的重要问题，它直接关系到住宅等建筑物的使用寿命和人民的生命财产安全。近年来，随着我国住宅建设和房地产业的迅速发展，城镇商品住宅

的质量问题，已成为全国消费领域投诉的重点，并由此导致了大量的纠纷，引起了社会的广泛关注。

为了加强对建设工程质量的管理，提高建设工程质量，保护人民生命和财产安全，我国出台了一系列法律法规，为我国的建设工程质量管理提供了法律依据。

依照《城市房地产管理法》和《城市房地产开发经营管理条例》的规定，房地产开发企业开发建设的房地产项目，应当符合有关法律、法规的规定和建筑工程质量、安全标准以及合同的约定。房地产开发项目竣工，经验收合格后，方可交付使用。为进一步规范房地产开发项目的质量管理，我国还颁布了《建设工程质量管理条例》、《房屋建筑和市政基础设施工程竣工验收规定》（建质〔2013〕171号）、《房屋建筑和市政基础设施工程竣工验收备案管理办法》（住建部令〔2009〕第2号）等一系列法规和规章。

（一）竣工验收

建设工程竣工验收，是建设工程经过施工和设备安装，达到该项目设计文件规定的要求，具备了使用条件后，承建单位向建设单位办理交付手续，建设单位查验以后，认为合格，办理接收手续的活动。

《城市房地产开发经营管理条例》第17条明确规定："房地产开发项目竣工，依照《建设工程质量管理条例》的规定验收合格后，方可交付使用。"

工程竣工验收由建设单位负责组织实施。工程符合下列要求方可进行竣工验收：①完成工程设计和合同约定的各项内容。②施工单位在工程完工后对工程质量进行了检查，确认工程质量符合有关法律、法规和工程建设强制性标准，符合设计文件及合同要求并提出工程竣工报告。工程竣工报告应经项目经理和施工单位有关负责人审核签字。③对于委托监理的工程项目，监理单位对工程进行了质量评估，具有完整的监理资料，并提出工程质量评估报告。工程质量评估报告应经总监理工程师和监理单位有关负责人审核签字。④勘察、设计单位对勘察、设计文件及施工过程中由设计单位签署的设计变更通知书进行了检查，并提出质量检查报告。质量检查报告应经该项目勘察、设计负责人和勘察设计单位有关负责人审核签字。⑤有完整的技术档案和施工管理资料。⑥有工程使用的主要建筑材料、建筑构配件和设备的进场试验报告，以及工程质量检测和功能性试验资料。⑦建设单位已按合同约定支付工程款。⑧有施工单位签署的工程质量保修书。⑨对于住宅工程，进行分户验收并验收合格，建设单位按户出具《住宅工程质量分户验收表》。⑩建设主管部门及工程质量监督机构责令整改的问题全部整改完毕。⑪法律、法规规定的其他条件。

房地产开发项目经验收不合格的，承建单位应当采取相应的补救措施，如返工重建或补修，然后再进行验收，经再验收合格的，方可交付使用。加强房地产开发项目建设工程的开工管理和竣工管理，对于保证建设工程质量、提高建设工程整体水平有着重要的作用，同时，对于保护国家财产和人民生命安全、保护住房消费者的合法权益，都有着重要的意义。因此，房地产开发项目建设施工，必须严格遵守国家关于开工、竣工及现场管理的有关规定，努力取得更好的社会效益，才能最终提高经济效益。

（二）质量保修

为了保证建设工程质量，我国的《建设工程质量管理条例》明确规定，建设工程实行质量保修制度，要求建设工程承包单位在向建设单位提交工程验收报告时，应当向建设单位出具质量保修书。质量保修书中应明确建设工程的保修期限、保修范围和保修责任。根据《建设工程质量管理条例》第40条的规定，在正常使用的条件下，建设工程的最低保修期限为：基础设施工程、房屋建筑的地基基础工程和主体结构工程，为设计文件规定的该工程的合理使用期限；屋面防水工程、有防水要求的卫生间、房间和外墙面的防渗漏，为5年；供热与供冷系统，为2个采暖期、供冷期；电气管线、给排水管道、设备安装和装修工程，为2年；其他项目的保修期限由发包方与承包方约定。建设工程在保修范围和保修期限内发生质量问题的，施工单位应当履行保修义务，并对造成的损失承担赔偿责任。

建设单位、施工单位、设计单位、工程监理单位违反国家规定、降低工程质量标准，造成重大安全事故的，对直接责任人员处5年以下有期徒刑或者拘役，并处罚金；后果特别严重的，处5年以上10年以下有期徒刑，并处罚金。

（三）建设工程质量保证金制度

建设工程质量保证金（保修金）是指房地产开发建设中，发包人与承包人在建设工程承包合同中约定，从发包人应付的工程款中预留，用以保证承包人在缺陷责任期内对建设工程出现的缺陷进行维修的资金。为了保证建设工程质量，近年来的实践中普遍实行了预留建设工程质量保证金的做法。为贯彻落实国务院关于进一步清理规范涉企收费、切实减轻建筑业企业负担的精神，规范建设工程质量保证金管理，住房城乡建设部、财政部于2017年6月对《建设工程质量保证金管理办法》（建质〔2016〕295号）进行了修订，详见住房城乡建设部、财政部关于印发建设工程质量保证金管理办法的通知（建质〔2017〕138号）。

《建设工程质量保证金管理办法》第3条规定，"发包人应当在招标文件中明确保证金预留、返还等内容，并与承包人在合同条款中对涉及保证金的下列事项进行约定：

（一）保证金预留、返还方式；

（二）保证金预留比例、期限；

（三）保证金是否计付利息，如计付利息，利息的计算方式；

（四）缺陷责任期的期限及计算方式；

（五）保证金预留、返还及工程维修质量、费用等争议的处理程序；

（六）缺陷责任期内出现缺陷的索赔方式；

（七）逾期返还保证金的违约金支付办法及违约责任。"

但采用工程质量保证担保、工程质量保险等其他保证方式的，发包人不得再预留保证金。保证金预留后，缺陷责任期内，由承包人原因造成的缺陷，承包人应负责维修，并承担鉴定及维修费用。如承包人不维修也不承担费用，发包人可按合同约定从保证金或银行保函中扣除，费用超出保证金金额的，发包人可按合同约定向承包人进行索赔。承包人维修并承担相应费用后，不免除对工程的损失赔偿责任。缺陷责任期内，承包人认真履行合同约定的责任，到期后，承包人向发包人申请返还保证金。发包人在接到承包人返还保证金申请后，应于 14 天内会同承包人按照合同约定的内容进行核实。如无异议，发包人应当按照约定将保证金返还给承包人。对返还期限没有约定或者约定不明确的，发包人应当在核实后 14 天内将保证金返还承包人，逾期未返还的，依法承担违约责任。发包人在接到承包人返还保证金申请后 14 天内不予答复，经催告后 14 天内仍不予答复，视同认可承包人的返还保证金申请。发包人和承包人对保证金预留、返还以及工程维修质量、费用有争议的，按承包合同约定的争议和纠纷解决程序处理。

建设工程质量保证金制度，对于保证建设工程质量，规范保证金预留行为，减少有关纠纷的发生，以及维护建筑市场秩序，保护购房人的合法权益都具有重要的意义。

思考题

1. 简述房地产开发的概念与特点。
2. 房地产开发的原则有哪些？
3. 试述房地产开发企业设立的条件和程序。
4. 简述房地产开发企业的法律责任。
5. 工程建设监理范围及内容有哪些？
6. 试述我国建设工程质量保证金制度。

第七章

城市房地产交易法律制度

重点提示　　通过本章的学习，要求学生了解房地产交易的概念和特性；理解房地产转让、抵押应注意的问题；掌握房地产转让、房屋预售、房地产抵押、房屋租赁、房屋赠与等交易行为的法律规定。

第一节　房地产交易概述

一、房地产交易的概念

房地产交易是指以房地产为商品而进行的转让、租赁、抵押等各种活动的总称。房地产交易依其标的物性质可分为地产交易与房产交易两类。

1. 地产交易

地产交易在我国目前仍限于城镇国有土地使用权的出让、转让、抵押等。我国实行土地所有权与使用权分离制度，土地使用权可以依照法律规定转让。国家采用国有土地有偿出让及行政划拨两种方式向房地产流通领域提供国有土地使用权；城镇国有土地使用权的流通形式主要有出让、转让、出租、抵押等，土地使用者通过这些方式得到对土地的占有、使用、有限收益和特殊处分权。

2. 房产交易

房产交易的形式主要有房产买卖、租赁、抵押、交换、典当、信托等方式，既包括了房产使用权的转让，也包括了房产所有权的交易。其中，房地产转让、抵押与租赁由《城市房地产管理法》作出明文规定。

然而，房产交易与地产交易虽有其各自独立的标的及交易形式，但是出于二者的自然属性不可分离，即任何房产均不可能离开地产而成为空中楼阁，房产交易与地产交易在很多情况下是结合在一起进行的。因此，《城市房地产管理法》第32条规定："房地产转让、抵押时，房屋所有权和该房屋占用范围内的土地使用权同时转让、抵押。"

二、房地产交易的特性及原则

就其行为性质而言，房地产交易与普通商品交易均为平等主体之间的民事法律行为，在交易之中须遵守平等、自愿、公平、等价有偿、诚实信用等民法一般原则，但是，与普通商品交易相比，房地产交易具有下列特性。

1. 交易标的物的位置具有固定性

一般的商品交换，要从出让者手中转移到受让者手中，其标的物通常要发生空间的移动，即商品所有权等权利的转移与商品自身的转移结合紧密。房地产交易则不同，受标的物物理属性的制约，其标的物不能移动或者一旦移动将导致物的性质与用途的改变，乃至经济价值的减少或丧失，因此，无论交易怎样进行，房地产均不发生空间移动，交易完成的主要标志是房屋所有权及其相应的土地使用权的转移或房地产权利主体的变更。

2. 房地产交易具有较强的社会性

房地产交易无论以何种形式出现，都会涉及土地资源占有和土地收益的重新分配，并会在一定程度上对整个社会生产和生活产生影响。

3. 房地产交易标的额大、专业性强

房地产价格昂贵、持久耐用，消费者在交易时往往持谨慎态度，而房地产价格却不仅取决于取得土地使用权和建造房屋的成本，还受区位因素、供求状况、支付能力、社会因素等诸多因素影响；同时，房地产的交易还需要准确及时的市场行情信息以避免私下盲目成交造成的交易困难、价格失控、利益损失。因此，交易的顺利完成，通常需要有关中介服务机构和专业人士的介入，以求省时、省力、省事地办理各种繁杂的手续。

4. 房地产交易中土地使用权出让行为所设定的权利和义务具有承接性

《城市房地产管理法》第43条、44条分别规定："以出让方式取得土地使用权的，转让房地产后，其土地使用权的使用年限为原土地使用权出让合同约定的使用年限减去原土地使用者已经使用年限后的剩余年限"，"以出让方式取得土地使用权的，转让房地产后，受让人改变原土地使用权出让合同约定的土地用途的，必须取得原出让方和市、县人民政府城市规划行政主管部门的同意"。上述规定说明在房地产交易中，出让方式取得的使用权无论采取怎样的方式交易均必须继承原出让合同确定的权利和义务关系，原则上出让合同对每一次房地产交易均具有约束作用，若做重大变更，必须取得原出让方及土地管理机关的同意。这一特性，使政府可以通过对出让合同权利和义务的设定达到控制房地产用途等宏观调控的目的。

房地产交易的这些特性决定了房地产交易中必须遵守下列原则。

（1）房地一体原则。房地产转让、抵押时，房屋所有权和土地使用权必须同时转让、抵押，谓之为"房地一体原则"。具体表现为"房随地走"和"地随房走"两项规则。

（2）依法登记原则。房地产转让与抵押必须依法办理法定登记手续，房屋的租赁必须向房产管理部门登记备案。这条原则又被称为"及时登记原则"。《城市房地产管理法》明确规定，房地产转让、抵押，当事人应当办理权属登记。

（3）房地产交易价格分别管制原则。《城市房地产管理法》明确规定："基准地价、标定地价和各类房屋的重置价格，应当定期确定并公布。"这表明，国家定期公布基准地价、标定地价和房屋重置价格作为房地产基础价格；同时国家实行房地产价格评估制度，实行房地产成交价格申报制度。

三、房地产交易的管理机构

房地产交易的管理机构是指依法对房地产交易活动进行指导、监督、协调以及对房地产交易法律关系进行保护的国家机关和社会组织。

根据我国现行法律规定和目前的实际情况，我国的房地产交易管理机构是国务院建设行政主管部门和土地行政主管部门。除此之外，国家根据房地产市场的发展需要设立了供人们进行房地产交易的固定场所，即房地产交易所。该机构的建立，为房地产交易的顺利进行和房地产市场的调控监督发挥了不可替代的作用。

房地产交易管理机构的职责如下。

（1）为房地产交易提供洽谈、协商、交流信息、展示行情等各种服务。

（2）提供有关房地产的法律、政策咨询。

（3）对房地产交易、经营等活动进行指导和监督，查处违法行为，维护当事人的合法权益。

（4）为房地产交易提供价格评估服务。

（5）办理房地产交易登记、鉴证及权属转移手续。

（6）协助财政、税务部门征收与房地产交易有关的税费。

（7）为建立房地产市场预警预报体系、为政府或其授权的部门公布各类房屋的房地产市场价格、为政府宏观决策和正确引导市场发展服务。

第二节　房地产转让

一、房地产转让的概念和特征

（一）房地产转让的概念

房地产转让是指房地产权利人通过买卖、赠与、交换或者其他合法方式将其房地产转移给他人的行为。房地产转让包括以下几点：

（1）房地产转让的主体是房地产权利人，包括房产所有权人和土地使用权人。非房地产权利人不能成为房地产转让法律关系的转让方。

（2）房地产转让的客体是城市中被转让房屋的所有权和该房屋占用范围内的土地使用权。由房屋与土地在物质形态上的不可分割性所决定，房屋所有权和房屋占用范围内的土地使用权，通常一起作为同一房地产转让法律关系的客体。

（3）房地产转让的形式主要是买卖和赠与，同时也包括其他合法方式。如以房地产作价入股与他人组成企业法人，以土地使用权与他人合资、合作开发经营房地产等也属于房地产转让行为。

（4）房地产转让是一种能产生房地产权利转移后果的法律行为。该行为的实施必然导致房地产权利主体的变更。

（二）房地产转让的特征

房地产转让是以房屋所有权及房屋占用范围内的土地使用权为客体而进行的房地产交易活动，它是房地产交易的主要形式。其法律特征主要表现在以下几个方面：

（1）房地产转让的标的必须合法。房地产转让的标的可以是房屋及其占用范围内的土地使用权，也可以是单独的土地使用权。但当它作为转让的标的时，就必须符合我国有关法律法规的规定。如房屋及其占用范围内的土地使用权转让的，该房屋及其占用范围内的土地使用权，必须是现行法律允许转让的，并且是没有权属争议的，属于转让方有权处分的房地产；单独以土地使用权为转让标的，该土地使用权必须是以出让方式取得，并达到法定投资开发要求的。房地产转让标的不合法，转让行为即无效，不受法律保护。

（2）房地产转让时，原土地使用者在土地使用权出让合同中所享有的权利和义务随之转移给受让方。原合同中所载明的各种权利和义务均由受让方享有和履行。这是房地产转让与土地使用权出租及房屋出租的一个重要的区别。

（3）房地产转让属于要式法律行为。当事人双方要签订书面合同，并依法到有关管理机关进行权属变更登记，换领房地产权利证书。

（4）以出让方式取得土地使用权的，转让房地产时不得违反原出让合同的约定，受让人确需改变原土地使用权出让合同约定的土地用途的，必须取得原出让方和市、县人民政府规划行政主管部门的同意，签订土地使用权出让合同变更协议或者重新签订土地使用权出让合同，相应调整土地使用权出让金。否则，受让方不得改变原土地用途。

二、房地产转让的条件

为了保证房地产转让行为的合法性和有效性，房地产转让必须具备以下条件。

（一）转让、受让双方必须具有合法资格

房地产转让属于民事法律行为，转让、受让双方必须具有相应的主体资格和行为能力。自然人作为房地产转让行为主体时，必须具备民事权利能力和民事行为能力。当然，

如果采取赠与方式转让房地产的，受赠人没有民事行为能力的，不影响房地产赠与合同的效力。法人或其他社会组织作为房地产转让主体的，应具有法人资格或符合法定条件。否则，其转让房地产的行为不具有法律效力，不受法律保护。房地产转让、受让双方必须具有合法资格。

（二）房地产转让的客体必须符合法定要求

房地产属于特殊财产，由其自身的特殊性及其在人们生产、生活中的极端重要性所决定，国家对房地产的转让，尤其是土地使用权的转让，通常有较多的限制和特定的要求。

1. 以出让方式取得土地使用权转让应当具备的条件

根据《城市房地产管理法》的规定，以出让方式取得土地使用权的，转让房地产时，应符合下列条件。

（1）按照出让合同的约定已经支付全部土地使用权出让金，并取得土地使用权证书。

（2）按照出让合同的约定，对土地进行了投资开发：属于房屋建设工程的，完成开发投资总额的25%以上；属于成片开发土地的，依照规划对土地进行开发建设，完成供排水、供电、供热、道路交通、通信等市政基础设施、公用设施的建设，达到场地平整，形成工业用地或者其他建设用地条件。

（3）转让房地产时房屋已经建成的，还应当持有房屋所有权证书。

《城市房地产管理法》和《城市房地产转让管理规定》之所以对以出让方式取得的土地使用权的房地产转让的条件作出上述规定，其意义在于：解决房地产转让中突出存在的"炒地皮"、投机牟取暴利的现象，以维护国家利益和当事人的合法权益。立法中总结了我国一些地方的实践经验。如深圳市规定，转让土地使用权必须领有国有土地使用证，并在缴纳土地使用权出让金之外，要求投入开发房屋建设的资金达到投资总额的25%以上；上海市、海口市等地也有类似规定。与此同时，也参考了国外关于禁止土地投机的规定。如日本《土地基本法》第4条规定，土地不准作为投机交易的对象。

2. 以划拨方式取得土地使用权的房地产的转让应当具备的条件

以划拨方式取得的土地使用权，一般是无偿的或者是仅缴纳补偿、安置等费用后而取得的。因此，原则上不允许进入房地产市场。但是，考虑到目前以划拨方式取得的土地使用权进入房地产市场的现实，同时也考虑到土地的利用效能和经济价值，《城市房地产管理法》《划拨土地使用权管理暂行办法》《城市房地产转让管理规定》对以划拨方式取得土地使用权的房地产转让条件和程序作了规定。

按照上述法律、法规和规章的规定，符合下列条件的，经市、县人民政府土地管理部门和房产管理部门批准，其划拨土地使用权和地上建筑物、其他附着物可以转让、出租、抵押：

（1）土地使用者为企业、公司、其他经济组织和个人；

（2）领有国有土地使用证；

（3）具有地上建筑物、其他附着物合法产权证明；

（4）依照规定签订土地使用权出让合同，向当地市、县人民政府补交土地使用权出让金或者以转让、出租、抵押所获收益抵交土地使用权出让金。

以划拨方式取得土地使用权的房地产转让在实际运作中分两种情况：

（1）办理土地使用权出让手续，并缴纳土地使用权出让金。

（2）不办理土地使用权出让手续的，应当将转让房地产所获收益中的土地收益上缴国家或者做其他处理。这里所说的"不办理土地使用权出让手续"的情形包括以下几种。①经城市规划行政主管部门批准，转让的土地用于下列项目的：国家机关用地和军事用地，城市基础设施用地和公益事业用地，国家重点扶持的能源、交通、水利等项目用地，法律、行政法规规定的其他用地。②私有住宅转让后仍用于居住的。③按照国务院住房制度改革有关规定出售公有住宅的。④同一宗土地上部分房屋转让，而土地使用权不可分割转让的。⑤转让的房地产暂时难以确定土地使用权出让用途、年限和其他条件的。⑥根据城市规划土地使用权不宜出让的。⑦县级以上人民政府规定暂时无法或不需要采取土地使用权出让方式的其他情形。

（三）签订书面转让合同

房地产转让属于要式法律行为，转让、受让双方经协商达成协议后，应签订书面合同，明确载明土地使用权取得的方式，双方确定的权利、义务及其他必要的条款。并在签约后的一定时间内，到房地产有关管理机关办理土地使用权及房屋所有权的变更登记手续，领取房地产权利证书。

应当注意的是《城市房地产转让管理规定》中有关房地产转让合同内容的规定并非强行性规定，只是例示性的规定，当事人可以不约定其中的某些内容，也可以增加某些内容，只要决定合同性质的条款具备，房地产转让合同就可以有效成立。

由于房地产交易额通常价值巨大，事关国计民生，因而法律规定，房地产转让合同应采取书面形式。《城市房地产管理法》第41条规定："房地产转让，应当签订书面转让合同，合同中应当载明土地使用权取得的方式。"《商品房销售管理办法》第16条规定："商品房销售时，房地产开发企业和买受人应当订立书面商品房买卖合同。"

房地产转让必须符合上述法定条件和要求，才能得到国家法律的保护。

三、房地产转让中的禁止转让情形

房地产转让是一种法律行为，其法律后果是房屋所有权和其占用范围内的土地使用权转移或权利主体变更。因此作为转让客体的房地产必须权属明确，并且无争议。否则，就很可能导致当事人或第三方合法权益的损害，破坏正常的房地产市场秩序和社会秩序。根据《城市房地产管理法》《城市房地产转让管理规定》的规定，下列房地产不得转让。

（1）未依法登记领取权属证书的房地产。房地产未依法登记领取权属证书，表明该房地产来源不明或尚未依法取得所有权，以其为对象进行房地产转让，就难以保证交易的安全，不利于对当事人合法权益的保护和市场秩序的稳定。

（2）有争议的房地产。房地产存在争议，意味着其权属尚未界定清楚。如允许其转让就会使问题进一步复杂化，最终损害真正权利人或受让方的合法权益。因此，此种房地产不能转让。

（3）未经其他共有人同意的共有房地产。共有房地产的权利主体，通常是两个以上的自然人或法人。数个主体共同享有房产的所有权和相应的土地使用权，未经其他共有人同意而转让共有房地产，是侵犯他人房地产权利的行为。因此，我国法律明确规定，未经其他共有人同意的共有房地产的转让属于禁止之列。同时，要求同意转让共有房地产的其他共有人要以书面形式做出意思表示。

（4）已被依法收回的土地使用权。土地使用权被国家依法收回，表明转让方已无权对该土地使用权进行转让。如果允许该土地使用权转让，就会侵犯国家的土地权益或者给受让方造成损害。因此，已被依法收回的土地使用权不得再转让。

（5）司法机关和行政机关依法裁定，决定查封或者以其他形式限制房地产权利的房地产。根据财产权流转的一般原则，作为交易客体的房地产应该是权利人能够对其行使处分权的房地产。而被司法机关和行政机关依法裁定，决定查封或以其他形式限制权利的房地产，权利人已无权对其行使处分权，因此，该类房地产不得转让。

（6）法律、行政法规禁止转让的其他情形。根据我国有关法律的规定，某些具有特殊情况的房地产也是不能转让的。例如，已被国家列入文物保护范围的房产，已被国家列入征用范围的房产，等等。

四、房地产转让的方式

目前我国房地产转让的方式主要有以下几种。

1. 买卖

买卖是社会生活中最常见的商品交换活动，也是我国房地产转让的最主要的方式。这里的房地产买卖是指房地产权利人将其房屋所有权连同土地使用权，依法转移给受让人，由受让人向其支付价款的行为。

按房地产买卖法律关系的客体来划分，房屋买卖分为公房买卖和私房买卖、现房买卖和期房买卖以及商品房买卖和经济适用住房买卖，等等。无论哪种房屋的买卖，其实质都是以取得价款为条件转移房屋所有权及相应的土地使用权，其结果都是房地产权利转移或房地产权利主体发生变更。

2. 赠与

房地产赠与是指赠与人自愿将其房地产无偿转移给受赠人，受赠人表示接受而达成协议。与房地产买卖相比，其主要特征是房地产权利的转移具有无偿性。与传统民法中的一般财产赠与不同的是，房地产赠与不一定都是无偿的单务合同关系。如将以出让方式取得的土地使用权赠与他人时，受赠人要依照土地使用权出让合同的约定，履行赠与人原负有的义务，受赠人在取得土地使用权的同时，也就承担了相应的义务，即依照出让合同的约定对土地进行投资和开发。在未达到法定投资开发要求之前不得再转让。

3. 交换

房屋交换是指房屋所有权人以自己的房屋换取他人房屋，相互找补差价的行为。这种交换方式可以使房屋所有权人在不增加大量投资的基础上，获得更满意的或更适合自己需要的房屋，使房屋得到更充分、更合理的利用，从而实现房屋资源的优化配置。

4. 其他合法方式

除了买卖、赠与这种典型的房地产转让行为之外，房地产权利人还会采取其他法律允许的方式转让其房地产。随着我国土地有偿使用制度的实行和经济体制改革、企业制度改革的不断深入，房地产转让的形式也会发生变化。

五、房地产转让的程序

根据《城市房地产转让管理规定》第7条的规定，房地产转让，应当按照下列程序办理：

（1）房地产转让当事人签订书面转让合同；

（2）房地产转让当事人在房地产转让合同签订后90日内持房地产权属证书、当事人的合法证明、转让合同等有关文件向房地产所在地的房地产管理部门提出申请，并申报成交价格；

（3）房地产管理部门对提供的有关文件进行审查，并在7日内作出是否受理申请的书面答复，7日内未作书面答复的，视为同意受理；

（4）房地产管理部门核实申报的成交价格，并根据需要对转让的房地产进行现场查勘和评估；

（5）房地产转让当事人按照规定缴纳有关税费；

（6）房地产管理部门办理房屋权属登记手续，核发房地产权属证书。

六、房地产转让合同

（一）房地产转让合同的概念

房地产转让合同，是指房地产原受让人与新受让人之间签订的转让房地产的协议。房地产转让合同依照平等、自愿、有偿的原则，由原受让人与新受让人签订。合同双方若违背转让合同规定的权利和义务，则须承担相应的违约责任。

房地产转让合同必须采取书面合同。这是房地产转让合同的形式要件。《城市房地产管理法》和《城市房地产转让管理规定》对此都有明确规定。

房地产转让合同反映了当事人双方的意志。合同一经依法成立，当事人双方即直接发生权利和义务关系。

（二）房地产转让合同的主要内容

确定房地产转让合同的主要内容，有利于明确当事人的权利、义务和责任，保证合同的履行，避免争议的发生，从而维护房地产交易的正常秩序。房地产转让合同应当载明下列主要内容：

（1）双方当事人的姓名或者名称、住所；

（2）房地产权属证书名称和编号；

（3）房地产坐落位置、面积、四至界限；

（4）土地宗地号、土地使用权取得的方式及年限；

（5）房地产的用途或使用性质；

（6）成交价格及支付方式；

（7）房地产交付使用的时间；

（8）违约责任；

（9）双方约定的其他事项。

（三）房地产转让合同与土地使用权出让合同的关系

（1）房地产转让合同以土地使用权出让合同为前提。房地产转让以土地使用权出让为前提，因而，房地产转让合同必然涉及国家与原受让人之间的关系，以及原受让人与新受让人之间的关系。转让房地产时，土地使用权出让合同载明的权利、义务亦将随之转移。土地使用权无论转移多少次、转移到谁手中，国家与土地使用者的关系都不受影响，土地使用者通过签订转让合同取得该幅土地的使用权而对国家承担原土地使用权出让合同约定的义务。

（2）房地产转让合同约定的土地使用权的使用年限通常要受到原土地使用权出让合同约定的制约。《城市房地产管理法》第43条规定："以出让方式取得土地使用权的，转让房地产后，其土地使用权的使用年限为原土地使用权出让合同约定的使用年限减去原土地使用者已经使用年限后的剩余年限。"这说明，房地产转让合同约定的土地使用权的使用年限，不得超过原土地使用权出让合同约定的最后使用年限。

（3）房地产转让合同较土地使用权出让合同又有其新的内容。房地产转让合同是原受让人与新受让人所签订的转让房地产的协议，房地产转让合同当事人除约定当事人应当承担原土地使用权出让合同约定的权利、义务外，还可约定原受让人与新受让人之间的一些新的权利、义务内容，如转让的价款及支付方式、违约责任等。

第三节　房屋预售

一、房屋预售的概念

房屋预售，亦称商品房预售，是指房地产开发经营企业将正在建设中的房屋预先出售给承购人，承购人根据预售合同支付房款并在工程竣工验收合格后取得房屋所有权的房屋买卖形式。房屋预售又称"卖楼花"。商品房预售方式首创于我国香港地区，香港立信置业公司于1954年最先推出楼宇"分层售卖、分期付款"，之后其他公司纷纷效仿。其基本做法是：房地产开发公司在预售房屋时，通常将房屋分间分室出售给购房者。这种预售往往是先估定一个价格，然后在开工建造时开始出售，此时购房人须支付价款的10%（称首期）；待到房屋建至约一半时，须再支付价款的10%。这样，到房屋建成时只需支付剩下的80%便可得到自己应得的一份。由于房屋尚在施工中便被"拆零砸碎"，分期分批地预售给广大投资者，就像飘落的花一样，故商品房预售又被称为"卖楼花"。

商品房预售对于房地产开发商来说，是十分必要的。房地产开发不仅所需资金巨大，而且开发周期长。房地产开发商不仅要投入巨额的资金——这是很多实力不那么雄厚的开发商所无法做到的，而且要承担房屋竣工后房地产市场行情下跌的风险。实行商品房预售，不仅使房地产开发商可以在施工过程中获得一部分建设资金，加快了资金的回笼过程，减轻了借贷压力，而且大大推动了楼宇的销售，把房产市场行情变化的风险部分地转嫁出去。商品房预售对于买受人也有好处。从房地产开发商发售楼花到楼宇的正式竣工交付之间尚有一段较长的时间，房地产业的行情处于变动状态，买楼花时的房价与正式竣工时的房价之间可能形成差价，该差价促使买受人愿意进入房地产市场，成为商品房预售合同的买方。因此，为了促使房地产市场的发展，各国一般均允许商品房预售。

二、房屋预售的条件和程序

随着国有土地有偿使用制度和城镇住房商品化制度的推行，房屋预售方式从经济特区、沿海开放城市扩展到全国其他地区。《城市房地产管理法》在总结各地实践经验的基础上，初步确立了房屋预售法律制度。在此前后，国务院等部门相继发布了《商品住宅价格管理暂行办法》（1992年）、《城市房地产开发经营管理条例》（1998年）、《城市商品房预售管理办法》（2004年）等规范性文件。

房地产立法对房屋预售的调整主要表现在以下几个方面。

1. 关于预售条件

房屋预售应当符合下列条件：

（1）已交付全部土地使用权出让金，取得土地使用权证书；

（2）持有建设工程规划许可证和施工许可证；

（3）按提供预售的商品房计算，投入开发建设的资金达到工程建设总投资的25%以上，并已经确定施工进度和竣工交付日期；

（4）商品房预售实行许可制度。开发企业进行商品房预售，应当向房地产管理部门申请预售许可，取得《商品房预售许可证》。未取得《商品房预售许可证》的，不得进行商品房预售。

2. 关于预售成交价格申报

国家实行房地产成交价格申报制度。房地产开发企业预售房屋，应当将成交价格如实向有关主管部门申报。不如实申报成交价格的，有关主管部门可以处以罚款。

3. 关于预售程序

房屋预售一般应经过以下程序：

（1）预售人领取土地使用证、建设工程规划许可证；

（2）预售人办理预售登记，领取预售许可证；

（3）预售人同预购人签订商品房预售合同；

（4）预售合同登记备案；

（5）房屋交付后，办理产权登记。

4. 商品房预售许可证取得的条件和许可程序

开发企业申请预售许可，应当提交下列证件（复印件）及资料：

（1）商品房预售许可申请表；

（2）开发企业的《营业执照》和资质证书；

（3）土地使用权证、建设工程规划许可证、施工许可证；

（4）投入开发建设的资金占工程建设总投资的比例符合规定条件的证明；

（5）工程施工合同及关于施工进度的说明；

（6）商品房预售方案。预售方案应当说明预售商品房的位置、面积、竣工交付日期等内容，并应当附预售商品房分层平面图。

商品房预售许可依下列程序办理：

（1）受理。开发企业按《城市商品房预售管理办法》第7条的规定提交有关材料，材料齐全的，房地产管理部门应当当场出具受理通知书；材料不齐的，应当当场或者5日内一次性书面告知需要补充的材料。

（2）审核。房地产管理部门对开发企业提供的有关材料是否符合法定条件进行审核。开发企业对所提交材料实质内容的真实性负责。

（3）许可。经审查，开发企业的申请符合法定条件的，房地产管理部门应当在受理之日起10日内，依法作出准予预售的行政许可书面决定，发送开发企业，并自作出决定之日起10日内向开发企业颁发、送达《商品房预售许可证》。

经审查，开发企业的申请不符合法定条件的，房地产管理部门应当在受理之日起 10 日内，依法作出不予许可的书面决定。书面决定应当说明理由，告知开发企业享有依法申请行政复议或者提起行政诉讼的权利，并送达开发企业。

商品房预售许可决定书、不予商品房预售许可决定书应当加盖房地产管理部门的行政许可专用印章，《商品房预售许可证》应当加盖房地产管理部门的印章。

（4）公示。房地产管理部门作出的准予商品房预售许可的决定，应当予以公开，公众有权查阅。

三、房屋预售的网签

商品房预售，开发企业应当与承购人签订商品房预售合同。开发企业应当自签约之日起 30 日内，向房地产管理部门和市、县人民政府土地管理部门办理商品房预售合同登记备案手续。房地产管理部门应当积极应用网络信息技术，推行商品房预售合同网上登记备案。

四、预售商品房的所有权及风险责任的转移

1. 所有权的转移

依据《城市商品房预售管理办法》第 10 条的规定，商品房预售，开发企业应当与承购人签订商品房预售合同。开发企业应当自签约之日起 30 日内，向房地产管理部门和市、县人民政府土地管理部门办理商品房预售合同登记备案手续。办理该登记备案手续是否意味着预售商品房（在建房屋）的所有权发生转移呢？

依据《合同法》第 133 条的规定，标的物的所有权自标的物交付时起转移，但法律另有规定或者当事人另有约定的除外。依据现行有关不动产的法律规定，不动产的所有权从办理过户登记时转移，即不动产所有权转移的时间属于"法律上另有规定"的情形，因而不允许当事人约定其他的时间为不动产所有权的转移时间。不动产所有权的转移充分体现了物权变动的公示原则，即以登记为不动产所有权变动的生效要件。

2. 风险责任的转移

所谓风险责任，是指因不可抗力或意外事故而非因合同当事人的原因导致标的物毁损灭失时，由谁来承担该损失。预售商品房的风险责任又是从何时起转移给购买人呢？一般而言，风险责任是随着标的物的所有权转移而转移的。《合同法》第 142 条规定："标的物毁损、灭失的风险，在标的物交付之前由出卖人承担，交付之后由买受人承担，但法律另有规定或者当事人另有约定的除外。"该条规定的风险转移时间和所有权移转时间是一致的，均以交付为界线。但是，由于不动产物权的转移时间和标的物的交付时间存在差异，在买受人已接收标的物但尚未办理登记手续之前这段时间内标的物意外灭失的风险，究竟应由谁承担，却是值得讨论的问题。我们认为，在"法律另有规定"之前，不动产买卖的

转移风险也适用于《合同法》第 142 条的规定，即自不动产交付后，应由买受人承担灭失风险。

第四节　房地产按揭

一、房地产按揭的含义和特征

房地产按揭业务是由香港传入内地的。在我国香港地区，产业分为公义式产业和法定式产业。公义式产业是指未竣工或未做好全部法律手续，但得足够证明有关各方承认相关效力的产业，如在建的楼宇。而法定式产业是指已建成的，取得全部权益证书的产业。依香港地区《物业转移及财产条例》第 44 条规定，自 1984 年 11 月 1 日起，法定式产业只能设定抵押，而不能再有法定式按揭，也就是说，按揭的标的物只能是公义式产业，一旦公义式产业转为法定式产业，则公义式产业必须转化为法定式抵押。因此，在我国香港地区，未建成的房屋（楼花）可成为按揭的标的物，而现房上仅可设立抵押。简言之，在香港，按揭仅指楼花按揭。但由于香港与内地实行两套不同的法律体系，加上内地尚无明确的规范按揭制度的法律，按揭在被内地法律制度容纳过程中发生了一些变化，不完全等同于香港地区的做法。同时"按揭"这个词也仅是作为商业术语来使用，而不是一个法律术语。实务中则用"个人住房担保贷款"或"住房抵押贷款"等称谓来代替"按揭"。

从理论上讲，房地产按揭，又称房地产抵押贷款，是指购房者在与开发商签订房地产买卖合同，并支付首期购房款后，再将所购房地产及相关权益抵押给银行，由银行向购房人提供贷款，作为购房者除首期款以外的购房款。如购房者不能按约定偿还贷款，银行有权就抵押的房地产及相关权益优先受偿。购房者与银行就房地产按揭所签订的合同称为《房地产（或者楼宇）按揭合同》。我国内地地区的按揭法律特征如下。

（1）一般情况下主体包括三方：购房者、开发商及按揭银行。

（2）按揭法律关系的基本内容有三点，即购房者与开发商之间的商品房买卖合同关系、购房者与按揭银行之间的借款合同关系和购房者与按揭银行之间的抵押关系。

① 按揭银行与购房者之间的借款合同关系。购房者在与开发商签订买卖合同后，应按规定提供相应文件资料，向银行申请个人住房（或商业）抵押贷款，银行则根据申请人的身份情况、资信状况确定同意借款的年限及钱数，双方同时签署借款合同。因此，购房者与按揭银行之间系借款合同关系，按揭银行为出借人，购房者为借款人。

② 购房者与开发商之间的商品房买卖合同关系。购房者欲以按揭的形式购买房屋，首先必须与开发商签订商品房买卖合同，约定购买特定的房屋，并在付款方式中约定以银行按揭的方式付款。显然，借款申请人同时也就是购房者，其与开发商之间系房屋买卖关系，开发商为出卖人，购房者系买受人。

③ 购房者与按揭银行之间的抵押关系。购房者在向银行申请借款的同时，要将所购房屋在取得产权证后抵押给按揭银行，为向按揭银行申请的按揭贷款设立抵押，如购房者在未按借款合同约定偿还按揭银行借款时，按揭银行可以实现抵押权，将购房者抵押之房屋折价、变卖或申请法院拍卖并以所得款项优先受偿。购房者与按揭银行之间还存在抵押关系，其中购房者为抵押人，按揭银行为抵押权人。

除上述法律关系之外，实践中银行为了规避风险，银行会对开发商和购房者提出更高的要求，从而可能产生下列三种法律关系。

第一，开发商与银行、购房者之间的担保关系。在按揭过程中，虽然购房者将所购抵押给银行，但由于多数房屋为期房，即通常我们所说的"楼花"，在我国目前房产证办理完毕之前无法办理抵押登记手续，而房屋抵押又以登记为生效要件，因此，银行在放款后，即使有抵押合同，但抵押行为尚未生效，也无法保障银行的放款风险。基于此，银行往往会要求开发商为购房者提供阶段性的担保，即在购房者所购房屋办理完抵押登记之前，由开发商为购房者所欠银行债务承担担保责任，购房者若不还款，开发商应当承担保证责任，也就是我们通常说的阶段性连带保证责任。个别银行还会要求开发商在贷款期间承担全程的连带保证责任。因此，开发商与银行、购房者存在担保关系，其中银行是债权人，购房者为债务人（又称被保证人），开发商为保证人。

第二，购房者、银行与保险公司之间的保险关系。为确保银行的放贷风险，购房者在将所购房屋抵押给银行时，必须就抵押物（所购房屋）在借款期间投保财产险，并指定银行为第一受益人，如果发生保险事故，由保险公司承担保险责任，所支付的保险理赔费用优先偿还购房者所欠银行借款，购房者为投保人，保险公司为保险人，银行为受益人。

第三，开发商与银行的回购关系。有些银行在与开发商的按揭合作协议中，还要求开发商承担回购义务。在该情形下，开发商与银行之间还存在我们通常所说的回购关系。回购从其字面理解仍是买卖，但从法律角度看，按揭过程中的回购存在两种不同的情形：一种是在购房者所购房屋取得房屋产权证之前，开发商履行回购义务的，其实质是由开发商解除与购房者的买卖合同，并非法律意义上的回购行为；另一种是在购房者取得所购房屋的产权证后，开发商按条款约定回购购房者的房屋，双方又产生一次房产的过户行为，此时才是真正的法律意义上的回购。

（3）按揭法律关系的标的物与担保合同的标的物具有同一性。这是按揭的最大法律特征。

（4）按揭权人实现按揭权可采取两种方式，一种是折价或以拍卖变卖标的物所得价款优先受偿；另一种是在合同中约定回购条款，由开发商向银行回购标的物，并以回购款优先偿还银行贷款。本来在我国香港地区，按揭法律关系中并不包含银行和开发商，按揭主要限于购房者与银行之间，而与开发商无任何关系。内地之所以让开发商成为按揭法律关系的重要组成部分，是与现行的经济现状和购房者个人情况等实际相符合的。

二、现房按揭

现房按揭是指购房者以所购现房向银行设定物的担保，在还款期限届至而购房者不能返还贷款时，银行得以行使抵押权而使其债权获实现的融资购房方式。

以房屋为标的物设定担保物权的还有传统的房地产抵押，但两者是不尽相同的。首先，现房按揭仅发生在购房过程中，它所担保的是银行借贷给购房者的购房款项，它所担保的债权在时间上先于债务人之房屋产权存在。传统的房地产抵押担保的债权的发生一般与房主取得房屋产权的行为无关，并且房主对房屋的产权先于债权而存在。其次，目前我国经营住房按揭贷款业务的组织仅限于商业银行，故按揭权人（抵押权人）限于商业银行。传统的房地产抵押中，抵押权人不限于银行，自然人、法人或其他组织皆可能成为抵押权人。最后，按揭业务中，必须由贷款者作为按揭人（抵押人）在自己所购房屋上设定按揭权（抵押权），而在一般的借贷关系中，可由借款人之外的第三人以自己的房地产为借款人的债务提供担保。

三、楼花按揭

（一）楼花按揭的概念及法律特征

所谓楼花按揭，是指银行、预购人、开发商在商品房预售中共同参加的一种融资活动，即由预购人依约向开发商支付部分房款，其余房款以银行贷款垫付，同时预购人就房屋所有权的请求权设定担保，并于房屋建成后在该房屋上设定抵押权而代原担保的融资购房方式。

在楼花按揭中，先后存在两种担保制度。在实际操作中，可将其分为两个阶段。在第一阶段，预购人依其与开发商签订的《商品房预售合同》交付首期房款后，即与银行办理按揭贷款手续，以该款项垫付剩余房款，其后，预购人在《商品房预售合同》上背书设定担保（实质上是质押担保）并将该背书事项于房管部门备案，然后将合同之影印件交由贷款银行保有。在第二阶段，房屋竣工后，由开发商协助预购人去当地房地产主管部门办理产权过户手续，以便购房人及时取得《土地使用权证书》和《房屋产权证书》，并与银行办理房屋抵押手续。这两种不同的担保方式以房屋竣工、办理产权过户登记为界，并且按照我国内地实践中的做法，房屋一旦建成，应当在房产上设定抵押担保。而原来的质押担保，在预购人取得房屋所有权，造成房屋所有权之期待权消灭的事实后，已没有存在的可能。

就法律关系而言，楼花按揭中存在着三个主体、三种法律关系。即开发商与预购人之间的房屋买卖关系、预购人与银行间的借贷法律关系、预购人与开发商之间的贷款担保关系，这三种关系相互联系，共同构成完整的楼花按揭法律关系。

楼花按揭具有如下法律特征。

（1）楼花按揭是一种要式法律行为。要式法律行为，是指其意思表示须依一定方式的行为，楼花按揭中涉及的法律关系错综复杂，应当以书面形式来明确当事人之间的权利和义务关系。同时楼花按揭须登记备案。依照《城市房地产管理法》，商品房预售合同应采取书面形式，并报县级以上房产管理部门和土地管理部门登记备案。在我国实践中，开发商、银行、预购人往往在楼宇按揭合同中一并规定各方的权利和义务，这个合同亦须采取书面形式并登记备案。

（2）楼花按揭既有诺成性的法律行为又有实践性的法律行为。其中，开发商与预购人签订的《商品房预售合同》，具有诺成性。另外，按照以上分析，按揭过程中第一阶段的担保方式实为质押担保，即以房产所有权的期待权设定担保，这实质上是质押中的权利质押。质押的显著特征是要转移质物的占有。预购人在担保贷款时，须转移债权证书（商品房预售合同）的占有。

（二）楼花按揭法律关系的内容

1. 购房者的权利和义务

购房者的权利和义务主要规定于《商品房预售合同》和《房地产按揭贷款协议》或按揭担保条款之中。

购房者享有的权利主要有：①如约取得房屋所有权的权利；②依约从贷款银行处获得约定数额的贷款的权利；③在取得房屋所有权后，占有、使用以及出租等以所有权人身份所为的处分权，但受抵押权限制的处分权除外，如购房转让房产的，须依照《担保法》的规定通知抵押权人（贷款银行）并将所得价款提前清偿。所担保的债权或向与抵押权人约定的第三人提存。

购房者承担的义务有：①依约向开发商交付首期房款。②在获得银行的贷款后，不可撤销授权银行将贷款本金转入开发商专用账户。③按时按金额向银行还本付息，缴纳按揭手续费。④房屋建成后，协助银行办理抵押登记。⑤妥善使用房屋。购房者应在房屋建成后承担抵押人的义务，因其行为致房屋价值减少，贷款银行有权要求其恢复抵押物的价值或者提供与减少的价值相当的担保。⑥实践中，贷款银行为了避免作为抵押物之房屋因意外事故毁损、灭失的风险，要求购房者为房屋投保的，购房者须以贷款银行为第一保险受益人，向银行指定的保险公司投保。

2. 开发商的权利和义务

开发商的权利和义务规定于《商品房预售合同》及其与按揭银行签订的《按揭贷款协议》之担保条款中。

开发商主要享有这些权利：①依约收取售房价款的权利。此项价款包括购房人支付的首期房款及按揭银行转入开发商专用账户的贷款。②购房者未交付首期房款或未能获得银行贷款时，开发商有拒绝履行建房及交付义务，有权解除《商品房预售合同》，并要求购房者支付违约金。③实践中，按揭银行往往要求开发商对购房者的贷款承担第三方保证责任，这种保证责任，性质上属于《担保法》中规定的保证。这样，房屋竣工后，在银行债权上存在人保（保证）和物保（抵押）。那么，在购房者违约而按揭银行直接要求购房者承担保证责任时，开发商有权依据《担保法》第 28 条提出抗辩。依第 28 条第 1 款关于"同一债权既有保证人又有物的担保的，保证人对物的担保以外的债权承担保证责任"之规定，开发商有权要求银行先对购房者设定担保的房产进行处分，予以拍卖、变更等，只有在给上述处分银行债权仍不获实现时，银行才可要求开发商履行还款责任。④开发商在履行保证责任后，有权就清偿数额向购房者行使追偿权。

开发商承担的义务有：①依约按期按质交付房屋。②对购房者贷款本息的偿还向银行承担第三方保证责任。实践中也有按揭银行要求开发商承担无条件的、不可撤回的回购责任，即在购房者无力偿本付息时，由开发商向购房者购回房屋。并以回购价款代为偿本付息。银行要求开发商承担此种责任，目的是转嫁贷款风险。此种做法虽属双方约定，但开发商并未因此享有相对应的权利，所以，这种做法亦有不公平之嫌。③保证将专用账户中的贷款款项用于建造购房者的房屋，不挪作他用的义务。④协助购房者办理产权过户手续以及协助银行与购房者办理按揭（抵押）登记手续。

3. 按揭银行的权利和义务

按揭银行享有的权利有：①依约按期收回贷款本息的权利。②对购房者使用房屋进行监督的权利。因作为抵押物的房屋关涉银行债权的实现，银行对房屋价值的保持较为关心。监督检查有利于银行及时采取措施来保全抵押物权的价值。③在购房者违约时，行使房屋所有权之请求权，取得房产权的权利，或就已建成并设定抵押的房屋变价或以拍卖、变卖所得的价款优先受偿的权利。

按揭银行承担的义务有：①依约提供贷款的义务；②根据购房者授权及银行与开发商签订的协议书将贷款款项以购房款的名义转入开发商在本银行开立的账户的义务。

第五节　房地产抵押

一、房地产抵押的概念和性质

房地产抵押，是指抵押人以其合法的房地产以不转移占有的方式向抵押权人提供债务履行担保的行为。当债务人不履行到期债务时，抵押权人有权依法以抵押的房地产折价或者拍卖、变卖该房地产所得的价款优先受偿。房地产抵押具有一般抵押所共有的特征，主要表现在以下三点。

（一）抵押权是一种从属权利

抵押权是为担保债权实现而成立的一种权利，它不是债权本身，而是债权人在债权之外于抵押人提供的财产上享有的一种物权。其目的在于保证债权顺利受偿，减少主债权不能受偿的危险性。抵押权在债权期限届满不被清偿时行使。抵押权随主债权的消失而消失。

（二）抵押权是一种价值支配权

抵押权作为一种物权，它同所有权一样，都是一种对物的支配权，以物的交换价值为内容。抵押权人设定抵押权的目的不是取得抵押物的使用价值，而是以取得物的价值清偿为目的。抵押权人有权在债务人不履行债务时，将用作担保的物加以处分，但无权对物加以使用和收益。

（三）抵押权是一种优先受偿权

抵押权的实质即担保的目的在于，抵押权人得以通过实现抵押物的价值，优先受偿。

除此之外，房地产抵押还具有一些特殊的属性。

第一，房地产抵押的标的具有复杂性。

房地产抵押法律关系比较复杂。根据我国现行法律的规定，房地产抵押的标的可以是房屋及其占用范围内的土地使用权，也可以是单独的土地使用权。而土地使用权又有出让土地使用权和划拨土地使用权之分。因此，以房地产设定抵押权的，抵押法律关系比一般财产抵押法律关系复杂。

第二，房地产抵押是要式法律行为。

房地产抵押的要式性首先表现在抵押人和抵押权人应当签订书面抵押合同。房地产抵押的设定，可以由抵押人和抵押权人单独订立抵押合同，也可以在原债权文书中写明，无论采取哪种方式，都必须采取书面形式。这是因为，抵押合同是一种从合同，抵押权的实行与否有赖于主合同的履行状况，抵押关系不能即时清结。同时，房地产抵押标的额大，性质复杂，也不适于采用口头合同。房地产抵押的要式性其次表现在房地产抵押要办理登记。各国法律都对房地产抵押采取登记原则，我国也不例外。

第三，房地产抵押不转移抵押财产的占有。

根据我国《担保法》的规定，抵押的标的可以是不动产，也可以是动产。动产抵押与不动产抵押的一个重要区别就在于：不动产抵押不转移抵押财产的占有，房地产抵押属于不动产抵押，抵押人不必转移房地产的占有。抵押法律关系成立后，抵押人对于已设定抵押权的房地产可以继续开发、利用和经营。

第四，房地产抵押有时间限制。

我国实行的是土地公有制，土地不得买卖，但土地的使用权可以依照法律的规定转让。为了既保证土地所有权不被削弱，又充分利用土地的经济价值，我国法律只允许国有土地依法出让，且对土地使用权出让的时间作了限制。由于房地产交易中土地使用权出让行为所设定的权利和义务具有承接性，因此，以出让方式取得土地使用权的，转让房地产后，其土地使用权的使用年限为原土地使用权出让合同约定的使用年限减去原土地使用者已经使用的年限后的剩余年限。同样，以土地使用权作抵押的也应受到土地使用权时间的限制，即以土地使用权作为抵押的期限应当在土地使用权出让期限内，否则抵押无效。因为土地使用权期满后，原土地使用权人即不再对该幅土地拥有权益，虽然可以与土地出让部门续订土地出让合同，但是否能够继续获得土地使用权必须由土地出让部门审核决定；如果有公益需要，土地出让部门则不会批准原土地使用权人的申请，另外，原土地使用权人可能根本就不会再申请继续使用该幅地块，致使抵押权人的权益得不到保障。我国法律对于土地使用权期满后土地上的房屋，及其他定着物的归属尚无明确规定，但由于我国对土地使用权和房屋所有权采取"连动"原则，以依法取得的国有土地上的房屋作抵押时，该房屋占用范围内的国有土地使用权同时抵押。因此以房屋作抵押的，也应在土地使用权的期限内设定抵押权。

二、房地产抵押的设定

（一）房地产抵押的条件

1. 房地产抵押权设定的形式要件

双方当事人首先应当签订书面合同，并到房地产管理部门履行登记手续，具备了这两个形式要件，房地产抵押权才能有效建立并受到法律保护。对此《城市房地产管理法》规定："房地产抵押应当由县以上人民政府规定的部门办理登记"；"房地产抵押，抵押人和抵押权人应当签订书面抵押合同"。房地产抵押合同应包括下列主要条款：

（1）当事人的基本情况，即当事人（抵押人和抵押权人）名称（姓名）、国籍、住所、法定代表人；

（2）主债务基本情况；

（3）抵押物的基本情况；

（4）抵押物估价、抵押率；

（5）抵押物的权证保管，抵押物的占管人、占管方式、占管责任及意外毁损、灭失的风险责任；

（6）抵押物投保的险种、险别、赔偿方式和受益人；

（7）抵押物权证归还责任，抵押物处分方式，清偿顺序；

（8）违约责任及争议解决方式；

（9）合同生效及其他事项。

2. 房地产抵押权设定的主体条件

（1）抵押人的条件。在房地产抵押行为中的抵押人条件问题，各国规定各异。我国规定的也与国外不一致。

首先，如果房地产抵押是自然人：①必须是完全民事行为能力人。这是抵押民事法律行为有效的前提条件。无论根据《民法通则》还是《民法总则》的有关规定精神，无行为能力或限制行为能力的公民，不能作为房地产抵押人。②必须是房地产的所有人或使用人。一方面必须是持有合法房地产所有权证或使用权证，或者已订立房屋预购合同并支付了部分房款的人；另一方面，抵押人除拥有作为抵押的房地产外，还应有一定的基本生活条件，这主要是为了保证抵押的现实性和执行性。

其次，如果房地产抵押人是法人，则要求：①必须具有工商行政管理部门颁发的营业执照并由法定代表人出具证明；②必须是房地产的所有人或使用人。尤其要明确的是，无论抵押人是自然人还是法人，通过抵押房地产而取得的银行贷款，必须有明确的用途，而且在一般情况下，这部分贷款只能用于正当的房地产开发经营活动或银行所要求的目的。

（2）抵押权人的条件。抵押权人一般指债权人，随着债务形式的变化，债权人主要是贷款者，贷款者只能是具有发放贷款资格和贷款能力的国家金融机构和其他金融机构。在我国，有发放抵押贷款资格的承担者必须是具有法人资格的国内金融机构，不允许外国金融机构、组织或个人插手参与我国不动产的交易。

我国具有抵押权人资格的金融机构如中国工商银行、中国银行、中国农业银行、中国建设银行、交通银行、中国投资银行、信托投资公司、信用社等。

3. 房地产抵押权设定的抵押物条件

作为抵押物的房地产，必须是抵押人（包括债务人或第三人）拥有所有权或使用权的房地产，且这些权利能由抵押人所支配。否则，抵押人无权在标的物上设定抵押权。关于房地产抵押的条件，《城市房地产抵押管理办法》从限制的角度作了规定。下列房地产不得设定抵押。

（1）权属有争议的房地产。房地产权属有争议的，表明该房地产的权利主体不确定。房地产在权利主体不明确的情况下而设定抵押，难免会造成对其他权利的侵害。因此，对权属有争议的房地产抵押必须实行限制。

（2）用于教育、医疗、市政等公共福利事业的房地产。公共福利事业与每一个人的生活相关，关系到社会的公共利益。用于公共福利事业的房地产如果设定抵押，难免会造成这些房地产因实行抵押权而转移到某一单位或个人手中，对公共事业的发展产生不利影响。因此，用于教育、医疗、市政等公共福利事业的房地产不能设定抵押。

（3）列入文物保护的建筑物和有重要纪念意义的其他建筑物。列入文物保护的建筑物和有重要纪念意义的其他建筑物具有重要的文化价值和历史价值，如果将其设定抵押，在抵押权实现时必然会转移到个人或单位手中，这将使其文化价值和历史价值遭受不应有的损坏，甚至消失。我国有关文物保护的立法已明确规定国家文物在一般情况下是禁止或限制进入流通领域的。因此，列入文物保护的建筑物和有重要纪念意义的其他建筑物不宜设定抵押。

（4）已依法公告列入拆迁范围的房地产。已依法公告列入拆迁范围的房地产，表明其存在的时间已经很短或有限，如果将之设定抵押，待将来抵押权实现时，可能这些房地产已被拆除，抵押权难以实现。因此，立法有必要对已依法公告列入拆迁范围的房地产限制设定抵押。

（5）被依法查封、扣押、监管或者以其他形式限制的房地产。在房地产交易中，作为交易对象的房地产必须是可以自由流通的房地产。某项房地产在一定时期处于限制之中，则该房地产在限制期内是不能交易的。如果将被依法查封、扣押、监管或者以其他形式限制的房地产设定抵押权，则势必影响抵押权的实现。

（6）依法不得抵押的其他房地产。这是一条灵活性规定，上述列举的五种情况并不能完全包括现实生活中所有不得设定抵押权的房地产的情形，而且随着房地产业的发展，现实生活中亦会出现一些现在难以预料的新情况，立法条文采取灵活的做法，便于适应新的情况。

（二）房地产抵押的程序

房地产抵押的程序主要分签约和登记两个阶段。

1. 签约

房地产抵押，应先由抵押人持土地使用权证书、房屋所有权证书或房屋预售合同与抵押权人签订书面房地产抵押合同。抵押合同不得违背国家法律、法规和土地使用权出让合同的规定。

2. 登记

房地产抵押，应当依照规定办理抵押登记。登记的程序如下。

（1）申请。申请抵押人和抵押权人共同到房地产管理部门，填交房地产他项权利登记申请书，并提交房地产抵押合同副本，交验房地产抵押合同正本、登记申请者的身份证明、土地使用权来源证明、地上建筑物及其附着物的权属证明和登记机关认为有必要提交的其他文件。

（2）受理。房地产登记部门根据申请验阅文件，在收件簿上载明名称、页数、件数，并给申请者开具收据。

（3）审查、发证。房地产登记部门对申请文件逐项全面审核，填写审批表，对房地产抵押人填发《房屋他项权证》。

房地产抵押以登记为要件。抵押合同自登记之日起生效，具有法律约束。

三、房地产抵押权的效力

房地产抵押一经设定，即产生相应的法律效力，不仅在当事人之间设定了相应的权利和义务，而且对抵押物及与其有关的其他财产权也有影响。根据房地产抵押效力的对象，可将其划分为对内效力和对外效力。房地产抵押的对内效力即对房地产抵押当事人的权利和义务的影响，是抵押权的主要的基本的效力；房地产抵押的对外效力即房地产抵押对抵押关系外部的、有关房地产的其他财产权的影响，是抵押权的次要的派生的效力，是房地产抵押对内效力的保障。

（一）房地产抵押权的对内效力

房地产抵押权的对内效力，简而言之，即房地产抵押权人有就受担保的债权对抵押的房地产优先受偿的权利。具体包括两个方面，即对被担保债权范围的效力和对作为抵押标的物的房地产的效力。

1. 房地产抵押权担保的债权范围

房地产抵押所担保的债权须为有效的债权。被担保的债权消灭或者无效，抵押权也将随之消灭。关于抵押担保的范围，《担保法》第46条规定："抵押担保的范围包括主债权及利息、违约金、损害赔偿金和实现抵押权的费用。抵押合同另有约定的，按照约定。"由此可见，抵押权所担保的债权的范围原则上依当事人的意思确定；如果当事人未约定，则其担保的债权的范围包括前述所列的五项债权。

2. 房地产抵押权所及房地产的范围

（1）房地产自身。抵押人以其全部房地产设定抵押时，抵押权的效力及于全部房地产，包括房屋所有权和土地使用权。

抵押人仅以其土地使用权或者仅以其房屋设定抵押权时，该抵押权的效力及于全部房地产。《城镇国有土地使用权出让和转让暂行条例》第33条规定："土地使用权抵押时，其地上建筑物、其他附着物随之抵押。地上建筑物、其他附着物抵押时，其使用范围内的土地使用权随之抵押。"《城市房地产管理法》第32条规定："房地产转让、抵押时，房屋的所有权和该房屋占用范围内的土地使用权同时转让、抵押。"《城市房地产抵押管理办法》第4条规定："以依法取得的房屋所有权抵押的，该房屋占用范围内的土地使用权必须同时抵押。"之所以这样规定，是因为如果仅以土地使用权或房屋所有权作抵押，则债权人行使抵押权对抵押物进行拍卖，将使土地使用权和房屋所有权分属两个主体，造成土地使用权人和房屋所有权人行使权利的不便，从而降低土地使用权或房屋所有权拍卖的价格，不利于保障债权人的利益。

（2）抵押权设定后新增的房屋。抵押权设定后新增房屋不属于抵押物，房地产抵押权的效力不及于该新增房屋。《城市房地产管理法》和《担保法》均规定，城市房地产抵押合同签订后，土地上新增的房屋不属于抵押物。我国立法之所以规定房地产抵押权的效力不及于抵押权设定后新增的房屋，主要基于以下原因：一是我国法律把土地使用权与房屋所有权视为两个彼此独立的不动产。房地产抵押权设定时，该新增房屋尚未动工，当事人是以当时已存在的房地产作为抵押标的签订抵押合同的，新增房屋不属于抵押物的范围是符合当事人当时的意思表示的。二是将抵押权设立后新增房屋列入房地产抵押标的范围有损抵押人的利益。新增房屋列入房地产抵押标的范围扩大了抵押房地产的价值额，增加了抵押人的负担。三是从房地产抵押担保债权的实现目的来看，没有必要将新增房屋列入房地产抵押标的的范围。《担保法》第35条第1款规定："抵押人所担保的债权不得超出其抵押物的价值。"所以，在房地产抵押合同签订时，作为抵押标的的房地产已足以担保债权的实现，而无须以新增房屋再对其进行担保。

虽然新增房屋不属于抵押物，但为了便于抵押权的实现，《城市房地产管理法》和《担保法》均规定：需要拍卖该抵押的房地产时，可以依法将该土地上新增的房屋与抵押物一同拍卖，但对拍卖新增房屋所得，抵押权人无权优先受偿。

（3）抵押权设定时的在建房屋。房地产抵押权设定时，抵押权的效力是否及于土地上正在建造的房屋？对此应区别情况对待。首先应看当事人在抵押合同中有无约定，已有约定的，从其约定；无此约定或约定不明确的，区别情况对待。如果在建房屋已经能够成为某种经营场所，具有经济上的利用价值，则可将在建房屋视为抵押权效力所及范围之内。如果在建房屋不能成为某种经营场所，不具有经济上的利用价值，则不应将在建房屋视为抵押权效力所及范围之内。《城市房地产抵押管理办法》第 11 条还规定："以在建工程已完工部分抵押的，其土地使用权随之抵押。"该条规定从另一个角度确定了在建房屋为抵押权效力所及范围之内以"完工"为界。"完工"者可视为房地产抵押权效力所及范围之内，未"完工"者则不及房地产抵押效力范围之内。

（4）附属物。附属物即从物，是与主物相对而言。主物和从物是两个相互独立的物，同时二者又相互结合。主物是在其中起主要作用的物，从物是其中处于附属地位起辅助和配合作用的物。在法律或合同没有相反规定时，主物的所有权转移，从物也随之转移。因此，在房地产抵押中，如果法律或合同没有特别规定，则抵押权的效力不仅及于房地产自身，还及于房地产的附属物；不仅及于设定抵押权时已存在的附属物，还及于设定抵押权后产生的附属物。房地产的从物既包括动产，也包括不动产，如房前屋后的少许树木、房屋里的门、窗、取暖设施、照明设施、通信设施等。

（5）从权利。房地产的从权利，如相邻权等，因从属于房地产并使房地产具有必要的效能而为房地产抵押权的效力所及。

（6）孳息。房地产抵押的效力及于抵押权开始进入实现阶段后到抵押标的处分为止房地产所产生的孳息。房地产抵押不转移对作为抵押标的物的房地产的占有，这样既维护了债权人的权益，又充分发挥了抵押物的使用价值。在抵押权实现前，抵押人有权使用房地产并获取利益，房地产所产生的孳息由抵押人享有。抵押权开始进入实现阶段后，作为抵押物的房地产由人民法院扣押或以其他方式保全，抵押权人有权将该房地产拍卖或变价优先受偿，当然有权收取抵押物的孳息，并以其偿还债权。房地产抵押权的效力不仅及于房地产的天然孳息（如果树所结果实等），而且及于房地产的法定孳息（如房租等）。《担保法》第 47 条规定："债务履行期届满，债务人不履行债务致使抵押物被人民法院依法扣押的，自扣押之日起抵押权人有权收取由抵押物分离的天然孳息以及抵押人就抵押物可以收取的法定孳息"。但根据我国法律，抵押权人未将扣押抵押物的事实通知应当清偿法定孳息的义务人，抵押权的效力不及于该孳息。

（二）房地产抵押权的对外效力

房地产抵押权的对外效力指房地产抵押权对抵押关系外部的有关抵押物的其他财产权

的影响，具体则包括对房地产的用益物权、其他抵押权和房屋租赁关系的影响。

1. 房地产抵押权对用益物权的影响

房地产抵押是以房地产的交换价值为债权提供担保，抵押物的使用价值对其没有影响，因此无论是在抵押权设定前或设定后，抵押人均可在抵押的房地产上设定用益物权，但房地产抵押权对用益物权的影响则视用益物权设定的时间不同而有变化。在房地产抵押权设定之前已存在用益物权的，用益物权人不仅在抵押权设定后拥有用益物权，并且其用益物权如经登记，还可对抗房地产抵押权，即用益物权人根据其与抵押人合同约定的方式、期限等在抵押权实现后仍可继续拥有用益物权。在房地产抵押权后设定的用益物权则不能对抗抵押权，对此有的国家有明文规定，如《日本民法典》规定，新设用益物权不得对抗受益人。

2. 房地产抵押权对其他抵押权的影响

房地产由于价值巨大，往往足以担保数个债权。同时抵押是以不转移对抵押物的占有为条件，也有可能在同一个房地产上设定数个抵押权。为了充分发挥房地产的经济效益，各国一般均规定在房地产的价值范围内，允许在同一个房地产上设定数个抵押权，《担保法》第35条第2款规定："财产抵押后，该财产的价值大于所担保债权的余额部分，可以再次抵押，但不得超出其余额部分。"因此，先设定的房地产抵押权不影响新抵押权的设定，但先设定的房地产抵押权，其担保的债权优先于后设定的房地产抵押权所担保的债权受偿。即当一个房地产上设有数个抵押权时，其担保的债权按抵押权设定的先后顺序受偿，顺序相同的则按债权比例受偿。抵押的房地产拍卖后的价值不足以偿还所有担保的债权的则未受清偿的债权不享有对普通债权的优先权。

3. 房地产抵押权对房屋租赁关系的影响

与设定用益物权一样，抵押人可以在已出租的房屋上设定抵押权，也可以将已设定抵押权的房屋出租。在房屋租赁关系存在于抵押之前的，根据"买卖不破租赁"原则，房地产抵押权的效力不及于租赁关系，即抵押的房地产拍卖后，原租赁合同对房地产的受让者继续有效。如《担保法》第48条规定："抵押人将已出租的财产抵押的，应当书面告知承租人，原租赁合同继续有效。"如果将已设定抵押权的房屋出租的，则房地产抵押权的效力及于该租赁关系。抵押权实现时，租赁关系即解除。

4. 影响房地产抵押权效力的情形

已设定抵押权的房地产被查封、扣押或者采取其他强制措施的，是否影响房地产抵押权的效力，这需要根据采取强制措施的目的区别确定。如果对已设定抵押权的房地产采取强制措施的目的是偿付其他无担保的债权，则由于抵押权人享有优先受偿权，抵押的房地产变价后应优先清偿抵押权人的债权，该强制措施不影响房地产抵押权的效力。如果对已设定抵押权的房产采取强制措施的目的是实现房地产管理部门的行政处罚权，则该强制措施可以影响房地产抵押权的效力。例如，《城市房地产管理法》第68条规定："违反本法第45条第1款的规定预售商品房的，由县级以上人民政府房产管理部门责令停止预售活动，没收违法所得，可以并处罚款。"如果受到罚款处罚的当事人不缴纳罚款，房地产管理部门有权对有关的房地产采取强制措施直到拍卖并以所得价款优先缴付罚款。如果在该房地产上设有抵押权，则抵押权人应在缴付罚款后的拍卖所得价款中优先受偿。也就是说，房地产管理部门的行政处罚权应优先于房地产抵押权。因此，抵押权人应当对抵押人占有、使用、收益和处分抵押的房地产进行监督。抵押的房地产由于抵押人的不当行为被房地产管理部门采取强制措施致使房地产抵押权受到影响，也是对抵押权人怠于行使权力的一种惩罚。基于同样的原因，如果抵押人没有在规定的时间内对土地进行开发或不按规定的用途使用土地，被国家处以无偿收回土地使用权的处罚时，房地产抵押权人也不能以抵押权对抗行政处罚权，而只能要求抵押人另行提供担保。

在无偿划拨的土地使用权上设定房地产抵押权的，土地使用权出让金的缴纳优先于房地产抵押权的实现。首先，在无偿划拨的土地使用权上设定房地产抵押权的，应当先依法签订土地使用权出让合同，有偿取得土地使用权，否则，抵押合同无效。其次，在实现抵押权时，必须先交纳土地使用权出让金后，方能用于清偿债务。

四、房地产抵押合同当事人的权利和义务

（一）房地产抵押人的权利和义务

房地产抵押人的权利主要包括以下两项内容：

（1）对抵押房地产的占有、使用和获取收益权。

（2）就同一房地产剩余的价值部分再设定抵押的权利。

房地产抵押人的义务主要包括以下两项内容：

（1）保持抵押房地产的价值。

（2）保证抵押权人充分实现抵押权。

（二）房地产抵押权人的权利和义务

房地产抵押权人的权利主要包括以下内容：

（1）要求保全抵押房地产担保价值。

（2）物上代位权。抵押权人可以基于抵押人让与的赔偿请求权或补偿请求权，代替抵押人直接向侵权人或保险公司请求损害赔偿或保险金。

（3）处分抵押权。

（4）优先受偿权。在债务人于债务履行期届满而不履行义务或抵押合同期间债务人解散、被宣告破产等情况下，抵押权人有权从变卖抵押房地产的价款中优先于一般债权人得到清偿。

房地产抵押权人的义务主要包括两项内容：

（1）不得妨碍抵押人依法行使对抵押房地产的占有、使用、收益权，不得单方扩大抵押人担保范围，增加其负担。

（2）在抵押权实现后，如果变卖抵押房地产的价款清偿主债务后有剩余，则应当及时将剩余部分返还给抵押人。

五、房地产抵押权的实现方式

理论界对抵押权的实现方式主要有三种观点。第一种观点认为，应由抵押权人申请，法院依照强制执行程序拍卖抵押物，实现彻底的司法保护主义，德国、日本采用这种立法体例。第二种观点认为，既可以由法律规定当事人可以协议抵押权的实现方式，也可以申请法院强制执行，当事人已经达成协议的则应按协议约定的方式行使抵押权，不能达成协议的则由抵押权人向法院申请强制执行。第三种观点认为，抵押权人可以依照法律规定直接行使权利，无须借助他人力量，也没有必要通过强制执行程序来行使这种权利，此为当事人自救主义。

《担保法》第53条规定："债务履行期届满抵押权人未受清偿的，可以与抵押人协议以抵押物折价或者以拍卖、变卖该抵押物所得的价款受偿；协议不成的，抵押权人可以向人民法院提起诉讼。"从该立法可以看出，我国抵押权实行当事人自救主义。即在抵押权的条件成就时，抵押权人可以就抵押权的行使方式与抵押人协商；协商不成的，双方当事人均可以向人民法院起诉，由法院裁决抵押权的行使方式。

有学者认为，《担保法》第53条规定的抵押人可以向人民法院提起诉讼，是指抵押权人向法院申请拍卖抵押物。但从《担保法》第53条字面来理解，只能理解为当事人就抵押权的实现方式向法院起诉，法院在受理当事人起诉之后，应就抵押权的行使方式做出裁判。经裁判后，抵押权人应按法院确定的方式实现抵押权，只有在抵押权人因抵押人原因而不能按法院确定的方式行使抵押权时，才可根据法院裁判请求强制执行。应该说，《担保法》对抵押权的立法采取了当事人自救主义。

第六节　房屋租赁

一、房屋租赁的概念和条件

（一）房屋租赁的概念

房屋租赁，是指房屋所有人作为出租人将其房屋出租给承租人使用，由承租人向出租人支付租金的行为。出租人是房屋租赁关系中提供房屋给他人使用的一方。出租人可以是个人，也可以是单位；可以是房屋的所有人，也可以是国家授权行使房屋所有权的单位。承租人是房屋租赁关系中使用房屋并支付租金的一方。承租人可以是个人，也可以是单位。

（二）房屋租赁的条件

房屋是一种特殊商品，为维护国家、法人、公民合法权益、维护房地产市场秩序，国家对房屋出租规定了必要的条件。立法上采取了排除性的条款。住房和城乡建设部发布的《商品房屋租赁管理办法》（2010年）采用禁止性方式，规定下列房屋不得出租：

（1）属于违法建筑的；

（2）不符合安全、防灾等工程建设强制性标准的；

（3）违反规定改变房屋使用性质的；

（4）法律、法规规定禁止出租的其他情形。

二、房屋租赁合同

房屋租赁合同，是指出租人将租赁房屋交付承租人使用、收益，承租人支付租金的协议。为保证租赁双方合法权益的实现，便于发生纠纷时易于解决，房屋租赁合同应当采用书面形式。

1. 房屋租赁合同的主要条款

依照住房和城乡建设部发布的《商品房屋租赁管理办法》第7条的规定，房屋租赁当事人应当依法订立租赁合同。房屋租赁合同的内容由当事人双方约定，一般应当包括以下内容：

（1）房屋租赁当事人的姓名（名称）和住所；

（2）房屋的坐落、面积、结构、附属设施，家具和家电等室内设施状况；

（3）租金和押金数额、支付方式；

（4）租赁用途和房屋使用要求；

（5）房屋和室内设施的安全性能；

（6）租赁期限；

（7）房屋维修责任；

（8）物业服务、水、电、燃气等相关费用的缴纳；

（9）争议解决办法和违约责任；

（10）其他约定。

此外，房屋租赁当事人应当在房屋租赁合同中约定房屋被征收或者拆迁时的处理办法。

2. 房屋租赁合同的变更、解除和终止

房屋租赁合同一经签订，租赁双方即须严格遵守。但有下列情形之一的，房屋租赁当事人可以变更或者解除租赁合同：

（1）符合法律规定或者合同约定可以变更或解除合同条款的；

（2）因不可抗力而致使租赁合同不能继续履行的；

（3）当事人协商一致的。

房屋租赁合同可以因租赁期限届满而终止；也可以因承租人违约或违法行为而被出租人收回租赁房屋而终止。

三、房屋租赁的几个具体问题

（一）房屋转租

房屋转租，是指房屋承租人将承租的房屋再出租的行为。《合同法》第224条规定："承租人经出租人同意，可以将租赁物转租给第三人。承租人转租的，承租人与出租人之间的租赁合同继续有效，第三人对租赁物造成损失的，承租人应当赔偿损失。承租人未经出租人同意转租的，出租人可以解除合同。"按上述规定，可以将转租行为分为合法转租与非法转租。所谓合法转租，是指承租人征得出租人同意后，将房屋转租给他人。在合法转租的情况下，承租人并未退出原租赁合同而由次承租人取代其地位，他只是与次承租人建立了另一个租赁合同关系，承租人仍然应根据原租赁合同向出租人承担义务和责任。可见，转租从性质上并不是合同的全部转让。所谓非法转租，是指承租人在未征得出租人同意的情况下，擅自将房屋转租给他人。擅自转租行为违反了法律和租赁合同的规定，侵害了作为所有人的出租人应享有的权益。

房屋转租，应当订立转租合同。转租合同必须经原出租人书面同意，并按照规定办理登记备案手续。转租合同的终止日期不得超过原租赁合同规定的终止日期，但出租人与转租双方另有约定的除外。转租合同生效后，转租人享有并承担转租合同规定的出租人规定的权利和义务，并且应当履行原租赁合同承租人的义务，但出租人与转租双方另有约定的除外。转租期间，原租赁合同变更、解除或者终止，转租合同也随之相应地变更、解除或终止。

（二）房屋租赁登记

为了加强对房地产租赁市场的管理，杜绝非法交易和私下交易，国家对房屋租赁实行登记备案制度。签订、变更、终止房屋租赁合同，房屋租赁合同订立后30日内，房屋租赁当事人应当到租赁房屋所在地直辖市、市、县人民政府建设（房地产）主管部门办理房屋租赁登记备案。办理房屋租赁登记备案，房屋租赁当事人应当提交下列材料：①房屋租赁合同；②房屋租赁当事人身份证明；③房屋所有权证书或者其他合法权属证明；④直辖市、市、县人民政府建设（房地产）主管部门规定的其他材料。房屋租赁当事人提交的材料应当真实、合法、有效，不得隐瞒真实情况或者提供虚假材料。对符合登记条件的，直辖市、市、县人民政府建设（房地产）主管部门应当在3个工作日内办理房屋租赁登记备案，向租赁当事人开具房屋租赁登记备案证明。房屋租赁登记备案证明应当载明出租人的姓名或者名称，承租人的姓名或者名称、有效身份证件种类和号码，出租房屋的坐落、租赁用途、租金数额、租赁期限等。房屋租赁登记备案证明遗失的，应当向原登记备案的部门补领。房屋租赁登记备案内容发生变化、续租或者租赁终止的，当事人应当在 30 日内，到原租赁登记备案的部门办理房屋租赁登记备案的变更、延续或者注销手续。直辖市、市、县建设（房地产）主管部门应当建立房屋租赁登记备案信息系统，逐步实行房屋租赁合同网上登记备案，并纳入房地产市场信息系统。

（三）房屋租金

1. 房屋租金的概念

房屋租金是指房屋承租人为取得一定期限内房屋的使用权而付给房屋出租人的经济补偿。房屋租金作为房屋使用价值分期出售的价格，是房屋在分期出售中逐渐实现的价值的货币表现。房屋租金分为成本租金、商品租金和市场租金。

（1）成本租金。成本租金由成本费、维修费、管理费、投资利息和税金 5 项组成。

（2）商品租金。商品租金由成本费、维修费、管理费、投资利息、税金、保险费、地租和利润 8 项组成。

（3）市场租金。市场租金是在商品租金的基础上，根据供求关系而形成的租金标准。

2. 房屋租金的种类

房屋租金分为公房租金和私房租金。

（1）公房租金。公房租金是公房承租人根据公房租赁合同向公房出租人支付的代价。

（2）私房租金。私房租金是私人房屋承租人根据租赁合同向出租人支付的代价。私房租金由租赁双方根据公平合理的原则，参照房屋所在地租金的实际水平协商议定。

3. 房屋租赁与房屋抵押的关系

抵押设定之前或之后，抵押人均可以将已经设定抵押的房屋出租给第三人使用。就租赁关系而言，直接针对财产的占有、使用、收益等权能；而抵押权，则是针对财产的交换价值。本质上，抵押权与租赁关系二者之间并无冲突可言。

在我国台湾地区，实务界认为，后成立的租赁关系影响抵押权时，租赁关系对抵押权人原则上不生效。

《担保法》对抵押与租赁的关系，第 48 条规定，即"抵押人将已出租的财产抵押的，应当书面告知承租人，原租赁合同继续有效"。依据该条规定及民法原理，我们认为，房屋租赁与抵押之关系如下：

（1）将已经出租的房屋设定抵押的，抵押人应将已出租的事实告知承租人和抵押权人。由承租人判断是否仍继续承租，抵押权人判断是否接受该抵押。抵押权的存在不至于影响租赁关系，后设定的抵押权在实现时，亦不应使租赁关系受影响。若买受人愿意承受租赁关系，则承租人受"买卖不破租赁"规则之保护。概括地说，抵押人将已出租的房地产抵押的，抵押权实现后，租赁合同在有效期内对抵押物的受让人继续有效。

（2）抵押权设定后成立房屋租赁关系的，若租赁关系影响抵押权实现的，该房屋租赁关系对抵押权人不发生效力，抵押权人可以申请实现抵押权。概括地说，抵押人将已抵押的房地产出租的，抵押权实现后，租赁合同对受让人不具有约束力。

总之，抵押人将已出租的财产抵押的，原租赁合同继续有效；抵押人将已抵押的财产出租的，出租人不得以租赁合同对抗抵押权人行使权利。

（四）房屋租赁的特殊效力

（1）买卖不破租赁规则。《合同法》第 229 条规定：租赁物在租赁期间发生所有权变动的，不影响租赁合同的效力。该规定就是所谓的"买卖不破租赁"原则，又可称为"租赁权的物权化"。这一原则突破了合同相对性原理，使租赁权具有了对抗第三人的效力。

（2）承租人优先购买权。承租人的优先购买权是指在房屋租赁合同存续期间，出租人出卖租赁房屋时，承租人在同等条件下所享有的优先购买租赁房屋的权利。《合同法》第 230 条规定：出租人出卖租赁房屋的，应当在出卖之前的合理期限内通知承租人，承租人享有以同等条件优先购买的权利。

（3）房屋承租人的共同居住人的继续租赁权。为保护特定人的利益，法律允许与承租人生前共同居住的人按照原租赁合同租赁该房。与承租人生前共同居住的人按照原租赁合同租赁房屋的，应当与出租人办理续租手续变更承租人。《合同法》第 234 条规定：承租人在房屋租赁期间死亡的，与其生前共同居住的人可以按照原租赁合同租赁该房屋。

第七节 房屋赠与

一、房屋赠与的概念

房屋赠与，是指房屋所有权人将自己的房屋无偿给予他人，他人表示接受赠与的行为。准确地说，房屋赠与不属于交易行为。

自愿将自己房屋所有权无偿移交给他人的人是房屋赠与人。在我国，房屋赠与人主要是公民。只有在特殊情况下，国家或集体组织才可作为赠与人。例如，对国内发生自然灾害的地区，国家机关或集体组织可用本组织的房屋及其他财产支援灾区，或者赞助给某种社会福利机构。接受他人自愿无偿移交房屋的公民或组织是房屋受赠人。在我国，房屋受赠人可以是公民，也可以是国家、企业事业组织和社会团体。

二、房屋赠与合同

房屋赠与合同是指赠与人与受赠人就无偿转移房屋所有权而达成的协议。公民作为房屋赠与人，必须是房屋的所有人。

房屋赠与是无偿的，即没有代价。有的房屋赠与也可以附义务。

房屋赠与要求双方当事人的意思表示一致。即一个愿意赠与，一个愿意接受，否则，赠与关系不能成立。赠与合同是双方的法律行为，这一点使它与遗赠、捐助行为或债务免除等单方法律行为相区别。

房屋赠与合同是实践合同，除了当事人意思表示一致签订书面合同外，还要交付标的物合同才能成立。房屋赠与使不动产所有权发生转移，法律上要求严格，必须到政府房产管理部门办理所有权过户登记手续，方为有效。

❓ 思考题

1. 房地产转让、抵押应注意什么法律问题？
2. 房地产交易有哪些法律特征？
3. 房地产转让中的禁止转让情形有哪些？
4. 房地产转让的方式有哪些？
5. 简答房地产抵押的条件。
6. 房屋不得出租的情形有哪些？
7. 哪些房地产不得设定抵押？

第八章

住房保障制度

重点 提示 通过本章学习，要求学生了解住房保障制度的概念与发展过程，保障性住房的种类；掌握我国的住房公积金制度。

第一节　住房保障制度概述

一、住房保障制度的含义

住房保障制度是一个包含范围很广的概念。广义地说，"宅基地""福利分房"都是住房保障制度的具体形式。它们是生产力水平不高时保障"人人有房住"的制度。依靠市场配置住房资源，并不等于说人人都只能依靠自己的收入买房子住，也不等于说人人都只能靠市场化竞争、自主分散决策来获取住房。在市场经济条件下，为了保障每个人都有房子住，政府要实施一些特殊的政策措施，帮助单纯依靠市场解决住房有困难的群体。这个政策体系的总称，就叫作住房保障制度。住房保障制度和失业保障、养老保障、医疗保障等都是社会保障体系的组成部分。

二、我国住房保障制度的演变

在计划经济体制下，公有住房的分配完全是无偿的，不需要用等量的劳动价值或货币价值来交换，住房完全成为国家福利而非商品。公有住房不但成为"高投入、低收益"的公共产品，投入越大包袱越重，完全丧失了商品价值，企业以及个人对住房建设的热情不高，政府背上了沉重的包袱，而且由于公有住房的低租金，导致租金收入无法满足住房日常的管理和维护成本，令大量中华人民共和国成立前的房产年久失修成为危房，居住条件进一步恶化。虽然公有住房名义上归国家所有、全民所有，由地方政府管理，产权登记在各地房管部门或企业名下，但是这种产权方式让公有住房的房屋产权界定更加模糊，交易成本极为高昂，加之公有住房的全民福利性和无偿获得更使得城市居民成为公有住房的

"免费搭车者"，公有住房的生产和供应缺乏有效的管理。由此，全国城镇人均住房面积由 1949 年的 4.9 平方米下降到 1978 年的 3.6 平方米，住房供需矛盾进一步加剧。

1978 年后，中国开始了经济体制改革和对外开放的进程，城市住房制度也在这一大背景下，开始了一个逐步市场化的探索过程。

1979 年，中央政府分别向广西壮族自治区的南宁、柳州、梧州及陕西的西安 4 个城市下拨专款，由地方政府组织建设住房，并以土建成本价向城镇居民出售（即全价售房）。到 1981 年全价出售公有住房的试点工作扩大到 23 个省、直辖市的 60 多个城市或县镇。然而这一时期城镇居民的收入偏低，公有住房售价相对于城镇居民的收入还是过高，居民购房积极性有限。此次城镇住房供应方式的变化并未引起住房相对价格的变化，也并未改变城镇居民在住房消费方式上的偏好，没有取得理想的效果。到 1982 年，全价售房试点工作逐渐停止。

全价售房和补贴售房试点工作的受挫，让政府意识到必须改革低租金的实物配给的住房福利制度。1984 年 7 月，我国开始第一次全国城镇房屋普查工作，历时两年多，基本查清了全国城镇房屋状况以及居民住房水平，为推行住房制度改革提供了决策依据。1986 年 3 月，国务院住房制度改革领导小组成立，提出了调整公有住房租金、发放住房补贴，逐步推动出售公有住房等内容的住房制度改革。1987 年 7 月起，烟台、唐山、蚌埠、沈阳等地开展了"提租补贴、空转起步、推动售房、建立基金、银行配合"的综合配套改革试点。1986 年 6 月 25 日，第六届全国人民代表大会常务委员会第十六次会议审议通过《土地管理法》，明确了建设用地出让有偿使用的办法；1988 年 12 月 29 日，第七届全国人民代表大会常务委员会第五次会议通过《全国人民代表大会常务委员会关于修改〈中华人民共和国土地管理法〉的决定》，确定土地使用权依法转让的制度，为建立土地市场奠定了法律基础。

1991 年 6 月，国务院发布《关于继续积极稳妥地进行城镇住房制度改革的通知》（国发〔1991〕30 号），要求：一是分步调整旧公有住房租金，逐步提高到成本租金水平；对新建公有住房实行新标准；对多占住房的要增加租金。二是促进公房出售，在规定面积内实行标准价购房，取得部分产权，超过面积部分按市场价购房，取得全部产权。部分产权房 5 年后允许出售，售房所得由国家、集体、个人三方按产权比例分配。三是推行住房建设由"国家、集体、个人共同出资，积极组织集资建房和合作建房"。四是筹集政府、单位住房基金，开展住房抵押贷款，在利率及还款期限方面给予优惠。1991 年 12 月国务院住房制度改革领导小组印发《关于全面推进城镇住房制度改革的意见》，要求：一是在"八五"期间，公有住房租金达到简单再生产的三项构成因素，即"维修费、管理费、折旧费"；二是到 2000 年，公有住房租金达到成本租金的五项构成因素，即"维修费、管理费、折旧费、投资利息和房地产税"；三是长期公有住房租金达到市场租金的八项构成因素，即"维修费、管理费、折旧费、投资利息、房地产税、土地使用费、保险费和利润"。这标志着中国住房制度改革进入全面推进时期。

1997 年亚洲金融危机爆发，政府确立刺激住房消费市场，将住宅业培育为新经济增长点的方针。1998 年 7 月国务院下发了《国务院关于进一步深化城镇住房制度改革加快住房建设的通知》（国发〔1998〕23 号），提出停止城镇住房实物分配，逐步实行住房分配货币化，建立和完善廉租住房、经济适用住房和商品住房的多层次城镇住房供应体系。该通知明确经济适用住房只售不租，通过土地行政划拨、控制建设标准和利润，采取集资建房和合作建房等方式降低建设成本，加快住房建设。1998 年 8 月 29 日第九届全国人民代表大会常务委员会第四次会议对《土地管理法》进行了又一次修订，强化了对耕地的保护及土地的有偿使用，改变了以前土地利用以需求定供给的局面，导致土地的稀缺性在城镇化及房地产市场的发展过程中愈发明显。

为建立公开、公平、公正的土地资源配置新机制，2002 年 5 月国土资源部发布《招标拍卖挂牌出让国有土地使用权规定》（中华人民共和国国土资源部令第 11 号），明确："商业、旅游、娱乐和商品住宅等各类经营性用地，必须以招标、拍卖或者挂牌方式出让"，通过现场竞价，由出价最高者取得土地使用权。2004 年 8 月 28 日第十届全国人民代表大会常务委员会第十一次会议对《土地管理法》进行了再次修订，明确对土地征收或征用进行补偿，同时对补偿标准进行了规定。

2003 年，国务院下发了《关于促进房地产市场持续健康发展的通知》（国发〔2003〕18 号），提出：完善住房供应政策，逐步实现多数家庭购买或承租普通商品住房；合理确定经济适用住房和廉租住房供应对象的具体收入线标准和范围，做好住房供应保障工作。

2003 年 12 月，建设部等部委联合出台了《城镇最低收入家庭廉租住房管理办法》，对廉租住房保障方式、部门职责、资金来源和管理、廉租住房来源、税费优惠、工作程序等方面作出了明确的规定。2004 年 5 月，建设部等部委联合下发《经济适用住房管理办法》（建住房〔2004〕77 号），明确责任、运作方式、定价、交易和管理等内容，但实质上是将经济适用住房的供应完全下放给地方政府。2005 年 7 月，建设部、民政部联合下发《城镇最低收入家庭廉租住房申请、审核及退出管理办法》，该办法对廉租住房保障实施作出了明确的规定。至此，在中央政府的主导下，中国住房供应体系演变为以普通商品住房为主，同时提供具有保障性质的商品住房（经济适用住房），以及保障最低收入家庭的廉租住房的住房供应体系，初步建立起廉租住房和经济适用住房的住房保障制度。

2007 年 8 月，为了推动城市住房保障制度，解决城市居民住房问题，国务院出台了《关于解决城市低收入家庭住房困难的若干意见》（国发〔2007〕24 号），要求：一是建立健全城市廉租住房制度，2008 年年底所有县级以上城市低保家庭纳入廉租住房保障，做到应保尽保；增加中央财政对中西部地区廉租住房的支持力度；土地出让净收益用于廉租住房保障资金的比例不得低于 10%，各地还可根据实际情况进一步适当提高比例。二是改进和规范经济适用住房制度，明确供应对象为城市低收入家庭，面积控制在 60 平方米左右；加强单位集资合作建房管理。三是通过城市棚户区改造，改善住房困难居民的住房状况，并解决农民工的住房问题。四是完善配套政策和工作机制，明确政策优惠、责任等内容。2007 年 8 月，建设部印发《解决城市低收入家庭住房困难发展规划和年度计划编制指导意见》，要求各级政府将住房保障规划和年度计划报上级建设主管部门备案，并将年度计划纳入《政府工作报告》，向同级人大报告，同时将年度执行情况纳入省级政府对市县政府目标考核的内容。2007 年 10 月，财政部印发《中央廉租住房保障专项补助资金实施办法》（财综〔2007〕57 号）及《廉租住房保障资金管理办法》（财综〔2007〕64 号）；2007 年 11 月，建设部等部委联合印发《经济适用住房管理办法》（建住房〔2007〕258 号）；同月建设部等部委又联合印发《廉租住房保障办法》。

至此，政府对城市住房保障制度进行了一次大的调整，将廉租住房保障对象由最低收入家庭逐步扩大到低收入家庭，将经济适用住房供应对象由中低收入家庭调低为低收入家庭，以期实现经济适用住房供应对象与廉租住房保障对象的衔接。2010 年 6 月，住建部等部委联合下发《关于加快发展公共租赁住房的指导意见》（建保〔2010〕87 号），明确公共租赁住房供应对象主要是城市中等偏下收入住房困难家庭。供应公共租赁住房成为政府解决住房问题的重要手段。经过几十年的探索与实践，我国已经基本形成了市场供给和政府保障相结合、以市场供给为主的城镇住房政策，初步建立了住房保障制度。

第二节 保障性住房的种类

保障性住房是与商品性住房相对应的一个概念。保障性住房是指政府为中低收入住房困难家庭所提供的限定标准、限定价格或租金的住房，一般由经济适用住房、廉租房、公共租赁房、定向安置房等构成。我国大力加强保障性住房建设力度，进一步改善人民群众的居住条件，促进房地产市场健康发展。

一、经济适用住房

经济适用住房是政府以划拨方式提供土地，免收城市基础设施配套费等各种行政事业性收费和政府性基金，实行税收优惠政策，以政府指导价出售给有一定支付能力的低收入住房困难家庭。这类低收入住房困难家庭有一定的支付能力或者有预期的支付能力，购房人拥有有限产权。

经济适用房是具有社会保障性质的商品住宅，具有经济性和适用性的双重特点。经济性是指住宅价格相对于市场价格比较适中，能够适应中低收入家庭的承受能力；适用性是指在住房设计及其建筑标准上强调住房的使用效果，而非建筑标准。

二、廉租房

廉租房是政府或机构拥有，用政府核定的低租金租赁给低收入住房困难家庭。低收入住房困难家庭对廉租住房没有产权，是非产权的保障性住房。廉租房只租不售，出租给城镇居民中较低收入者。在房价疯涨、经济适用住房走入困境、百姓居住难的背景下，廉租房便成了社会关注的焦点，能成为低收入住房困难家庭的"救命草"。

三、公共租赁房

公共租赁房是指通过政府或政府委托的机构，按照市场租价向中低收入的住房困难家庭提供可租赁的住房，同时，政府对承租家庭按月支付相应标准的租房补贴。其目的是解决家庭收入高于享受廉租房标准而又无力购买经济适用住房的低收入家庭的住房困难。这个概念正好被定格在新出炉的"租赁型经济适用住房"。经济适用住房以租代售，可以说是将经济适用住房变成"扩大版的廉租房"。

四、定向安置房

定向安置房是政府进行城市道路建设和其他公共设施建设项目时，对被拆迁住户进行安置所建的房屋。安置的对象是城市居民被拆迁户，也包括征地拆迁房屋的农户。

五、两限商品房

两限商品房即"限套型、限房价"的商品住房。为降低房价，解决城市居民自住需求，保证中低价位、中小套型普通商品住房土地供应，经城市人民政府批准，在限制套型比例、限定销售价格的基础上，以竞地价、竞房价的方式，招标确定住宅项目开发建设单位，由中标单位按照约定标准建设，按照约定价位面向符合条件的居民销售的中低价位、中小套型普通商品住房。两限商品房并不是严格意义上的"保障房"。

六、安居商品房

安居商品房是指实施国家"安居（或康居）工程"而建设的住房（属于经济适用住房的一类），是党和国家安排贷款和地方自知自筹资金建设的面向广大中低收家庭，特别是对 4 平方米以下特困户提供的销售价格低于成本、由政府补贴的非营利性住房。

第三节　住房公积金制度

一、住房公积金制度及其发展

住房公积金制度最初是经济发达国家解决低收入家庭住房问题的一种成熟经验，并一度在实践中作为政策性住房金融发挥了巨大作用。其本质是一种国家支持的社会自助形式，通过金融互助，以缴存公积金的方式，增强缴存资金职工的购房支付能力。住房公积金，是指国家机关、国有企业、城镇集体企业、外商投资企业、城镇私营企业及其他城镇企业、事业单位、民办非企业单位、社会团体及其在职职工缴存的长期住房储金。

我国住房公积金制度是政府为解决职工家庭住房问题的政策性融资渠道。住房公积金由国家机关、事业单位、各类企业、社会团体和民办非企业单位及其在职职工各按工资的一定比例逐月缴存，归职工个人所有。住房公积金专户存储，专项用于职工购买、建造、大修自住住房，并可以向职工个人提供住房贷款，具有义务性、互助性和保障性等特点。住房公积金按规定可以享受列入企业成本、免交个人所得税等税收政策，存贷款利率实行低进低出原则，充分体现政策优惠。

1994 年住房公积金制度在我国城镇全面推行，1999 年我国颁布《住房公积金管理条例》，并于 2002 年修订，使住房公积金制度逐步纳入法制化和规范化轨道。目前已基本建立起由住房公积金管理委员会决策、住房公积金管理中心运作、银行专户存储、财政监督的管理体制。

2017 年 5 月，住建部、财政部、人民银行联合发布《全国住房公积金 2016 年年度报告》（以下简称《报告》）。根据《报告》，2016 年，全国住房公积金实缴单位 238.25 万个、实缴职工 13 064.50 万人，分别比上年增加 6.9 万个、671.19 万人，均保持了连年增长。2016 年，公积金缴存新开户单位数 31.81 万个，新开户职工 1 612.87 万人，为当年全国新增就业人员的 1.23 倍。住房公积金制度的覆盖面进一步扩大。

报告显示，住房公积金缴存额为 16 562.88 亿元，比上年增长 13.84%。到 2016 年年末，住房公积金缴存总额 106 091.76 亿元，缴存余额 45 627.85 亿元，分别比上年末增长 18.55% 和 12.18%。近 5 年来，住房公积金年度缴存额均保持了两位数以上的增长速度。全国住房公积金人均缴存额 1.27 万元，同比增长 7.99%。2016 年，住房公积金提取额 11 626.88 亿元，比上年增长 5.82%，提取率 70.20%，其中住房消费类提取占八成。

2016 年发放住房公积金个人住房贷款 327.49 万笔，合计 12 701.71 亿元，分别比上年增长 4.80% 和 14.61%。2016 年年末，累计发放个人住房贷款 2 826.63 万笔，合计 66 061.33 亿元，分别比上年末增长 13.10% 和 23.83%。个人住房贷款率占 88.84%，比上年末提高 8.04 个百分点。个人住房公积金贷款 5 年期（含）以下和 5 年期以上贷款利率分别为 2.75% 和 3.25%，低于同期商业银行贷款基准利率。照此计算，2016 年发放的贷款在贷款期内共可为职工节约购房利息支出 2 616.87 亿元。2016 年年末，个人住房贷款逾期额 7.86 亿元，逾期率 0.02%，继续保持在较低水平，远低于商业性个人住房贷款的不良率。

住房公积金属于政策性住房金融，是我国住房保障体系的重要组成部分，其特点是直接以金融手段支持广大城镇职工在市场上解决住房问题。从实践经验来看，住房公积金制度在支持解决低收入家庭住房方面发挥着巨大作用。住房公积金制度的实施，不仅自身满足和改善了部分低收入家庭住房条件，住房公积金的增值收益也成为廉租住房建设资金的主要来源，有力地支持了廉租住房的建设。但是，我国住房公积金是在城镇住房制度改革后建立起来的，还需要在实践探索中逐步完善相关制度，以确保其充分发挥政策性住房金融的应有作用。

二、住房公积金的缴存

住房公积金管理中心应当在受委托银行设立住房公积金专户。单位应当到住房公积金管理中心办理住房公积金缴存登记，经住房公积金管理中心审核后，到受委托银行为本单位职工办理住房公积金账户设立手续。每个职工只能有一个住房公积金账户。住房公积金管理中心应当建立职工住房公积金明细账，记载职工个人住房公积金的缴存、提取等情况。

新设立的单位应当自设立之日起30日内到住房公积金管理中心办理住房公积金缴存登记，并自登记之日起20日内持住房公积金管理中心的审核文件，到受委托银行为本单位职工办理住房公积金账户设立手续。单位合并、分立、撤销、解散或者破产的，应当自发生上述情况之日起30日内由原单位或者清算组织到住房公积金管理中心办理变更登记或者注销登记，并自办妥变更登记或者注销登记之日起20日内持住房公积金管理中心的审核文件，到受委托银行为本单位职工办理住房公积金账户转移或者封存手续。

单位录用职工的，应当自录用之日起30日内到住房公积金管理中心办理缴存登记并持住房公积金管理中心的审核文件，到受委托银行办理职工住房公积金账户的设立或者转移手续。单位与职工终止劳动关系的，单位应当自劳动关系终止之日起30日内到住房公积金管理中心办理变更登记，并持住房公积金管理中心的审核文件，到受委托银行办理职工住房公积金账户转移或者封存手续。

职工住房公积金的月缴存额为职工本人上一年度月平均工资乘以职工住房公积金缴存比例。单位为职工缴存的住房公积金的月缴存额为职工本人上一年度月平均工资乘以单位住房公积金缴存比例。

新参加工作的职工从参加工作的第二个月开始缴存住房公积金，月缴存额为职工本人当月工资乘以职工住房公积金缴存比例。单位新调入的职工从调入单位发放工资之日起缴存住房公积金，月缴存额为职工本人当月工资乘以职工住房公积金缴存比例。

职工和单位住房公积金的缴存比例均不得低于职工上一年度月平均工资的5%；有条件的城市，可以适当提高缴存比例。具体缴存比例由住房公积金管理委员会拟定，经本级人民政府审核后，报省、自治区、直辖市人民政府批准。

职工个人缴存的住房公积金，由所在单位每月从其工资中代扣代缴。单位应当于每月发放职工工资之日起5日内将单位缴存的和为职工代缴的住房公积金汇缴到住房公积金专户内，由受委托银行计入职工住房公积金账户。

单位应当按时、足额缴存住房公积金，不得逾期缴存或者少缴。对缴存住房公积金确有困难的单位，经本单位职工代表大会或者工会讨论通过，并经住房公积金管理中心审核，报住房公积金管理委员会批准后，可以降低缴存比例或者缓缴；待单位经济效益好转后，再提高缴存比例或者补缴缓缴。

职工个人缴存的住房公积金和职工所在单位为职工缴存的住房公积金，属于职工个人所有。住房公积金自存入职工住房公积金账户之日起按照国家规定的利率计息。

三、住房公积金的提取

职工有下列情形之一的，可以提取职工住房公积金账户内的存储余额：①购买、建造、翻建、大修自住住房的；②离休、退休的；③完全丧失劳动能力，并与单位终止劳动关系的；④出境定居的；⑤偿还购房贷款本息的；⑥房租超出家庭工资收入的规定比例的。职工死亡或者被宣告死亡的，职工的继承人、受遗赠人可以提取职工住房公积金账户内的存储余额；无继承人也无受遗赠人的，职工住房公积金账户内的存储余额纳入住房公积金的增值收益。

职工提取住房公积金账户内的存储余额的，所在单位应当予以核实，并出具提取证明。职工应当持提取证明向住房公积金管理中心申请提取住房公积金。住房公积金管理中心应当自受理申请之日起 3 日内作出准予提取或者不准提取的决定，并通知申请人；准予提取的，由受委托银行办理支付手续。

四、住房公积金个人住房贷款

缴存住房公积金的职工，在购买、建造、翻建、大修自住住房时，可以向住房公积金管理中心申请住房公积金贷款。住房公积金管理中心应当自受理申请之日起 15 日内作出准予贷款或者不准贷款的决定，并通知申请人；准予贷款的，由受委托银行办理贷款手续。住房公积金贷款的风险，由住房公积金管理中心承担。申请人申请住房公积金贷款的，应当提供担保。

根据《关于规范住房公积金个人住房贷款政策有关问题的通知》（建金〔2010〕179号）的规定，住房公积金个人住房贷款只能用于缴存职工购买、建造、翻修、大修普通自住房，以支持基本住房需求。禁止使用住房公积金个人住房贷款进行投机性购房。保持缴存职工家庭（包括借款人、配偶及未成年子女）使用住房公积金个人住房贷款购买首套普通自住房政策的连续性和稳定性。使用住房公积金个人住房贷款购买首套普通自住房，套型建筑面积在 90 平方米（含）以下的，贷款首付款比例不得低于 20%；套型建筑面积在90 平方米以上的，贷款首付款比例不得低于 30%。第二套住房公积金个人住房贷款的发放对象，仅限于现有人均住房建筑面积低于当地平均水平的缴存职工家庭，且贷款用途仅限于购买改善居住条件的普通自住房。第二套住房公积金个人住房贷款首付款比例不得低于 50%，贷款利率不得低于同期首套住房公积金个人住房贷款利率的 1.1 倍。停止向购买第三套及以上住房的缴存职工家庭发放住房公积金个人住房贷款。

❓ 思考题

1. 简答住房保障制度的概念。
2. 保障性住房的种类有哪些?
3. 简答住房公积金的提取条件。

第九章

小区物业管理的概述

重点提示　　通过本章学习，要求学生掌握住宅小区的概念、特点、功能；了解物业的含义，物业与房地产的区分；掌握物业管理的概念、特点、类型、原则以及小区物业管理的内容及目标。

第一节　住宅小区

住宅小区也称居住小区，是以住宅楼房为主体并配有商业网点、文化教育、娱乐、绿化、公用和公共设施等而形成的居民生活区。居住小区一般称小区，是被居住区级道路或自然分界线所围合，并与居住人口规模 7 000 ~ 15 000 人相对应，配建有一套能满足该区居民基本的物质与文化生活所需的公共服务设施的居住生活聚居地。

一、住宅与居住小区

住宅是人类建造的由主体建筑、给排水系统、供电系统及供暖系统等构成的供人们居住的房子。住宅小区由住宅建筑、道路、通信设施、商业服务、供水电暖设施等配套设施及绿化设施等构成。一个住宅小区，通常由若干个居住组团组成，具有相当的人口规模。

住宅小区是由城市道路以及自然支线（如河流）划分，并不为交通干道所穿越的完整居住地段。住宅小区一般设置一整套可满足居民日常生活需要的基层专业服务设施和管理机构。

住宅小区是当前我国在旧城改造和新区建设过程中，由一幢幢楼群组成的新的住宅区。1994 年建设部令第 33 号《城市新建住宅小区管理办法》中，把住宅小区以概念的形式作出如下规定：新建住宅小区，是指达到一定规模，基础设施配套比较齐全的新建住宅小区（含住宅小区、住宅组团，以下简称住宅小区）。在规划设计中，居住区按居住户数或人口规模分为规模居住区、居住小区、住宅组团三级。

根据以上情况，可以看出，住宅小区是具有一定的人口和用地规模，以满足居民日常物质和文化生活需要的，为城市干道的分割或自然界限制包围的相对独立区域。目前，我国城市人口大都生活在规模不等的居住小区里。这种新建居住小区则是城市住宅建设的主要形式。

二、住宅小区的特点

住宅小区在改变市容市貌，促进房地产业发展，改善人们居住条件方面具有重要的作用，它是集居住、服务、经济、社会功能于一体的社会缩影，因此，它的建设与以往城市住房建设具有不同的特点。具体特点如下。

1. 统一规划，综合开发

由于城市建设的发展和人们物质文化水平及居住条件的提高，住宅区的规划布局有了很大变化。在"统一规划、合理布局、综合开发、配套建设"原则的指导下，全国广大城镇统一规划、综合开发的新型住宅小区成片兴建起来。

这些新建住宅小区，规划布局合理，配套设施日益完善，改变了过去单一的、分散的结构和功能，向节约用地、高密度、综合化和现代化方向发展。新建住宅小区一般是以多栋居民住宅楼为主体，配以商业、服务业、饮食业、邮电、储蓄、托儿所、文教卫生、娱乐、庭院绿化等配套设施，组成一个功能齐全的居民生活小区，这就要求区内各类建筑和居住环境相互协调、有机结合，由专业化的物业服务企业实行统一管理、优质服务、合理收费。

2. 规模大、功能全

新建住宅小区一般为多层、高层、多栋楼体建筑群，少的几万平方米，多的十几万甚至百余万平方米。这些楼体建筑群，除住宅楼之外，还有商业大楼、超级市场、电影院、体育馆、音乐厅、医院等。小区已不仅是人们避风雨、挡严寒、生活休息、繁衍后代的栖身之处；而且是人们学习、工作、教育、科研的重要园地；还是休闲、娱乐、文化、体育活动的乐园；也是进行区域内购物、饮食、生活服务的场所；更是社会主义精神文明和物质文明建设的基地。住宅小区的多功能性，给小区的物业管理工作带来了很大的难度。

3. 居民结构整体化、配套设施系统化

住宅小区内，多座单体楼宇构成一个小区房屋系统；每栋楼房的地上建筑与地下建筑构成一个整体；区域内供水、排水、供电、各种热力、煤气管网互相联系构成一个网络系统，而这些系统交融组合形成了一个庞大的、复杂的、多功能的大系统。各种服务设施、配套设施、区域内绿化、道路，各种供水、供电、热力管网都是统一设计规划的，除住宅外，几乎都是为全住宅区服务的，是无法分割的，使住宅小区变成一个小社会。这就必然要求统一管理，统一经营。

三、住宅小区的功能

为居民创造整洁、文明、安全、生活方便的居住环境对新建住宅小区提出了具有各种功能的要求，这些功能主要表现在以下四个方面。

1. 居住功能

居住功能是住宅小区最基本的功能。根据居民的不同需要，提供各种类型的住宅，如多种类型的居住单元、青年公寓、老年公寓等。在居住功能中，最重要的是它能够提供人们休息的场所和环境，其他的才是如饮食、盥洗、个人卫生、学习、娱乐、交际等功能。

2. 服务功能

住宅小区的服务功能是随着城市规划建设要求、房地产综合开发而来的，即要求小区的公用配套设施和小区的管理应能为居民提供多项目多层次的服务。包括：教卫系统，如托儿所、幼儿园、小学、中学、医疗门诊、保健站、防疫站等；商业餐饮业系统，如饭店、食品店、粮店、百货店、菜场等；文化、体育、娱乐服务系统，如图书馆、游泳池、健身房、电影院、录像室等；其他服务系统，如银行、邮局、煤气站、小五金、家电维修部等。

3. 经济功能

住宅小区的经济功能体现在交换功能和消费功能两方面。

（1）交换功能包括：①物业自身的交换，即开展住宅和其他用房的出售或出租经纪中介服务；②小区管理劳务的交换，即业主通过合同的方式将住宅小区的管理委托出去。

（2）消费功能指的是随着城市住房制度改革的不断深化，住宅小区中的住宅将不断商业化，并进行商业化的管理。包括住宅在购、租两方面的逐渐商业化及小区的管理和服务都是有偿的，住用人将逐渐加大对居住消费的投入。

由于住宅小区管理体现着一种买卖交换关系，并且在管理中还开展房屋买卖租赁的中介经营服务，体现了商品买卖交换关系，因此住宅小区经济功能便在买卖交换中产生。同时，由于随着城市住宅商品化的不断推进和深化，小区内的管理服务都是有偿的，住宅小区的经济功能便产生了。

4. 社会功能

住宅小区的主体是居民，居民的活动是社会活动，聚集在住宅小区的各种社会实体，如行政治安机关、商业服务业、文化教育、银行等是以住宅小区为依托，共同为居民服务，发挥各自的功能。这些实体之间、实体与居民之间、居民相互之间组成了住宅区的社会关系、人际关系，形成了一个社会网络，相互影响和相互制约。

第二节　物业

一、物业的含义

"物业"是我国香港地区对单元性房地产的称呼。随着我国改革开放，首先由香港地区传到深圳等沿海地区，后又在内地扩散。在英语中"物业""房地产""不动产"都由"estate"或"property"表示，其含义为财产、资产、地产、房地产、产业等。该词自20世纪80年代引入内地，现已形成了一个完整的概念，即物业是指已建成并验收合格后交付使用的各类房屋及其相配套的设施、附属设备和相关的场地。其中，各类房屋是指功能不同的房屋，如居住类、商业类、办公类、工业类、医疗卫生类、文化教育类和服务业类等房屋建筑；配套设施、附属设备是指与房屋相配的用以满足人们生活、生产、工作、经营、娱乐、健康和休闲活动等需要的各种室内设施和设备，如供电变电系统、供热系统、供水系统、排污系统和煤气供给系统等设施设备；相关场地是指与房屋相连的生活用地和工作用地，如运动场、停车场、街心花园、草坪、水池和非主干交通道路等。

近年来，随着物业管理业务领域的拓展，公园、电视塔、码头、水电大坝、游轮、航空母舰改造的游乐场所等皆已成为物业管理的对象。因此，物业的概念有时被延伸至一定的空间场所。

关于物业的内涵，我国各类教材、报刊上的提法至少有几十种，概言之，主要包括以下要素。

（1）已建成并具有使用功能的各类供居住和非居住的屋宇；

（2）与这些屋宇相配套的设备和市政、公用设施；

（3）屋宇的建筑（包括内部的各项设施）和相邻的场地，庭院、停车场、小区内的非主干交通道路。

由此观之，单体的建筑物，一座孤零零的不具备任何设施的楼宇，不能称之为完整意义上的物业，物业应是房产和地产的统一。这里的地产，系指与该房业配套的地业。

二、物业与房地产、不动产的区分

"物业""房地产""不动产"三个概念常被交换使用，三者之间有着密切的联系。

"房地产"一词有狭义和广义两种解释：狭义的房地产是指房屋、屋基地以及附属土地。这些附属土地是指房屋的院落占地、楼间空地、道路占地等空间上与房屋和屋基地紧密结合的土地。广义的房地产是指全部土地和房屋，以及附着于土地和房屋上不可分离的部分。

从法律意义上说，房地产本质上是指以土地和房屋作为物质存在形态的财产。这种财产是指寓含于房地产实体中的各种经济利益以及由此而形成的各种权利，如所有权、使用权、租赁权、抵押权等。

"不动产"是指土地及附着在土地上的人工建筑物和房屋。房地产由于其位置固定，不可移动，通常又被称为不动产。从广义的"房地产"概念来说，"房地产"与"不动产"是同一语义的两种表述。房地产的表述倾向于表明这种财产是以房屋和土地作为物质载体，而不动产的表述侧重于表明这种财产具有不可移动这一独特属性，但两者所指乃同一对象。

从以上的分析可以看出，"物业""房地产""不动产"三个概念虽有内在的紧密联系，然而内涵不完全相同，归纳起来，主要区别如下。

（1）称谓领域不同。就一般情况而言，"不动产"是民法惯常使用的词汇，"房地产"则是经济法和行政法及商事实务中较常用的称谓，而"物业"仅仅是房地产领域中单元性的房地产概念的别称。

（2）适用范围不同。"房地产"与"物业"在某些方面可通用（如基于狭义房地产概念），但"物业"一般多指一个单项的"物业—单位"（如单项的房产、地产）或一个独立的房地产公司（亦称物业公司），而"房地产"是指一个国家、地区或一个城市所拥有的房产和地产。因此，从宏观的角度，一般只用"房地产"而非"物业"，如"房地产业"绝不可以"物业业"代替之，"房地产体制改革"也不可用"物业体制改革"代替。"不动产"在经济学上用得比较多。

（3）概念外延不同。一般而言，"房地产"概念的外延是包括房地产的投资开发、建造、销售、售后管理等整个过程。"物业"有时也可用来指某项具体的房地产，然而，它只是指房地产的交易、售后服务这一使用阶段或区域。所以，两者有宏观与微观之别，有全体与部分之差。"不动产"的外延可以涵盖狭义的房地产，包括附着于地面或位于地上或地下的附属物。除房地产外，矿山、树木、湖泊、海洋等均属不动产。

基于上述分析，"物业"这一概念的定义可界定为已建成并具有使用功能和经济效用的各类供居住和非居住的屋宇及与之相配套的设备，市政、公用设施，屋宇所在的建筑地块与附属的场地、庭院。物业根据其用途划分可分为住宅公寓、写字楼、商铺、酒店旅馆、工业厂房、停车场、车站以及码头、文化馆、影剧院、体育场、仓库等。

第三节　物业管理

一、物业管理的概念

《物业管理条例》第 2 条规定"本条例所称物业管理，是指业主通过选聘物业服务企业，由业主和物业服务企业按照物业服务合同约定，对房屋及配套的设施设备和相关场地进行维修、养护、管理，维护物业管理区域内的环境卫生和相关秩序的活动。"

物业管理起源于 19 世纪 60 年代的英国。当时英国正值工业革命时期，大批农村人口涌入城市，居住就成为一个严峻的问题。当时有一位奥克维娅·希尔女士（Octavia Hill）为自己出租的物业制定了一套行之有效的管理办法，要求租户严格遵守，从而改善了居住环境。这被认为是现代物业管理的最早起源。我国的专业化物业管理起步较晚，始于 20 世纪 80 年代，所以不管是实践还是理论都还处于比较落后的阶段。

根据《物业管理条例》第 2 条的规定，理解物业管理的概念应当把握三个要点：第一，物业管理关系的主体，一方包括业主及其组成的业主委员会；另一方是具备法定资质的物业服务企业，物业服务企业是物业管理行为的具体实施者。第二，物业管理的对象是物业的共有部分和共同事务，服务的对象是业主及物业使用人等其他物业利益享有者。第三，物业管理是集服务性管理、经营为一体的有偿服务。

可以从不同的角度探究物业管理的实质：首先，从行为性质上讲，物业管理行为是市场经济环境下的一种专门化服务行为，具有技术性强、专业特点鲜明的特点；其次，从权利来源上讲，物业管理权利是业主行使其物业所有权的延伸，业主通过业主团体委托授权物业服务企业行使物业管理权；最后，从物业管理关系主体来讲，业主与物业服务企业属于平等主体间的民事法律关系，各方权利和义务通过订立物业服务合同加以确定。

二、物业管理的特点

物业管理是一种有别于以往房产管理的新型的管理模式，其管理具有社会化、专业化、企业化、经营型的特点。

1. 物业管理的社会化

物业管理的社会化是指物业管理将分散的社会分工汇集起来统一管理，如房屋、水电、清洁、保安、绿化等。每位业主只需面对一家物业服务企业就能将所有关于房屋和居住（工作）环境的日常事宜办妥，而不必分别面对各个不同部门，犹如为各业主找到了一个"总管家"，而对政府各职能部门来说，则犹如找到了一个"总代理"。业主只需根据物业管理部门批准的收费标准按时缴纳管理费和服务费，就可以获得周到的服务，既方便业主，也便于统一管理，有利于提高整个城市管理的社会化程度，以充分发挥各类物业的综合效益和整体功能，实现社会效益、经济效益、环境效益、心理效益的统一和综合改善。

2. 物业管理的专业化

物业管理是由专业的管理企业——物业服务企业实施对物业的统一管理。这种管理是将有关物业的各专业管理都纳入物业服务企业的范畴之内，物业服务企业可以通过设置分专业的管理职能部门来从事相应的管理业务。随着社会的发展，社会分工渐趋于专业化，物业服务企业也可以将一些专业管理以经济合同的方式交予相应的专业经营服务公司。例如，机电设备维修承包给专业设备维修企业，物业保安可以向保安公司雇聘保安人员，园林绿化可以承包给专业绿化公司，环境卫生也可以承包给专业清洁公司。这些专门组织的成立，表明这一行业已从分散型转向了专业型。这种转向有利于提高城市管理的专业化和社会化程度，并能进一步促进城市管理向现代化的管理方式转换。

3. 物业管理的企业化

物业服务企业是企业单位，不是事业单位，也不具备政府行为职能。物业服务企业作为一个独立的法人，应按照《公司法》的规定运行，不受任何干扰。因此，物业服务企业必须依照物业管理市场的运行规则参与市场竞争，依靠自己的经营能力和优质的服务在物业管理市场上争取自己的位置和拓展业务，用管理的业绩去赢得商业信誉。当然，物业服务企业在运作过程中还要处理好与有关部门，如街道、居委会、公安、市政、公用、邮电、交通等行政或事业性单位的关系，以"物业"为中心，相互协调。这样就能使物业服务企业从管理上、经营上和服务上下功夫，为业主创造一个方便、安全、清静、整洁的居住和工作环境。

4. 物业管理的经营型

物业服务企业的服务性质是有偿的，即推行有偿服务，合理收费。物业管理的经营目标是保本微利，量入为出，不以高额利润为目的。物业服务企业可以通过多种经营，使物业的管理定于"以业养业、自我发展"的道路，从而使物业管理有了造血功能，既减少了政府和各主管部门的压力和负担，又使得房屋维修、养护、环卫、治安、管道维修、设备更新的资金有了来源，还能使业主得到全方位、多层次、多项目的服务。

三、物业管理的类型

物业管理根据不同的标准可以有不同的分类，常见的分类如下。

1. 根据物业管理模式的不同

根据物业管理模式的不同，物业管理分为委托代管型和业主自管型两种。委托代管型是由业主通过业主自治机构委托物业服务企业对其物业进行专门化的服务管理，这是当前最常见的物业管理模式，如住宅小区、写字楼等常常采用这种物业管理方式。业主自管型是由业主自己对其所有或取得合法使用权的物业自主实施物业管理，包括自建自管、自买自管或自租自管等形式，如宾馆酒店、校内宿舍、医院、商场等常采用此种管理方式。两种不同的物业管理模式最大的差异在于委托代管型物业管理是不同主体之间的法律关系，双方通过物业服务合同建立物业管理关系；而业主自管型物业管理属于同一业主的内部行为，通过业主内部管理、服务机制来规范，如内部管理规章等。

2. 根据物业服务企业选聘时间的不同

根据物业服务企业选聘时间的不同，物业管理可以分为前期物业管理和后期物业管理。前期物业管理是业主、业主大会选聘物业服务企业之前，由建设单位选聘物业服务企业进行物业管理工作。后期物业管理是指业主入住后，通过业主大会，以及公开、公平、公正的市场竞争机制选择物业服务企业订立物业服务合同，按照该合同实施的物业管理活动。为了避免前期物业服务企业的确定中存在危害业主利益的可能，我国物业管理法规要求住宅物业的建设单位，应当通过招投标方式选聘具有相应资质的物业服务企业。对于其他物业的建设单位，提倡按照房地产开发与物业管理相分离的原则，通过招投标方式选聘具有相应资质的物业服务企业。前期物业管理与后期物业管理就物业服务的范围而言，并无太大差异。但在物业服务企业的选聘、物业服务质量标准的确定、物业管理费用的收取、监督机制的设立运作等方面存有较大差异。

3. 根据物业服务内容的不同

根据物业服务内容的不同，物业管理可以分为日常性物业管理和针对性物业管理。日常性物业管理是物业服务企业向全体业主提供的、确保物业正常使用必不可少的最基本的物业管理服务，如物业的公共部位的修缮、共用设备设施的维护、环境绿化、治安消防以及小区公共秩序维护等。针对性物业管理是物业服务企业事先设立服务项目并公布服务内容和收费标准，当业主及物业使用人需要这种服务时，可以自行选择的服务。日常性物业管理和针对性物业管理的最大差异在于业主选择权范围不同：日常性物业管理早就记载于物业服务合同之中，不需要业主特别选择；而针对性物业管理是否实施完全由业主自主独立选择。日常性物业管理体现业主整体与物业服务企业之间的物业服务关系，针对性物业管理则为个别业主与物业服务企业之间的单独合同关系。

4. 根据物业的不同用途

根据物业的不同用途，物业管理可以分为住宅小区物业管理、商业办公物业管理及公共设施物业管理等。这些用途不同的物业在物业管理关系的缔结、物业服务的内容等方面都有一定的差异。虽然目前我国常见的物业管理多为住宅小区物业管理，但实际上商业办公、校园后勤、公共场所物业管理已经成为物业服务企业的重要服务对象。物业管理市场已经进入规范化品牌竞争阶段，涌现出多家全国性、高标准、跨城市、大规模综合型物业服务企业，这种现实必将引起我国物业管理市场的进一步细化，催生新的物业管理模式的出现。

四、物业管理的原则与宗旨

物业管理的原则与宗旨是物业管理的基本理念，是指导物业管理运作的基本要求和理顺物业管理方方面面的依据。

（一）物业管理的基本原则

1. 业主自治与专业管理相结合的原则

这一原则规范了业主与物业服务企业间的关系，划清业主与物业服务企业的地位、职责、权利和义务，其具体要求如下。

（1）业主自治管理。业主自治管理的立足点是保护业主的合法利益，包括业主的个体利益和整体利益，并协调好相互间的关系。业主自治管理是指业主在物业管理中处于主导地位，但这不意味业主直接实施管理，而是通过合同的形式委托物业服务企业实施各项具体管理实务。

业主自治管理的权利和义务为：①权利，包括决策、选聘、审议和监督权；②义务，包括履行合同、公约和规章制度，协助和协调各方关系。

（2）专业化管理。有专门的组织机构，如管理公司、专业服务公司和公司内部的各种专门机构来实施各种服务项目，分工合作，提高效率。有专业管理人员和工程技术人员，这些人员还要经过规范化的培训和考核，取得岗位资格证书，以保证服务质量、树立良好的行风和职业道德。有现代化的各种专业设备，这是专业化管理的物质保证，并与物业的档次相适应，逐步向智能化方向发展。有科学的、规范化的各种管理制度和工作程序、流程图，以保证专业化管理的正确实施。

2. 属地管理与行业管理相结合的原则

属地管理与行业管理相结合的原则是指物业区域所在地的政府、街道办事处、相关专业部门和物业管理行业主管部门按各自职责范围共同负责小区的管理工作。地方性的工作由地区统一协调，专业性的工作归口行业主管部门和相关部门负责。条块结合有利于发挥多方面的积极性。

（1）主管部门。行业管理能有效地发挥政府主管部门的专业指导和监督作用，包括市、区县及其派出的办事处。

（2）行业协会。行业管理既能发挥政府主管部门的作用，又能发挥行业协会的作用。行业协会作为行业的自助自律组织，可以协助政府端正物业服务企业行风，发挥社会中介组织的联系和桥梁作用。

（3）地区组织。属地管理有利于协调好物业管理部门与街道办事处、居民委员会和公安派出所等地区组织的关系，协调好物业管理与社区建设的关系，有利于把优秀小区建设和社区建设相结合，共同创建文明小区。

（4）相关部门。市政、绿化、卫生、交通、供水、供气、供热、邮电、广播、供电、环卫、环保等专业部门则可按专业归口的原则分工负责物业区域中的有关工作。

3. 统一管理和综合服务的原则

这个原则体现物业管理的基本特性和要求，包括统一管理和综合服务两方面，并且有机地结合在一起。

（1）统一管理。统一管理可简称为一体化原则。这个原则实施的前提是"一个相对独立的物业区域，建立一个业主委员会，委托一个物业服务企业管理"。在这个前提下实施一体化的管理。

物业区域内的建筑物、构筑物、附属设备、设施、场地、庭院、道路以及公共活动中心、停车场等都由一个单位统一管理。对业主和使用人的各种服务事项，包括专项、特约、代办项目都由一个单位统一实施。例如，要聘请专业服务公司，也由本物业区域的管理单位统一办理。同物业管理有关方方面面的协调、联系由一个单位统一负责处理。业主、使用人、承租人有关物业管理的事务只找一个单位，这个单位不能推诿，要认真负责地解决问题。有关物业管理的经济往来，包括各种物业管理费用的收支、基金的管理和物业经营的财务管理都由一个单位负责。

（2）综合服务。综合服务是物业管理的基本属性，物业管理的综合服务既要达到一般服务业的要求，又有其自身的特殊要求。综合服务的基本要求是讲究服务的效用。就是要处处主动为业主提供方便并使业主感到舒适、满意，这是综合服务的活力所在。因此，物业服务企业要按照高效、优质的标准来实施规范化服务、礼貌服务和微笑服务。综合服务是以人为本，即以业主和使用人为中心来开展多样化、全方位、多功能的服务。综合服务就是要针对不同年龄、不同性格、不同层次以及不同民族、国籍业户的不同要求来开展丰富多彩、方式灵活、生动活泼的服务活动。综合服务由于提供富有个性化的周到服务，就能赢得不同类别业主的欢迎。因此，市场的潜力很大、前景广阔，是实现物业管理经济效益和社会效益的基本保证，也是树立物业管理行业声誉和企业的良好社会形象的基本保证。物业服务企业在掌握本原则时要尊重各主管部门的职权，接受主管部门的指导。

4. 社会化与平等竞争的原则

在房屋商品化、自有化和产权多元化的条件下，物业管理不是按权属、按系统组建，而是按区域组建，按社会化原则管理。这个原则适应二权不分离的情况，即物业所有权与经营权不分离；也可以是物业二权分离的，即物业的所有者与经营权者不属于同一法人单位。在产权多元化情况下，物业多数是采用二权分离的方式来经营管理的。

社会化的原则有利于物业管理的市场培育和发展。这个原则的具体要求如下。

（1）社会化的分工合作。现代社会不同产业间的分工和协作有助于提高各个产业的综合效益。房地产作为一个行业，其内部的开发、营销、咨询和物业管理等各个分支行业间同样要按照社会化大生产的要求分工协作，才有利于提高全行业的经济效益。特别是物业服务企业要从开发企业的附属地位剥离出来，独立为自主经营的管理服务型企业。物业服务企业和各类专业服务公司，如清扫、绿化等公司间，同样应按照社会化大生产的要求相互分工协作。

（2）平等条件下的市场竞争。业主和物业服务企业在平等的条件下通过市场用招投标或协议的方式建立委托管理服务关系。政府有关部门和开发商都不宜干预，物业服务企业只有通过自己的优质服务和良好的声誉才能在市场上取得一席之地。

（3）三个效益的统一。物业管理的经营活动要实现经济效益、社会效益和环境效益的有机统一，要在经济效益的基础上以社会效益和环境效益为小区建设的最终目标。

物业管理服务于社会，理应得到社会有关各方的支助，社会有关各方则在自己职责范围内做好物业区域建设的工作。

5. 企业化与全过程效益的原则

物业管理作为一种市场化的经营行为，当然要按照企业化的原则来操作，并且要追求全行业、全过程的效益。企业在其经营活动中追求全过程的效益是现代管理的基本理念。这一原则体现在以下几方面。

（1）实施主体要按企业化的原则组建。物业服务企业，无论是独立的具有法人资格的公司、非独立的物业管理部、房管所转制的物业服务企业等都要政、企分开，政、事分开，按照"独立核算、自主经营、自负盈亏、自我发展"的方针开展经营活动。

（2）按经济规律办事。物业服务企业在处理同方方面面的经济关系中严格按照经济规律办事，特别在同开发商的委托关系方面虽然业务联系密切，或者属于同一企业集团，但在经济方面应按照合同和有关规定划清各自的职权。

（3）早期介入。物业管理从追求全行业、全过程效益出发，就要使物业管理同项目开发同步进行。首先要做好物业管理的启动工作和前期基础工作。实践证明，只有早期、适时地介入房地产项目的开发经营活动，才能避免"前期后遗症"，减少后期管理工作的损失。介入的时间要根据物业的开发情况，或者在设计阶段，或者在施工阶段，或者在验收阶段，或者在销售阶段适时介入。介入的对象包括购房业主的适时介入和物业服务企业的适时介入，或者两者同时介入。

（4）创建品牌。企业化的原则还要求物业服务企业努力提高经营水平、服务质量。创建品牌，应关注规模经济效益和拓展业务，以提高企业的声誉，树立良好的信用。

（二）物业管理的宗旨

上述的物业管理属性、范围和原则都围绕一个基本的理念，即物业管理的指导思想，也就是物业管理的宗旨，可以概括为以下两点。

1. 营造良好的"安居乐业"的环境

物业管理的全部活动都环绕一个中心，就是"安居乐业"，具体地说就是为市民创建一个"整洁、文明、安全、方便"的生活和工作环境，或者说一个有利于生存、发展、享受的环境。并且要随着物业管理业务的拓展和管理水准的提高，根据每一小区的具体情况和业主的要求提高服务水准、拓展服务范围。居住区域要求舒适、安静、温馨、优雅，要求增添文化和艺术氛围等。办公和商务区域则强调高效、周到和形象，要求提供现代化的商务服务和智能化管理等。

物业管理应该是：第一是服务，第二是服务，第三还是服务。服务体现了物业管理的宗旨和基本属性，物业管理只有以服务为中心，开拓各项业务，才具有无穷的活力。

2. 物业的保值与增值

物业管理是受业主委托的经营管理行为，其行为的方向除了为委托人创建一个合适的"安居乐业"的环境外，就是要保护业主、使用人的合法权益。物业管理的优点就在于通过精心的策划和良好的服务，能改善物业的内外环境，提升物业的使用价值和经济价值，也就是使物业既能保值，又能增值。

五、小区物业管理

（一）小区物业管理的内容

小区物业管理是城市管理现代化，以及在社会主义市场经济条件下，经济发展的社会化分工的产物。其物业管理的具体内容如下。

（1）保证小区原规划意图的实现，制止各种违章行为，并进一步完善、补充原规划的不足之处，督促指导住户和业主执行小区规划。

（2）房屋的定期维护与保养。依据合同对业主委托的所管辖的物业定期维护与保养。尤其是房屋的公共管道、公共设备，都必须有一个众多业主协调管理的服务机构，作为小区业主的代理人来维护这些公共设施的正常运转。为了加强管理，为每一单元和各栋大楼建立房屋保存档案。

（3）供水、供电、公共照明、电梯等动力设施的维护管理。小区的总泵房、配电房或自行发电的机房均应由专业技术人员操作管理，确保正常的供水供电和安全用电。

（4）市政设施的维护与管理。在小区红线范围内，除明确规定属大市政管理外的市政配套设施，包括楼宇内的公共排水、化粪池等设施，均应由物业公司进行管理。

（5）环境保护、绿化管理。这种管理的目的在于为广大居民提供一个良好的居住环境。按照现行小区设计规划的要求：绿地面积不少于总占地面积的30%，绿化覆盖率不低于25%。环境保护主要是控制噪声、控制空气和水质污染，严格执行环境保护法，治理、清除住宅内污染源。

（6）清洁卫生防疫工作。除对小区的公共卫生设施进行维护外，还包括小区楼宇内外及公共场所的清洁工作。要加强防疫、灭鼠、灭蚊绳孳生基地，要认真按照城市卫生条例做好小区内的卫生清洁工作，坚持以"拾零"为主的清扫制度，禁止乱张贴、乱涂写，对小区的经营商点应严格执行门前三包制度。

（7）防火、防盗及公共秩序的管理。在小区内，不允许乱放车辆，不允许占道堆放物件，不允许占道作业和摆摊设挡。根据公安部门关于开展"群防群治"的要求和谁受益、谁出钱的办法组织小区保安队伍，配合公安派出所搞好巡逻放哨。

（二）小区物业管理的目标及原则

1. 小区物业管理的目标

小区物业管理的目的：一是"为居民创造整洁、文明、安全、生活方便的居住环境"；二是"对住宅小区内的房屋建筑及其设备进行维护修缮和整治"。围绕这一目的，要求居住小区物业管理通过以下管理的目标来实现。

（1）社会效益。这表现在为居民提供一个整洁、文明、安全、生活方便的居住环境。

这种以交通、绿化、卫生、文化、教育和娱乐为一体的社区环境，它对调解人际关系、维护社会安定团结具有重要的意义。

（2）经济效益。该经济效益从以下几方面表现出来。

一是从政府方面来说，不仅改变了以往政府用于房屋维修、环卫、绿化和其他公共市政设施上的费用，而且政府可以向物业服务企业收取税收。

二是从业主方面来看，物业的专业和科学管理，有利于维护房屋住宅及附属设备、设施，延长其使用寿命，从而保障业主的经济利益。

三是环境效益。物业服务企业通过开展小区内的绿化、上下水及天然气的专业管理，不仅有助于人的身心健康，还将对城市建设产生积极的影响。

最后，从开发企业以及住宅小区物业管理来说，居住小区的社会效益有利于房产的销售和资金的周转。物业管理通过各种有偿服务，既便利于居民生活，又可取得一定的经济效益，从而增加管理费用的来源。

2. 小区物业管理的原则

物业企业是一种服务型行业，它不仅具有独立的法人资格，又是自负盈亏、独立经营、独立核算的企业，居住小区物业管理的目标，应密切联系服务与经营来进行。为此，它遵循的主要原则如下。

（1）业主自治自律与专业化管理相结合。住宅小区物业管理首先应遵循业主自治自律与专业化管理相结合的原则。虽然业主自治自律是基础，但住宅小区的管理又具有技术性、专业性强的特点，必须以专业化管理为主；住宅区的日常管理工作，是大量的、烦琐的，离不开居民的支持。因此，增强居民的群体意识，依靠和组织群众参与管理、发挥业主自治自律的作用，是实行这一原则的关键。

（2）服务至上、寓管理于服务之中。住宅小区的物业管理是一项服务性很强的工作，关系到千家万户的生活、休息、文娱、安全、卫生、教育、体育等诸方面。住宅小区物业管理中的服务工作，具有长期性和群众性的特点：服务时限很长，往往几十年以上；服务对象范围很广，男女老幼，各行各业，且流动性大、变化快。因此，必须坚持"服务至上，寓管理于服务之中"的原则，树立"为民服务、对民负责"的指导思想。

（3）所有权与经营管理权相分离。实行所有权与经营管理权两权相分离，是现代物业管理与旧式的房屋管理本质区别之一。这是针对城镇居民住宅小区，特别是旧有居民住宅小区存在的"两权"不清问题提出来的，目的在于解决分散管理与统一管理的矛盾。房屋及小区环境内各种设备是一个有机的统一体。若按分散的产权权属由产权单位或产权人自行管理，显然弊端很多。因此，必须实行所有权与经营管理权两权相分离，在依法确认产权权属的前提下，实行经营管理权的集中统一。由物业服务企业对某一居民住宅小区实行统一管理、综合治理、全方位服务。

（4）企业经营、独立核算。必须改革原有管理体制，实行政企分开，使管理机构成为经济实体，具有相对独立的经营自主权，逐步实现住宅经营管理的市场化。

（5）有偿服务和费用合理分担。物业服务企业要搞好管理，实行优质服务，就必须有资金来源。资金的主要来源是业主和用户，因此要实行有偿服务、费用合理分担的原则，物业管理企业提供的管理和服务是有偿的，应该本着"量出为入、公平合理"及"谁享用，谁受益，谁负担"的原则，由房地产开发企业、物业服务企业和业主及使用人共同合理分担。

？ 思考题

1. 简答住宅小区的概念与特点。
2. 简答物业的含义。
3. 简答物业管理的概念、特点和类型。
4. 简述小区物业管理的内容、目标及原则。

第十章

物业管理中业主、物业服务企业的权利与义务

重点提示　　通过本章学习，要求学生掌握物业管理中的业主权利与义务；了解物业服务企业的权利与义务。

第一节　物业管理中的业主权利与义务

一、物业管理中的业主权利

物业管理中的业主权利是业主为实现对其物业的利用，享有的各项管理权利的总称。

《物业管理条例》第 6 条、第 7 条分别以列举方式规定了物业管理中业主的权利与义务。

《物业管理条例》第 6 条第 2 款规定：业主在物业管理活动中，享有下列权利：①按照物业服务合同的约定，接受物业服务企业提供的服务；②提议召开业主大会会议，并就物业管理的有关事项提出建议；③提出制定和修改管理规约、业主大会议事规则的建议；④参加业主大会会议，行使投票权；⑤选举业主委员会委员，并享有被选举权；⑥监督业主委员会的工作；⑦监督物业服务企业履行物业服务合同；⑧对物业共用部位、共用设施设备和相关场地使用情况享有知情权和监督权；⑨监督物业共用部位、共用设施设备专项维修资金（以下简称专项维修资金）的管理和使用；⑩法律、法规规定的其他权利。

二、物业管理中的业主义务

《物业管理条例》第 7 条规定：业主在物业管理活动中，履行下列义务：①遵守管理规约、业主大会议事规则；②遵守物业管理区域内物业共用部位和共用设施设备的使用、公共秩序和环境卫生的维护等方面的规章制度；③执行业主大会的决定和业主大会授权业

主委员会作出的决定；④按照国家有关规定交纳专项维修资金；⑤按时交纳物业服务费用；⑥法律、法规规定的其他义务。

第二节 物业服务企业的权利与义务

一、物业服务企业的权利

《物业管理条例》规定物业服务企业的权利包括：依照物业服务合同和有关规定收取物业管理费；可以将物业管理区域内的一部分专项服务委托给专业性服务企业；可以根据业主的委托提供物业服务合同约定以外的服务项目，并收取服务报酬等。

二、物业服务企业的义务

《物业管理条例》规定，物业服务企业应当按照物业服务合同的约定，提供相应的服务；物业服务企业未能履行物业服务合同的约定，导致业主人身、财产安全受到损害的，应当依法承担相应的法律责任；物业服务企业承接物业时，应当与业主委员会办理物业验收手续；未经业主大会同意，物业服务企业不得改变物业管理用房的用途；物业服务合同终止时，物业服务企业应当将物业管理用房和相关资料交还给业主委员会。物业服务合同终止时，业主大会选聘了新的物业服务企业的，物业服务企业之间应当做好交接工作；物业服务企业可以将物业管理区域内的专项服务业务委托给专业性服务企业，但不得将该区域内的全部物业管理一并委托给他人；对物业管理区域内违反有关治安、环保、物业装饰装修和使用等方面法律、法规规定的行为，物业服务企业应当制止，并及时向有关行政管理部门报告；物业服务企业应当协助做好物业管理区域内的安全防范工作。发生安全事故时，物业服务企业在采取应急措施的同时，应当及时有关行政管理部门报告，协助做好救助工作；物业服务企业雇请保安人员的，应当遵守国家有关规定。保安人员在维护物业管理区域内的公共秩序时，应当履行职责，不得侵害公民的合法权益；物业服务企业不得擅自占用、挖掘物业管理区域内的道路、场地，损害业主的共同利益；物业服务企业确需临时占用、挖掘道路、场地的，应当征得业主委员会的同意并应当将临时占用、挖掘的道路、场地，在约定期限内恢复原状；物业服务企业应当将房屋装饰装修中的禁止行为和注意事项告知业主。

❓ 思考题

1. 简答物业管理中的业主权利。
2. 物业服务企业的权利与义务有哪些？

第十一章

物业管理业务及法律责任

重点提示

通过本章学习，要求学生掌握物业管理中物业接管验收的概念，物业资料的移交内容，前期物业管理的特点；掌握物业服务合同的内容，物业管理的法律责任等。

第一节 物业接管验收

一、物业接管验收的概念、意义及标准

物业接管验收，是指物业服务企业在承接物业时，进行以物业的主体结构安全和满足使用功能为主要内容的再检验，同时接受图纸、说明文件等物业资料，从而着手实施物业管理。物业的接管验收是开展物业管理必不可少的重要环节，是物业管理的基础工作和前提条件，也是物业管理工作真正开始开展的首要环节。《物业管理条例》规定"物业服务企业承接物业时，应当对物业共用部位、共用设施设备进行查验"。

具体的接管验收程序与标准应当按照国家和地方政府的相关规定执行。按照物业服务企业行业规范的接管验收标准作业规程来看，物业服务企业对物业承接验收的对象主要为物业共用部位、共用设施设备，具体包括主体结构、外墙、屋面、楼地面、装修、电气、水、卫、消防、采暖、电梯、附属工程等。其实物业接管验收是在竣工验收的基础上，以主体结构安全和房屋、配套功能、设备为主要内容的再验收，目的便于发现可能存在的隐患，特别是隐蔽工程和复杂项目、设备的安装调试等，以确保及早发现问题并解决。这也为日后的物业日常管理运作打下良好基础，便于分清责任，因为按照《物业管理条例》规定，建设单位应当按照国家规定的保修期限和保修范围，承担物业的保修责任。

二、物业资料的移交

物业资料是物业服务企业对物业实施管理的重要基础，物业服务企业只有接收了相关的物业资料才能掌握有关物业的基本情况并进行现场查验。《物业管理条例》规定，在办

理物业承接验收手续时，建设单位应当向物业服务企业移交下列资料：

（1）竣工验收资料。包括竣工总平面图，单体建筑、结构、设备竣工图，配套设施、地下管网工程竣工图等竣工验收资料。

（2）技术资料。包括设施设备的安装、使用和维护保养等技术资料。

（3）物业质量保修文件和物业使用说明文件。

（4）物业管理所必需的其他资料。如物业的规划、建设的有关资料；有关房屋产权权属的资料；工程验收的各种签证、记录、证明；等等。

同时，《物业管理条例》还规定，当业主成立业主大会以后，若业主委员会与新选聘的物业服务企业签订的物业服务合同生效，前期物业服务合同终止，原物业服务企业应当在前期物业服务合同终止时将上述资料移交给业主委员会，由业主委员会将物业资料移交给新选聘的物业服务企业。

第二节 前期物业管理

一、前期物业管理与一般意义上物业管理的区别

1. 时间上的差别

我们通常所说的物业管理是业主大会、业主委员会成立之后，由业主大会选聘出物业服务企业后所进行的物业管理，而前期物业管理存在于业主委员会与业主大会选聘的物业服务企业签订物业服务合同之前。

2. 合同主体不同

《物业管理条例》第21条规定，"在业主、业主大会选聘物业服务企业之前，建设单位选聘物业服务企业的，应当签订书面的前期物业服务合同"。可见，前期物业服务合同是由建设单位与物业服务企业签订的，虽然建设单位不是被服务的主体，却是合同的一方当事人；通常所说的物业服务合同是由业主委员会与物业服务企业签订的，业主委员会与物业服务企业是合同的双方当事人。

3. 物业服务企业产生的方式不同

《物业管理条例》第24条规定，国家提倡建设单位按照房地产开发与物业管理相分离的原则，通过招投标的方式选聘物业服务企业。住宅物业的建设单位，应当通过招投标的方式选聘具有相应资质的物业服务企业；投标人少于3个或者住宅规模较小的，经物业所在地的区、县人民政府房地产行政主管部门批准，可以采用协议方式选聘具有相应资质的物业服务企业。

二、前期物业管理的特点

（1）前期物业管理的许多工作，尤其是前期物业管理的特定内容是以后物业管理服务的基础，对物业管理服务有着直接和重要的影响。这是前期物业管理最明显的特点。

（2）前期物业管理的职责是在新建物业投入使用初期建立物业管理服务体系并提供服务，处于早期介入与物业管理服务之间。因此，前期物业管理在时间和管理上是一个过渡时期。

（3）新建物业及其设施设备问题往往会在投入使用的初期集中反映出来，造成物业使用功能的不正常。由于物业及设施设备需要经过一个自然磨合期和对遗留问题的处理过程，才能逐步进入平稳的正常运行状态，因此，此阶段的物业管理也明显呈现管理服务在初期的波动状态。

（4）经营风险较大。在前期物业管理阶段，往往需要投入较大的人、财、物等资源，管理成本相对较高。但与此同时，物业空置率却较高，管理费收缴率低。因此，前期物业管理阶段的经营收支往往呈现收入少、支出多、收支不平衡或亏损状态。

在前期物业管理期间，物业服务企业从事的活动和提供的服务，既包含物业正常使用期所需要的常规服务内容，又包括物业承接查验、业主入住、物业装饰装修管理、工程质量保修处理、物业管理项目机构的前期运作和前期沟通协调等前期物业管理内容。

三、前期物业管理时间的界定

1. 关于开始的时间

前期物业管理，是指在业主、业主大会选聘物业服务企业之前，物业建设单位选聘物业服务企业签订前期物业服务合同所实施的物业管理。《物业管理条例》规定，在业主、业主大会选聘物业服务企业之前，建设单位选聘物业服务企业的，应当签订书面的前期物业服务合同。通常情况下，物业服务合同是在物业服务企业与业主大会之间签订的，但在物业建成之后，业主大会成立之前，就需要进行物业管理活动。因此，只能由建设单位选聘物业服务企业对物业实施管理服务，这种要求符合实际需要。因为业主不能在没有物业管理的情况下入住，而必须有前期物业管理为其准备必要的入住条件。如果前期物业管理和业主入住同时开始或者晚于业主入住，无疑将给业主正常使用物业带来极大不便。

2. 关于终止的时间

《物业管理条例》规定，前期物业服务合同可以约定期限；但是，期限未满、业主委员会与物业服务企业签订的物业服务合同生效的，前期物业服务合同终止。为了便于物业服务企业统筹安排工作，降低交易成本费用，防范经营风险，维护物业管理的秩序，前期物业服务合同可以约定期限。同时，前期物业服务合同是一种附终止条件的合同，即虽然期限未满，一旦业主组成了代表和维护自己利益的业主大会，选聘了物业服务企业，进入了正常的物业管理阶段，则前期物业管理就没有存在的必要，自动终止。终止的时间以业主委员会与物业服务企业签订的物业服务合同生效时为准。

四、前期物业管理的招投标

《物业管理条例》规定，国家提倡建设单位按照房地产开发与物业管理相分离的原则，通过招投标的方式选聘物业服务企业。在物业管理初期，我国许多城市对物业管理项目实行"谁开发，谁管理"的模式，在此模式下，由于"建""管"之间界限模糊，缺乏明确的交接验收手续，建设单位前期开发过程中遗留的大量问题往往被掩盖下来，这些问题在特定管理的阶段暴露出来，从而加大了物业管理的难度，容易引发纠纷。招投标制度的推行，打破了旧有的管理模式，增加了前期物业管理的透明性，为物业服务企业创造了公平、公正、公开的市场竞争环境。

应当注意的是针对我国目前物业管理的实际情况，《物业管理条例》并未作出"一刀切"的规定，而是要求住宅物业的建设单位，应当以招投标的方式选出物业服务企业，而非住宅物业是否以招投标的方式选出物业服务企业，目前不作强制性要求。同时，《前期物业管理招标投标管理暂行办法》又作了例外的规定，对于投标人少于3个或规模较小的住宅物业，建设单位可以采用协议的方式选聘物业服务企业，但应当经过物业所在地的区（县）房地产行政主管部门的批准。

五、前期物业管理的内容

前期物业管理的内容和正常时期的物业管理内容基本一致，包括了房屋共用部位的维护和管理、房屋共用设施设备及其运行的维护和管理、卫生、保安、交通秩序与车辆停放、房屋装饰装修管理等。

但是，前期物业管理毕竟是在一个过渡时期进行的，因此具有其特殊内容。

（1）管理机构的设立和人员的配备。物业服务企业和房地产开发企业签订委托合同后，应着手组建管理该物业的机构，配备各岗位的管理人员和操作人员并对其进行培训。

（2）物业服务企业对房屋进行接管验收。

（3）制定和公布管理制度。

（4）对业主入住进行管理，又称"进户管理"。"进户"是指业主或使用人收到书面通知书并在规定期限内办理完结相应手续并实际入住。从物业服务企业的角度讲，就是将物业正式交付业主或使用人使用。

（5）建立健全物业管理档案资料。档案资料包括业主（或使用人）的资料和物业的资料。

（6）装修搬迁管理。向业主宣传装修的有关法律法规；加强对业主装修的监督管理。

（7）在前期物业管理协议终止时，如果原管理企业不再进行管理，必须与业主委员会选聘的物业服务企业办理物业管理移交手续，物业管理移交手续须经业主委员会确认。

六、前期物业管理的保修责任

前期物业管理一般处于建设的物业保修期内，2011 年新修订的《城市房地产开发经营管理条例》规定，房地产开发企业应当对其开发建设的房地产开发项目的质量承担责任。为了区别物业服务企业和建设单位对物业的维修的不同责任，《物业管理条例》明确规定，建设单位应当按照国家规定的保修期限和保修范围，承担物业的保修责任。保修期限与范围以外的物业维修、保养由物业服务企业按照物业服务合同的约定承担。

自 1998 年 9 月 1 日起，根据建设部《商品住宅实行住宅质量保证书和住宅使用说明书制度的规定》，房地产开发企业在向用户交付销售的新建商品住宅时，必须提供《住宅质量保证书》和《住宅使用说明书》。

房地产开发企业应当按《住宅质量保证书》的约定，承担保修责任。商品住宅出售后，委托物业服务企业等单位维修的，应在《住宅质量保证书》明示所委托的单位。

七、前期物业管理的费用分担

前期物业管理的期限从建设单位选聘物业服务企业后至业主委员会选出物业管理机构之时。在此之前，开发商自行从事相关管理或委托物业管理机构进行前期介入工作，这期间发生的费用均由开发商承担。在物业交付业主使用后，相关费用则应由开发商与入住业主共同承担。

对此，《物业管理条例》规定，已竣工但尚未出售或者尚未交给物业买受人的物业，物业服务费用由建设单位交纳。

第三节　物业管理服务

一、物业管理区域统一管理原则

在物业管理实践中，存在多家物业服务企业共同管理一个物业管理区域的物业现象。例如，建设单位选出的物业服务企业和业主委员会选聘的物业服务企业同时为同一物业管理区域内的业主提供物业管理服务；同一物业管理区域内，成立了两个或者两个以上的业主委员会，这些业主委员会分别选聘物业服务企业进行管理。实践证明，多家管理往往存在严重的利益冲突，从而很难保证业主的正当利益，而且多家管理也造成资源浪费，将增加业主的负担。针对于此，《物业管理条例》规定一个物业管理区域由一个物业服务企业实施物业管理。

物业管理涉及事项多，专业性强，一个物业服务企业很难全方面配备各种专业人员，也不可能自身承担物业管理区域的全部服务业务。对此，《物业管理条例》作了灵活规定，物业服务企业可以将物业管理区域内的专项服务业务委托给专业性服务企业，但不得将该区域内的全部物业管理一并委托给他人。所谓专项服务业务，是指保安、保洁、绿化、电梯等共用设施设备的维护等服务业务。

值得注意的是，在专项服务业务委托之后，物业服务企业和业主之间，仍然是物业服务合同关系；物业服务企业和专业服务企业之间，属于委托服务合同关系。专业服务企业在履行委托服务合同时，应当遵守物业管理区域内的规章制度，不得侵害业主的合法权益。物业服务企业就专业服务企业提供的服务向业主负责。又因为物业服务合同带有一定的人合性色彩，业主是根据物业服务企业的条件认定物业服务企业能够为之提供其所需要的服务来选择某一个管理企业的，因此，《物业管理条例》规定，物业服务企业不得将全部物业管理一并委托给他人。

二、物业服务合同的内容

《物业管理条例》规定，业主委员会应当与业主大会选出的物业服务企业订立书面的物业服务合同。物业服务合同是确立业主和物业服务企业在物业管理活动中的权利和义务的法律依据。物业服务合同的当事人中，物业服务企业与业主之间是平等的民事主体关系，不存在领导与被领导、管理与被管理的关系。双方的权利和义务关系体现在物业服务合同的具体内容中。

《物业管理条例》规定，物业服务合同应当对物业管理事项、服务质量、服务费用、双方的权利和义务、专项维修资金的管理与使用、物业管理用房、合同期限、违约责任等内容进行约定。因此，物业服务合同应当具备以下主要内容。

（1）物业管理事项。主要包括：①物业共用部位的维护与管理。②物业共用设备设施及其运行的维护和管理。主要包括电梯、水泵、电视监控系统、有线对讲系统、电视接收系统、避雷、消防、污水处理系统等设备设施及其运行的维护和管理。③环境卫生、绿化管理服务，又称保洁服务。包括楼道、走道、门厅、屋顶、天台等部位的定时清扫，内墙壁的除尘、公共门窗的擦洗，绿化，园地、路面的清扫，生活垃圾和建筑垃圾的管理，灭害洒药等服务。④物业管理区域内公共秩序、消防、交通等协助管理事项的服务。⑤物业装修管理服务。包括房屋装修的安全、垃圾处理等各项管理工作。⑥专项维修资金的代管服务。⑦物业档案资料的管理。

（2）服务质量。实践中，许多物业服务合同的纠纷均因服务质量问题而产生，而一旦产生了纠纷，服务质量是很难定量衡量的，为了避免不必要的纠纷，物业服务合同当事人应当就物业服务质量作全面、具体的约定。

（3）服务费用。当事人需在合同中明确约定物业服务费用的收费项目、收费标准、收费办法等内容。物业服务费用的支付人，可以是业主，也可以是使用人。

（4）双方的权利和义务。

（5）专项维修资金的管理和使用。专项维修资金主要用于物业共用部位和共用设施设备的维修养护。从产权上讲，专项维修资金属于物业管理区域内的业主所有，为了发挥维修资金的作用，需要当事人在国家规定的基础上，对专项维修资金的使用规则、程序等做出具体约定。

（6）物业管理用房。双方应规定物业管理用房的权属、范围、用途等。

（7）合同期限。物业服务合同的期限条款应当尽量明确、具体，或者明确规定计算期限的方法。

（8）违约责任。

此外，《物业管理条例》还对特约服务作出了规定，物业服务企业可以根据业主的委托提供物业服务合同约定以外的服务项目，服务报酬由双方约定。特约服务属于派生服务的范畴，并不是物业服务企业的法定义务，物业服务企业与业主可以按照契约自由的原则，就特约服务的事项进行约定，并由业主支付相应的报酬。

对于公用事业单位收费，《物业管理条例》也作出了明确的规定，物业管理区域内，供水、供电、供热、通讯、有线电视等单位应当向最终用户收取有关费用；物业服务企业接受委托，代收钱款费用的，不得向业主收取手续费等额外费用。业主与以上各公用事业单位之间，是一种合同关系，作为合同当事人，业主和各公用事业单位应当按照法律规定和合同约定来行使权利并履行义务。物业服务企业并不是合同的当事人，没有义务向公用事业单位支付这些费用，如果物业服务企业接受公用事业单位委托，代其向业主收取相关费用时，物业服务企业向委托单位收取代理费用，而不是向业主收取。

第四节 物业管理法律责任

物业管理法律责任是指在物业管理过程中行为人违反物业管理法律规范以及物业服务合同的约定而应当承担的强制性法律后果。由于物业管理法律关系是根据物业服务合同建立，因此物业管理法律责任大多体现为合同责任。另外，由于物业服务活动涉及多项专业技术，诸如机电设备维修、通信设施维修和养护、房屋装饰和修缮等，因此技术操作规程、技术特色、现有技术程度、国家相关技术标准往往成为判断是否应当承担物业管理法律责任的依据。

依照行为性质不同和责任承担方式的不同，物业管理法律责任可分为民事责任、行政责任和刑事责任三种。

一、物业管理法律责任中的民事责任

民事责任是指按照民法规定，行为人因违反民事义务而应承担的法律后果，民事责任主要表现为财产责任。通常，承担物业管理法律责任归责原则应当奉行"过错责任原则"，此乃各国立法之通例。但若在物业服务中涉及高度危险性作业时则应采用"无过错责任原则"，作为过错责任原则的补充，运用于物业管理民事责任的确定。民事责任是物业管理法律责任中最普遍的一种责任，是在物业管理过程中，业主或使用人和物业服务企业因侵犯相对人的民事权益或违反民事义务，依照民事法律、法规或者合同而应承担的法律后果，包括违约责任和侵权责任。

（一）违约责任

违约责任是物业管理活动中常见的法律责任，是指物业服务合同当事人违反合同约定而应当承担的法律责任。物业服务合同成立后，对双方均产生约束力。如果一方违反合同，就要承担相应的法律后果。常见的违约行为有：

（1）开发商未按销售合同规定的期限和质量交付使用物业；

（2）物业移交时，开发商未按有关规定向物业服务企业支付物业维修基金；

（3）物业服务企业未按管理合同规定的内容向住户提供服务；

（4）物业服务企业未按管理合同规定的内容对物业进行维修、养护；

（5）业主或使用人没有履行服务合同规定的义务。

（二）侵权责任

侵权责任是指在物业管理活动中，因行为人实施侵犯国家、集体的财产权以及公民的财产权和人身权的行为而应承担的民事法律后果。常见的侵权责任主要有：

（1）因房屋建筑质量而产生的侵权责任。如因房屋建筑质量不合格造成业主或使用人的人身、财产损害。

（2）因物业维修施工而产生的侵权责任。如物业服务企业在维修施工时，违反施工规章制度造成的人员、财物损害。

（3）因物业服务人员违法履行职务而产生的侵权责任。如物业服务企业超越法定权限或违反法定义务而给他人造成损失时的侵权责任。

（4）因业主或物业使用人违反业主公约、物业管理规定造成他人损害的侵权责任。

（5）因业主或物业使用人饲养的动物致使他人或财物损害的侵权责任。

（6）因相邻关系而产生的侵权责任。例如，堵塞或改变供、排水管道和供气管道，妨碍相邻人正常使用；堵塞或改变公用楼道，造成他人通行困难；随意搭建或改建附属设施，影响他人采光和通风；播放高音音响等。

（三）承担民事责任的方式

承担民事责任的方式主要有停止侵害、排除妨碍、消除危险、返还财产、恢复原状、赔偿损失、支付违约金等。

二、物业管理法律责任中的行政责任

物业管理法律责任中的行政责任是指在物业管理过程中，行为人违反有关物业管理行政法律、法规，而应当承担的法律后果，主要有：

（1）住宅物业的建设单位未通过招投标的方式选聘物业服务企业，或者未经批准，擅自采用协议方式选聘物业服务企业的行为；

（2）建设单位擅自处分属于业主的物业共用部位、共用设施设备的所有权或者使用权的行为；

（3）不移交有关资料的行为；

（4）建设单位在物业管理区域内不按照规定配置必要的物业管理用房或者未经业主大会同意，物业服务企业擅自改变物业管理用房的用途的行为；

（5）物业服务企业将一个物业管理区域内的全部物业管理一并委托给他人的行为；

（6）挪用专项维修资金的行为等。

承担行政责任的主要方式包括警告、罚款、吊销执照以及没收违法所得等。

三、物业管理法律责任中的刑事责任

物业管理法律责任中的刑事责任是指在物业管理过程中行为人严重违反物业管理法律规范，触犯刑事法律而应承担的法律后果。物业管理法律责任中的刑事犯罪，包括自然人犯罪和法人犯罪两类。

自然人犯罪主要涉及的罪名有诈骗、盗窃罪、重大责任事故罪、渎职罪、玩忽职守罪、侵占罪、挪用公司资金罪、商业贿赂罪等。法人犯罪主要涉及的罪名有偷税罪、逃税罪、商业贿赂罪等。

根据《物业管理条例》的规定，物业管理法律责任中的刑事责任主要涉及以下三种情形：

（1）挪用专项维修资金的刑事责任。挪用专项维修资金的，由县级以上地方人民政府房地产行政主管部门追回挪用的专项维修资金，给予警告，没收违法所得，可以并处挪用数额2倍以下的罚款；物业服务企业挪用专项维修资金，情节严重的，由颁发资质证书的部门吊销资质证书；构成犯罪的，依法追究直接负责的主管人员和其他直接责任人员的刑事责任。

（2）业主犯罪行为的刑事责任。业主以业主大会或者业主委员会的名义，从事违反法律、法规的活动，构成犯罪的，依法追究刑事责任。

（3）职务犯罪的刑事责任。国务院建设行政主管部门、县级以上地方人民政府房地产行政主管部门或者其他有关行政管理部门的工作人员利用职务上的便利，收受他人财物或者其他好处，不依法履行监督管理职责，或者发现违法行为不予查处，构成犯罪的，依法追究刑事责任。

❓ 思考题

1. 前期物业管理的内容包括哪些？
2. 简答物业服务合同的主要内容。
3. 简答物业管理的法律责任。

第十二章

小区物业管理纠纷的解决

> **重点提示**　通过本章学习，要求学生重点了解物业管理纠纷与一般民事纠纷的区别；掌握解决小区物业管理纠纷的途径。

第一节　小区物业管理纠纷的类型

一、物业管理纠纷与一般民事纠纷的区别

在物业管理服务的提供和交易过程中，容易发生对服务质量好坏、满意与否的争执。相比之下，一般民事纠纷的特点表现在以下方面。民事纠纷又称民事争议、民事冲突，是指平等主体之间发生的，以民事权利和义务为内容的社会冲突。其特点是：①民事纠纷的主体之间法律地位平等。民事纠纷的主体之间不存在服从与隶属的关系，在纠纷中处于平等的地位。因此，民事纠纷主体即为民事主体。②民事纠纷的内容是对民事权利和义务的争议。民事主体之间争议的内容，只限于他们之间的民事权利和义务关系，如果超出此范围，就不属于民事纠纷。③民事纠纷具有可处分性。由于民事纠纷是民事主体民事权利享有和民事义务承担方面的争议，基于私法自治原则，民事纠纷主体有进行处分的权利。

根据民事纠纷的内容和特点，民事纠纷可分为两大类：①财产关系的纠纷，包括财产所有关系的纠纷和财产流转关系的纠纷；②人身关系的纠纷，包括人格权关系的纠纷和身份关系的纠纷。

通过物业管理纠纷与一般民事纠纷的特点可以看出物业管理纠纷与一般民事纠纷的区别。它们的相同点就是物业管理纠纷与一般民事纠纷都涉及民法范畴，纠纷的性质属于平等主体之间的财产关系和人身关系，纠纷的处理适用关于民法的规定，它们的不同点就是一般民事纠纷仅仅涉及平等主体之间的财产关系和人身关系，不存在隶属关系或服从与被服从的关系，而物业管理纠纷除了存在平等主体之间的财产关系和人身关系外，还存在服从与被服从的关系，服务与被服务的关系。

物业服务企业依据合同进行物业管理是管理行为，此时物业服务企业和业主的关系是委托合同法律关系，产生纠纷是要依照物业管理相关法规及民法上的相关规定和物业委托管理合同等相关文件来解决；当物业服务企业作为一个平等的民事主体进行物业管理活动以外的民事行为时，无论其与业主、开发商，还是与其他组织进行民事活动时，都不是物业管理活动的后果，都是一般的民事行为，其行为不当时只能构成侵权。

实施物业管理的实体是具有法人资格的专业企业即物业服务企业，由于房屋产权属于业主所有，物业服务企业通过合同或契约，接受业主委托，代表业主并运用经济手段经营管理物业。业主处于主导地位，而物业服务企业则扮演了"大管家"的角色，物业管理与业主之间是服务与被服务的关系，其管理行为是企业行为。在管理内容上，物业服务企业除对物业进行养护外，还提供专项服务和特约服务。物业管理提供的服务是有偿的，执行的是"以区养区""以业养房"的方针，其管理经费除自筹以外，还包括收取的管理费、服务费。物业管理与住户是服务与被服务的关系，产权人和使用人有权通过市场选聘物业服务企业，双方在完全平等的原则下，通过双向选择签订合同，明确各自的权利和义务。因而物业服务企业与房屋产权人和使用人的关系是合同法律关系的一种。

它们的区别还表现在两类纠纷的类型上，一般民事纠纷只有财产关系的纠纷和人身关系的纠纷两类，而物业管理纠纷除了民事纠纷外还有行政纠纷、经济纠纷、刑事纠纷、产权类纠纷、债券类纠纷、行政权类纠纷、自治权类纠纷等分类，因为它们的类型不同所以纠纷的处理方式也不同。

二、物业管理纠纷的类型

（一）物业管理纠纷按纠纷所属法律部门的法律关系性质不同的分类

1. 民事纠纷

民事纠纷指民事法律地位平等的自然人、法人、其他社会组织相互之间基于财产关系和人身关系而发生的纠纷。物业管理纠纷大部分属于民事纠纷，主要表现为：服务合同纠纷（违约纠纷）、侵权纠纷、不动产相邻关系纠纷和无因管理纠纷等。

物业管理关系是民事经济关系，作为当事人的业主、开发商和物业服务企业，对其权利和义务的设定或处理是自主的、平等的。因此，物业服务合同关系也是一种平等主体之间的协议关系。物业服务合同属于劳务合同，与一般的物业交易不同，物业服务合同的客体是劳务。因此，物业服务合同主要涉及劳务服务方面的权利和义务。而物业服务企业的宗旨就是使物业发挥最大使用功能，使其保值增值，并为物业所有人和使用人提供卫生、整洁、安全、舒适的生活和工作环境。《合同法》第5条规定："当事人应当遵循公平原则确定各方的权利和义务。"第7条规定："当事人订立、履行合同，应当遵守法律、行政法规，尊重社会公德，不得扰乱社会经济秩序，损害社会公共利益。"第39条规定："采用格式条款订立合同的，提供格式条款的一方应当遵循公平原则确定当事人之间的权利和义务，并采取合理的方式提请对方注意免除或限制其责任的条款。"

2. 经济纠纷

经济纠纷指存在经济组织隶属关系地位不平等的个人与其所在经济组织之间、下级组织与其上级组织或者依法依合同结成经济协作性隶属关系的不同经济组织之间，基于经济利益关系和组织管理职责关系而发生的纠纷。

经济纠纷主要表现为：基于营业性物业管理委托合同而在当事人之间发生的经营管理权限纠纷；基于共有权和成员权而在业主个体与业主小组、业主会议、业主委员会或居住区管理委员会之间发生的经济事务自治权利和义务纠纷；有关单位依物业管理法规应当相互协助而未尽协助职责纠纷等。

3. 行政纠纷

狭义的行政纠纷是指行政机关在行使管理职权过程中与自然人、法人和其他组织之间发生的具体行政行为争执及连带利益（如行政赔偿）争执。广义的行政纠纷还包括对抽象行政行为即行政规范性文件内容规范的争执。在物业管理行政法律关系中，主要有在物业管理的行政主管机关的行政指导和行政监督的具体行政行为纠纷，以及其他相关行政部门监督管理或干预物业管理活动引起的纠纷。例如，对物业管理项目招投标过程中的违法行为，物业服务企业不正当竞争行为和侵害消费者合法权益行为的行政查处引起的纠纷，对业主委员会组建合法性的行政否定，甚至以行政命令收缴业主委员会公章的行政行为引起的纠纷等。

4. 刑事纠纷

刑事纠纷指个人和法人单位的行为触犯刑法而引起的纠纷。有些物业管理纠纷首先表现为民事、经济或行政纠纷，但由于未得到及时的解决或未得到公正、公平、合理的解决就很容易使当事人矛盾冲突尖锐化、剧烈化，使纠纷扩大化，演变成刑事纠纷，这样也就使物业管理纠纷的性质发生了质的变化。例如，物业管理中保安管理行为招致某业主不满，该业主纠集朋友殴打物业服务企业的保安人员及公司经理，致其死亡或重伤，这种打人行为就超出了治安管理处罚条例的管辖范围，上升为刑事纠纷，该业主及其他打人者要经刑事诉讼程序而依法受到刑法的惩处。

（二）物业管理纠纷按纠纷中的基本权利性质和特点的不同的分类

1. 物业管理产权类纠纷

物业管理产权类纠纷主要是物业所有权方面的业主专有权与业主团体共有权辖属范围的确认纠纷，业主团体共有权与托付物业服务企业的物业经营管理权行使之间的权限划分和确认纠纷，物业使用权人与业主及业主团体之间发生的使用权益确认纠纷等。

2. 物业管理债权类纠纷

物业管理债权类纠纷主要是与物业管理服务有关的合同之债、侵权之债等债权债务关系纠纷，如物业管理服务违约纠纷、物业管理行为失误致人损害的赔偿纠纷、车辆保管纠纷等。

3. 物业管理行政权类纠纷

物业管理行政权类纠纷主要是物业管理行政主管机关和其他有关行政部门在行使职权的具体行政行为中与行政相对人之间发生的行政权限和行政权行使是否违法、是否得当、是否显示公正的争执。例如，违法建筑和违法搭建的行政确认与行政执法强行拆除引起的纠纷等。

4. 物业管理自治权类纠纷

物业管理自治权类纠纷主要是业主、物业使用权人、业主大会、业主委员会、业主团体自治的行政指导和监督部门相互之间在团体民主自治权益方面发生的纠纷。例如，业主不执行业主公约的有关规定或不执行业主大会对维修基金的分摊决定而引起的纠纷。

物业管理纠纷是物业管理过程中所发生的纠纷。目前所受理的物业管理纠纷，已从刚开始时物业服务企业追索物业管理费的纠纷发展到涉及民事诉讼、行政诉讼的多类型纠纷，其内容主要有：

（1）物业管理者（包括房地产开发商和物业服务企业）向业主或使用人追索物业管理费、水电费的纠纷。这类纠纷数量较多。

（2）业主或使用人要求物业管理者承担停水、停电、停气或其他行为的侵权赔偿纠纷。

（3）房地产开发商与物业服务企业之间的物业管理承包合同纠纷。

（4）房地产开发商与物业服务企业之间的物业委托管理纠纷。

（5）业主或使用人要求物业管理者赔偿在提供特约服务如保管服务中所造成的财务损失的纠纷。

（6）业主或管委会选聘、解聘物业服务企业产生的纠纷。

（7）业主诉房产管理部门行政侵权纠纷。

这些类型的纠纷，涉及民法关系中合同之债（包括服务管理关系、代理关系、承包关系）、侵权行为所生之债，以及行政诉讼中房产管理部门的行政行为是否合法。

物业管理纠纷案的诉讼主体、法律关系复杂，该类案件的主体，既有我国公民、法人和其他组织，又有外国公民、外国企业、港澳台同胞；参与诉讼的既有业主、使用人或小区管委会，又有物业服务企业、房地产开发商或行政管理部门。

第二节　解决小区物业管理纠纷的途径

一、协商

协商是由物业管理纠纷当事人双方或多方本着实事求是的精神，依据有关法律规定、业主公约和所订合同中约定，直接进行磋商，通过摆事实、讲道理的办法来查明事实、分清是非，在自愿互谅、明确责任的基础上，达成一致意见，按照各自过错的有无、大小和对方受损害的程度，自觉承担相应的责任，以便及时自行解决物业管理纠纷的一种处理纠纷的方式。

二、调解

调解是指当事人之间发生物业管理纠纷时，由国家规定的有管辖权的第三人来主持引导当事人进行协商活动，坚持自愿原则，运用对当事人进行利害分析、说服教育的方法，促使当事人双方相互谅解，自愿达成协议、平息纠纷争端的一种方式。调解按调解主持人的身份不同可分为民间调解、行政调解和司法调解三种。

（1）民间调解广义上包括人民调解委员会调解、律师调解、当事人申请调停调解；狭义上仅指人民调解委员会调解民间纠纷，具有民间性质。其调解虽有一定约束力，但要靠当事人自觉履行，一方不履行调解书内容，人民调解委员会和另一方当事人皆不能强制其执行，民间调解属于物业管理侵权民事赔偿的民间调解处理机制范畴，主要用以解决物业管理小区内部侵权纠纷。人民调解委员会是村民委员会和居民委员会下设的调解民间纠纷的群众性组织，在基层人民政府和基层人民法院指导下进行工作。基层人民政府及其派出机关指导人民调解委员会的日常工作，由司法助理员负责。

（2）行政调解是指在特定的国家行政主管机关主持下进行的调解，具有行政性质。行政调解书具有法律效力，若一方不执行，主管机关虽无权强制其执行，但另一方当事人可以持行政调解书向有管辖权的法院申请强制执行；若达成调解协议的一方反悔了，要推翻行政调解书写明的协议，就必须到法院起诉，如不经过司法程序，就不能推翻原来的行政调解。

（3）司法调解广义包括仲裁调解和法院调解；狭义仅指法院调解，又称诉讼内调解，具有司法性质。法院受审案件中的民事部分，可以在审判人员主持下进行调解，一般只有在调解不成时，才依法作出判决。即使一审作了判决，到了二审的时候还是可以调解的，如果调解成立，一审判决即视为撤销。司法调解书一经双方当事人签收即具有与判决书同等法律效力。民间调解和行政调解不是法院的诉讼前必经程序。

三、仲裁

可以通过仲裁途径解决的应是民事性质的争议，它是指由物业管理纠纷当事人根据仲裁法，双方自愿达成协议，选定仲裁机构并由其主持调解或对纠纷作出裁决的一种处理方式。依据《中华人民共和国仲裁法》的规定："平等主体的公民、法人或其他组织之间发生的合同纠纷和其他财产权益纠纷，可以仲裁。"

仲裁庭管辖物业管理纠纷的依据是当事人签订的协议。仲裁协议是民事争议当事人以合同或合同中的仲裁条款达成的当其发生纠纷时提交由选定的仲裁委员会裁决的意思表示。仲裁协议有两种方式：一种是在订立合同时就约定一个条款，说明一旦有争议就提交仲裁，这叫仲裁条款；另一种是双方当事人出现纠纷后临时达成提交仲裁庭的书面协议。我国的仲裁机构是仲裁委员会，仲裁委员会可以在直辖市和省、自治区人民政府所在地的市设立，也可以根据需要在其他设区的市设立，不按行政区划层层设立。仲裁委员会之间无隶属关系。仲裁委员会只受理平等主体的公民、法人和其他组织之间发生的合同纠纷和其他财产权益的纠纷。物业管理纠纷当事人采用仲裁方式解决纠纷应当双方自愿，并达成书面仲裁协议。没有仲裁协议，一方申请仲裁的，仲裁委员会不予受理；当事人达成仲裁协议，一方向法院起诉，法院不予受理。

四、行政复议

行政复议是解决行政争端的一种方法，它是指公民、法人或其他组织不服某个行政机关的具体行政行为，可以按法定程序和条件向作出该行政决定的上一级行政机关提出申请，由受理的行政机关对引起争端的具体行政行为进行审查，认定并作出裁决的一种活动。在行政复议程序中行政复议申请人是物业行政管理相对人，被申请人是原作出物业行政处罚等具体行政行为的物业管理监督主管机关或部门，复议机关是原作出行政处罚决定的物业管理监督主管机关或部门的上一级物业管理监督主管机关或部门。

五、诉讼

诉讼是法院在物业管理纠纷诉讼当事人和其他诉讼参加人参与下，依法审理和解决物业管理纠纷的活动。诉讼是解决争端的最基本方式，也是最后方式。根据争端性质不同，可分为行政诉讼和民事诉讼。物业民事诉讼程序，即业主权利保护的民事诉讼程序，是人民法院以审理判决的方式解决因物业管理侵权而在特定当事人之间发生的民事纠纷所适用的程序。物业民事诉讼程序从总体上应适用民事诉讼程序的一般规定，其一般程序包括起诉与受理、审理前的准备、开庭审理、判决和裁定、执行等。

物业管理纠纷与一般民事纠纷在解决方式上的相同点是，都可以适用和解、调解、诉讼、仲裁等方式。不同点就是因为物业纠纷主体之间也部分的存在隶属关系所以纠纷的解决方式也就有行政复议与行政诉讼等方式。两类纠纷虽然有相似之处但根据规范、属性、特点的不同而在某些方面存在差别。

❓思考题

1. 简答物业管理纠纷与一般民事纠纷的区别。
2. 解决小区物业管理纠纷的途径有哪些？

第十三章

房地产中介服务管理制度

重点提示　　通过本章学习，要求学生了解房地产中介服务的概念、内容，房地产中介服务机构的设立条件；掌握房地产中介服务机构行为规范的要求。

第一节　房地产中介服务的概述

一、房地产中介服务的概念

房地产中介服务，是指房地产投资、开发、交易、管理、消费等经济运行的各个环节中，在租赁双方、买卖双方、资金供需双方、房地产纠纷双方、物业的所有者与使用者之间，为当事人提供多功能、全方位的居间服务活动的总称。房地产中介服务的范围非常广泛，而房地产咨询、房地产价格评估、房地产经纪是目前三种主要形式。今后随着社会主义市场经济的不断发展，房地产中介服务的形式也会发展。房地产中介行业是房地产业的重要组成部分。近年来，房地产中介行业发展较快，在活跃市场、促进交易等方面发挥了重要作用。

二、房地产中介服务的内容

一个完善的房地产中介服务体系按服务的内容可分为房地产金融中介，包括存贷、投资、信托、保险、抵押、贴现、承兑、代理发行房地产证券、结算、审计等；房地产法律中介，包括司法公证、法律仲裁、法律保护等；房地产服务中介，包括信息咨询、价格评估、物业管理、经纪代理等。目前，我国房地产金融中介主要由专业性金融机构承办，真正意义上的房地产金融中介机构还未建立；房地产法律中介还处于起步阶段；只有房地产服务中介发展相对较快。目前，我国房地产服务中介主要包括房地产咨询、房地产价格评估、房地产经纪等业务。

1. 房地产咨询

房地产咨询是指房地产开发、转让、抵押、典当、租赁等业务的咨询。主要内容如下。

（1）提供房地产信息咨询。如各地的地价、房价、房地产租赁价格以及它们的动态走势；待出让地块，待出卖、出租、交换、抵押房地产情况；寻找投资伙伴、投资招商、购房、换房的信息以及有关政策、税收变动的信息等。

（2）法律及业务咨询。对房地产法规、政策问题及办理房地产交易、租赁、抵押业务手续问题提供咨询服务。

（3）代理调研制作房地产方面的可行性报告、投资开发方案、项目规划设计方案、项目财务分析、信息宣传、广告策划、专业培训等方面的专项服务。

2. 房地产价格评估

作为一种可交易的商品或财产，房地产的价格一般应由市场来决定，但是由于房地产的特殊性，为确保房地产价格的公平合理性，就有了专门的价格评估制度。国家对房地产价格的管理实际上是通过对房地产估价的规定实现的，国家通过控制估价，来干预和管理房地产市场价格。

3. 房地产经纪

房地产经纪就是在房地产交易中，房地产经纪机构为房地产交易双方牵线搭桥，提供服务，促成交易的活动。在市场经济条件下，房地产经纪机构在房地产交易市场中发挥了重要的作用。

三、房地产中介服务机构的设立

1. 房地产中介服务机构的设立条件

从事房地产中介业务，应当设立相应的房地产中介服务机构。房地产中介服务机构是具体有独立法人资格的经济组织。根据《城市房地产管理法》的规定，设立房地产中介服务机构应具备下列条件。

（1）有自己的名称和组织机构。房地产中介服务机构要以自己的名义开展业务活动，并承担相应的责任。房地产中介服务机构，作为具有独立法人资格的经济组织，只准使用一个名称，在登记主管机关辖区内不得与已登记注册的其他服务机构或企业名称相同或者相似。设立有限责任公司、股份有限公司，其名称中必须分别含有"有限责任"和"股份有限"的字样。中介服务机构的名称须在设立登记时由工商行政主管部门核准。组织机构是房地产中介服务机构的内部管理机构，没有组织机构，它就无法从事各项经营活动。

（2）有固定的服务场所。房地产中介服务机构的场所是指从事服务活动的所在地。没有固定的服务场所，房地产中介服务机构就不可能开展正常的业务活动，其服务对象也就无法与其取得联系，国家主管部门亦无法对其进行监督管理。房地产中介服务机构的服务场所不同于其住所，固定的服务场所可以有多个，但服务机构登记的服务住所只能有一个，而且这一固定的服务住所必须是合法地为服务机构所占有、使用，是其主要办事机构所在地。

（3）有必要的财产和经费。有必要的财产和经费是房地产中介服务机构从事经营活动的物质条件之一，目前，国家对房地产中介服务机构的财产和经费的具体数额未作出专门规定。设立房地产中介服务机构，应当根据公司法有关设立有限责任公司和股份有限公司的规定执行。

（4）有足够数量的专业人员。由于房地产中介服务行业是一个专业性很强的行业，因此，房地产中介服务机构必须有足够数量的专业人员。例如，从事房地产经纪业务的，须有足够数量的房地产经纪人。

（5）法律、行政法规规定的其他条件。

2. 房地产中介服务机构的设立程序

设立房地产中介服务机构，应当向当地的工商行政管理部门申请设立登记。房地产中介服务机构在领取营业执照后的一个月内，应当到登记机关所在地的县级以上人民政府房地产管理部门备案。

第二节　房地产中介服务机构行为规范与市场监管

一、房地产中介服务机构行为规范

作为房地产中介服务机构要规范自己的中介服务行为，根据《住房城乡建设部等部门关于加强房地产中介管理促进行业健康发展的意见》（建房〔2016〕168号）的精神，要做到以下几点。

（1）规范中介服务机构承接业务。中介服务机构在接受业务委托时，应当与委托人签订书面房地产中介服务合同并归档备查，房地产中介服务合同中应当约定进行房源信息核验的内容。中介服务机构不得为不符合交易条件的保障性住房和禁止交易的房屋提供中介服务。

（2）加强房源信息尽职调查。中介服务机构对外发布房源信息前，应当核对房屋产权信息和委托人身份证明等材料，经委托人同意后到房地产主管部门进行房源信息核验，并编制房屋状况说明书。房屋状况说明书要标明房源信息核验情况、房地产中介服务合同编号、房屋坐落、面积、产权状况、挂牌价格、物业服务费、房屋图片等，以及其他应当说明的重要事项。

（3）加强房源信息发布管理。中介服务机构发布的房源信息应当内容真实、全面、准确，在门店、网站等不同渠道发布的同一房源信息应当一致。房地产中介从业人员应当实名在网站等渠道上发布房源信息。中介服务机构不得发布未经产权人书面委托的房源信息，不得隐瞒抵押等影响房屋交易的信息。对已出售或出租的房屋，促成交易的中介服务机构要在房屋买卖或租赁合同签订之日起 2 个工作日内，将房源信息从门店、网站等发布渠道上撤除；对委托人已取消委托的房屋，中介服务机构要在 2 个工作日内将房源信息从各类渠道上撤除。

（4）规范中介服务价格行为。房地产中介服务收费由当事人依据服务内容、服务成本、服务质量和市场供求状况协商确定。中介服务机构应当严格遵守《中华人民共和国价格法》《关于商品和服务实行明码标价的规定》《商品房销售明码标价规定》等法律法规，在经营场所醒目位置标识全部服务项目、服务内容、计费方式和收费标准，各项服务均须单独标价。提供代办产权过户、贷款等服务的，应当由委托人自愿选择，并在房地产中介服务合同中约定。中介服务机构不得实施违反《中华人民共和国价格法》《中华人民共和国反垄断法》规定的价格违法行为。

（5）规范中介服务机构与金融机构业务合作。中介服务机构提供住房贷款代办服务的，应当由委托人自主选择金融机构，并提供当地的贷款条件、最低首付比例和利率等房地产信贷政策，供委托人参考。中介服务机构不得强迫委托人选择其指定的金融机构，不得将金融服务与其他服务捆绑，不得提供或与其他机构合作提供首付贷等违法违规的金融产品和服务，不得向金融机构收取或变相收取返佣等费用。金融机构不得与未在房地产主管部门备案的中介服务机构合作提供金融服务。

（6）规范中介服务机构涉税服务。中介服务机构和从业人员在协助房地产交易当事人办理纳税申报等涉税事项时，应当如实告知税收规定和优惠政策，协助交易当事人依法诚信纳税。税务机关对在房地产主管部门备案的中介服务机构和取得职业资格的从业人员，其协助房地产交易当事人办理申报纳税事项诚信记录良好的，应当提供方便快捷的服务。从业人员在办理涉税业务时，应当主动出示标明姓名、机构名称、国家职业资格等信息的工作牌。中介服务机构和从业人员不得诱导、唆使、协助交易当事人签订"阴阳合同"，低报成交价格；不得帮助或唆使交易当事人伪造虚假证明，骗取税收优惠；不得倒卖纳税预约号码。

（7）要遵守交易资金监管制度。中介服务机构及其从业人员不得通过监管账户以外的账户代收代付交易资金，不得侵占、挪用交易资金。

二、加强房地产中介市场监管

房地产中介行业是房地产业的重要组成部分。近年来，房地产中介行业发展较快，在活跃市场、促进交易等方面发挥了重要作用。但部分中介服务机构和从业人员存在经营行为不规范、侵害群众合法权益、扰乱市场秩序等问题。因此，作为有关行政管理部门，要加强对房地产中介的管理，保护群众合法权益，促进房地产中介行业的健康发展。

1. 严格落实中介服务机构备案制度

中介服务机构及其分支机构应当按规定到房地产主管部门备案。通过互联网提供房地产中介服务的机构，应当到机构所在地省级通信主管部门办理网站备案，并到服务覆盖地的市、县房地产主管部门备案。房地产、通信、工商行政主管部门要建立联动机制，定期交换中介服务机构工商登记和备案信息，并在政府网站等媒体上公示备案、未备案的中介机构名单，提醒群众防范交易风险，审慎选择中介服务机构。

2. 积极推行从业人员实名服务制度

中介服务机构备案时，要提供本机构所有从事经纪业务的人员信息。市、县房地产主管部门要对中介从业人员实名登记。中介从业人员服务时应当佩戴标明姓名、机构名称、国家职业资格等信息的工作牌。各地房地产主管部门要积极落实房地产经纪专业人员职业资格制度，鼓励中介从业人员参加职业资格考试、接受继续教育和培训，不断提升职业能力和服务水平。

3. 加强行业信用管理

市、县房地产主管部门要会同价格、通信、金融、税务、工商行政等主管部门加快建设房地产中介行业信用管理平台，定期交换中介服务机构及从业人员的诚信记录，及时将中介服务机构及从业人员的基本情况、良好行为以及不良行为记入信用管理平台，并向社会公示。有关部门要不断完善诚信典型"红名单"制度和严重失信主体"黑名单"制度，建立健全守信联合激励和失信联合惩戒制度。对诚实守信的中介服务机构和从业人员，在办理房源核验、合同网签、代办贷款等业务时，可根据实际情况实施"绿色通道"等便利服务措施；在日常检查、专项检查中优化检查频次；在选择中介服务机构运营管理政府投资的公租房时，优先考虑诚信中介服务机构。对违法违规的中介服务机构和从业人员，有关部门要在依法依规对失信行为做出处理和评价的基础上，通过信息共享，对严重失信行为采取联合惩戒措施，将严重失信主体列为重点监管对象，限制其从事各类房地产中介服务。有关部门对中介服务机构作出的违法违规决定和"黑名单"情况，要通过企业信用信息公示系统依法公示。对严重失信中介服务机构及其法定代表人、主要负责人和对失信行为负有直接责任的从业人员等，要联合实施市场和行业禁入措施。逐步建立全国房地产中介行业信用管理平台，并纳入全国社会信用体系。

4. 强化行业自律管理

充分发挥行业协会作用，建立健全地方行业协会组织。行业协会要建立健全行规行约、职业道德准则、争议处理规则，推行行业质量检查、公开检查和处分的信息，增强行业协会在行业自律、监督、协调、服务等方面的功能。各级行业协会要积极开展行业诚信服务承诺活动，督促房地产中介从业人员遵守职业道德准则，保护消费者权益，及时向主管部门提出行业发展的意见和建议。

5. 建立多部门联动机制

省级房地产、价格、通信、金融、税务、工商行政等主管部门要加强对市、县工作的监督和指导，建立联动监管机制。市、县房地产主管部门负责房地产中介行业管理和组织协调，加强中介服务机构和从业人员管理；价格主管部门负责中介服务价格行为监管，充分发挥 12358 价格监管平台作用，及时处理投诉举报，依法查处价格违法行为；通信主管部门负责房地产中介网站管理，依法处置违法违规房地产中介网站；工商行政主管部门负责中介服务机构工商登记，依法查处未办理营业执照从事中介业务的机构；金融、税务等监管部门按照职责分工，配合做好房地产中介行业管理工作。

6. 强化行业监督检查

市、县房地产主管部门要加强房地产中介行业管理队伍建设，会同有关部门建立健全日常巡查、投诉受理等制度，大力推广随机抽查监管，建立"双随机"抽查机制，开展联合抽查。对存在违法违规行为的中介服务机构和从业人员，应当责令限期改正，依法给予罚款等行政处罚，记入信用档案；对违法违规的中介服务机构，应按规定取消其网上签约资格。对严重侵害群众权益、扰乱市场秩序的中介服务机构，工商行政主管部门要依法将其清出市场。

❓ 思考题

1. 简答房地产中介服务的概念。
2. 房地产中介服务机构的设立条件有哪些？
3. 房地产中介服务机构应遵守的行为规范要求有哪些？
4. 行政管理部门如何加强对房地产中介市场的监管？

第十四章

房地产纠纷的法律解决

> **重点提示**　通过本章的学习，要求学生了解房地产纠纷的概念和种类，掌握违反房地产法律责任的形式，以及解决房地产纠纷的救济途径。

第一节　房地产纠纷概述

一、房地产纠纷的概念及产生的原因

（一）房地产纠纷的概念

房地产纠纷是指当事人因有关房地产的权益而引起的争议。当事人，既可以是公民、法人和其他组织，也可以是政府、政府下属房地产主管部门及其他行政机关。公民和法人包括涉外房地产关系中的外国公民、外国法人和港澳台当事人。在社会生活中，房地产纠纷主要围绕土地、房屋的所有权、使用权以及交易和管理的关系而展开。

（二）房地产纠纷产生的原因

导致房地产纠纷的原因多种多样，主要有以下几项。

1. 利益矛盾

房屋和土地是社会生活中人们的基本生产和生活资料，涉及当事人重大的物质经济利益，对单位、个人事关重大。经济的发展、人口的增长，以及人们的消费水平和消费愿望的提高，使得土地、房屋的供应跟不上需求。供需失调容易引起利益矛盾，某些客观情况的变化也会引起利益矛盾。

2. 合同不当或违反合同

在实践中，一宗房地产发生纠纷，检查起来，或许是合同本身存在不规范、不具体、不明确等缺点，或许是在履行过程中当事人一方甚至双方都发生违约。

3. 违法行为

当事人违反房地产管理法律、法规，侵犯他人的合法权益，也会造成房地产纠纷。

二、房地产纠纷的种类

房地产纠纷种类繁多，依据不同的标准可进行如下分类。

1. 按纠纷涉及的标的不同，房地产纠纷可分为土地纠纷和房屋纠纷

（1）土地纠纷，是指当事人之间因土地的权属、交易或其他法律问题而发生的纠纷。这类纠纷按其内容又可分为土地权属纠纷、土地交易纠纷和土地侵权纠纷。

土地权属纠纷，是指因特定范围的土地的所有权或使用权而引起的纠纷，包括土地所有权归属的纠纷、土地使用权的纠纷、宅基地使用权纠纷。所有权的争议一般发生在国有企事业单位与集体单位之间、集体和集体之间，使用权纠纷存在于各种民事法律关系主体之间。

土地交易纠纷，通常表现为因土地使用权出让和转让而发生的合同纠纷。

土地侵权纠纷，是指因侵害他人土地的所有权或使用权而引起的争议。

（2）房屋纠纷，是指当事人基于房屋的权利和义务所发生的纠纷，具体包括房屋产权纠纷、房屋转让纠纷和房屋租赁纠纷。

房屋产权纠纷，是指关于房屋所有权的归属而发生的纠纷。主要包括历次历史运动中因确权、改造、没收、入股、接管、代管而引起的产权纠纷；因产权人死亡、离婚、共有房产分割而产生的产权纠纷；因损坏他人房屋而产生的产权纠纷；因非法占有、使用他人房屋而产生的产权纠纷；等等。

房屋转让纠纷，是指因公民之间、法人之间及公民和法人相互之间因房屋买卖、抵押、典当、赠与、继承等基于所有权变更而发生的纠纷。

房屋租赁纠纷，是指房屋出租人和承租人因房屋租赁过程中的权利和义务发生的纠纷。按照房屋所有权性质的不同又可分为公房租赁纠纷和私房租赁纠纷。

2. 按纠纷的法律性质不同，房地产纠纷分为房地产行政纠纷、房地产民事纠纷和房地产消费者权益纠纷

（1）房地产行政纠纷，是指房地产行政管理机关在行使管理权过程中与管理对象发生的纠纷。这类纠纷又可分为两种情况：一种是因房地产管理机关行使管理权而引起的争议，主要是因房地产管理机关对被管理者进行行政处罚引起的争议；另一种是因房地产管理机关不作为而引起的争议，如当事人因房地产管理机关拒绝发给土地使用证、拒绝对房屋产权登记或过户等对房地产权属纠纷或侵权行为不作处理等引起的争议。

（2）房地产民事纠纷，是指平等主体公民之间、法人之间以及公民与法人之间的有关房地产权利和义务的纠纷。在所有房地产纠纷中，凡以财产权争议为主的纠纷主要属于民

事纠纷，但处理房地产民事纠纷的途径不限于民事纠纷的解决方式，也包括行政调解和仲裁。

（3）房地产消费者权益纠纷，是指房地产经营者与房地产消费者之间的纠纷。房地产消费者保护案件是房地产民事纠纷的特殊类型，主要发生在公民住宅商品房的买卖、商品房质量和售后服务、物业管理、房屋装修、经营性房屋租赁等房地产消费关系中。

3. 按涉及民事权利的性质不同，房地产纠纷可分为房地产物权纠纷和房地产债权纠纷

（1）房地产物权纠纷，是指当事人因对房地产的所有权及相关财产权而发生的纠纷。我国的房地产物权纠纷主要包括土地使用权纠纷、房屋所有权纠纷、房地产他项权利纠纷、房地产相邻关系纠纷、建筑物区分所有权纠纷等。

（2）房地产债权纠纷，是指公民、法人因对房地产及其有关权益进行交换协作而发生的纠纷，如土地使用权出让合同纠纷、房屋买卖合同纠纷、房屋租赁合同纠纷等。

4. 按纠纷发生的时间不同，房地产纠纷可分为当前房地产案件和历史遗留房地产案件

主要划分界线为 20 世纪 70 年代末 80 年代初落实房地产政策前后。对历史遗留房地产案件的处理应以有关政策为依据，特别是历史遗留房地产的确权问题应主要由房地产权属管理部门依有关的规定处理，当前房地产案件则完全按照现行的法律规定处理。

第二节　房地产法律责任

一、民事责任

（一）民事责任的概念

民事责任，是指当事人违反民事义务后，依法应当承担的民事法律后果。房地产民事责任可以分为房地产侵权责任、违约责任和不履行房地产有关的其他民事义务的责任三种。我国《民法通则》第 106 条规定：公民、法人违反合同或者不履行其他义务的，应当承担民事责任。《民法总则》第 176 条规定：民事主体依照法律规定和当事人约定，履行民事义务，承担民事责任。以房地产开发商的责任为例，出现"房屋面积涨或缩问题""房屋质量问题""拖延办产权证问题""延期交房问题""虚假房地产广告问题""无商品房预售许可证""一房多卖"等违法销售问题时都会导致其承担相应的民事责任。如在缔约阶段，若开发商没有履行前合同义务，故意隐瞒与订立合同有关的重要事项或者提供虚假信息，或者有其他违背诚实信用原则的行为，给购房人造成损失的，则应承担缔约过失责任。

（二）承担民事责任的形式

房地产关系中承担民事责任的形式主要有：①停止侵害；②恢复原状；③赔偿损失；④排除妨碍；⑤消除危险；⑥返还财产；⑦修理、重做、更换或退回；⑧继续履行；⑨违约金；⑩消除影响；⑪赔礼道歉。以上十一种承担民事责任的形式，前九种为财产责任，或称物质赔偿；后两种为精神赔偿。房地产关系的民事责任主要通过具有直接经济内容的各种形式体现出来。以上的十一种承担民事责任的形式，可以单独适用，也可以合并适用。

二、刑事责任

（一）刑事责任的概念

刑事责任，是指危害社会的行为触犯刑事法律的个人或者单位应承担的法律后果。房地产法律关系中的刑事责任，是根据犯罪主体、犯罪主观方面、犯罪客体、犯罪客观方面四个要件来确定的。

房地产法律关系中犯罪的主体，不仅有个人，也可能有单位。企业、公司、事业单位、机关、团体实施的危害社会的行为，法律规定为单位犯罪的，应当负刑事责任。

对个人犯罪，判处的主刑有管制、拘役、有期徒刑、无期徒刑、死刑；附加刑有罚金、剥夺政治权利、没收财产。

单位犯罪的，对单位判处罚金，并对其直接负责的主管人员和其他直接责任人员判处刑罚。

（二）房地产关系中发生的犯罪及其刑事责任

1. 非法转让、倒卖土地使用权罪

以牟利为目的，违反土地管理法规，非法转让、倒卖土地使用权，情节严重的，处3年以下有期徒刑或者拘役，并处或者单处非法转让、倒卖土地使用权价额5%以上20%以下罚金；情节特别严重的，处3年以上7年以下有期徒刑，并处非法转让、倒卖土地使用权价额5%以上20%以下罚金。

单位犯非法转让、倒卖土地使用权罪的，对单位判处罚金，并对其直接负责的主管人员和其他直接责任人员，依照上述规定处罚。

2. 非法占用耕地罪

违反土地管理法规，非法占用耕地改作他用，数量较大，造成耕地大量毁坏的，处5年以下有期徒刑或者拘役，并处或者单处罚金。

单位犯非法占用耕地罪的，对单位判处罚金，并对其直接负责的主管人员和其他直接责任人员，依照上述规定处罚。

3. 非法批准征用、占用土地罪和非法低价出让国有土地使用权罪

国家机关工作人员徇私舞弊，违反土地管理法规，滥用职权，非法批准征收、征用、占用土地，或者非法低价出让国有土地使用权，情节严重的，处 3 年以下有期徒刑或者拘役；致使国家或者集体利益遭受特别重大损失的，处 3 年以上 7 年以下有期徒刑。

4. 擅自出卖、转让军队房地产罪

违反规定，擅自出卖、转让军队房地产，情节严重的，对直接责任人员，处 3 年以下有期徒刑或者拘役；情节特别严重的，处 3 年以上 10 年以下有期徒刑。

5. 其他

根据房地产法的规定，房地产主管部门工作人员玩忽职守、滥用职权、徇私舞弊，构成犯罪的，可分别依照刑法规定，追究玩忽职守罪、滥用职权罪、受贿罪的刑事责任。

三、行政责任

（一）行政责任的概念

行政责任，是指违反行政管理秩序，依法应当承担的行政法律后果。

违反房地产行政管理秩序的责任，可分为以下 3 种：

（1）房地产行政管理相对人的责任。包括违反土地行政管理秩序的责任，违反城市房地产行政管理秩序的责任。

（2）房地产行政主管部门的责任。包括：乱作为的责任——违法审批、违法罚款、违法收费等；不作为的责任——应给予行政处罚的而不给予行政处罚、应予以答复或审批的而不予答复或审批等。

（3）法律规定其他应当承担行政责任的主体。

（二）房地产行政管理相对人承担行政责任的形式

对房地产行政管理相对人而言，基本的行政责任形式是行政处罚。行政处罚是指行政机关依法对公民、法人和其他组织违反行政管理秩序的行为追究行政责任的一种法律制裁制度。

适用于房地产关系的行政处罚的种类有警告、罚款、没收违法所得、没收非法财物、责令停产停业、暂扣或者吊销许可证、暂扣或者吊销执照等，以上行政处罚措施可以单独适用，也可合并适用。但对当事人的同一个违法行为，不能施行两次以上罚款。

作为行政处罚措施重要辅助手段之一的是，行政机关实施行政处罚时，应当责令当事人改正或者限期改正违法行为。

（三）房地产行政主管部门、其他行政机关及其工作人员承担行政责任的形式

对房地产行政主管部门、其他行政机关及其工作人员而言，基本的承担行政责任的形式是行政处分。

1. 在土地管理关系中的行政处分

按照现行法律规定，县级以上人民政府土地行政主管部门在监督检查工作中发现国家工作人员的违法行为，依法应当给予行政处分的，应当依法予以处理；自己无权处理的，应当向同级或者上级人民政府的行政监察机关提出行政处分意见书，有关行政监察机关应当予以处理。

依照土地管理法规定应当给予行政处罚，而有关土地行政主管部门不给予行政处罚的，上级人民政府土地行政主管部门有权责令有关土地行政主管部门作出行政处罚决定或者直接给予行政处罚，并给予有关土地行政主管部门的负责人行政处分。该处分由责令作出行政处罚决定或者直接给予行政处罚决定的上级人民政府土地行政主管部门作出。对于警告、记过、记大过的行政处分决定，上级土地行政主管部门可以直接作出；对于降级、撤职、开除的行政处分决定，上级土地行政主管部门应当按照国家有关人事管理权限和处理程序的规定，向有关机关提出行政处分建议，由有关机关依法处理。

土地行政主管部门的工作人员玩忽职守、滥用职权、徇私舞弊，尚不构成犯罪的，应依法给予行政处分。

2. 在城市房地产管理关系中的行政处分

按照现行法律规定，非法批准出让土地使用权用于房地产开发的，由上级机关或者所在单位给予有关责任者行政处分。

房地产主管部门工作人员玩忽职守、滥用职权，尚不构成犯罪的，依法给予行政处分；利用职务上的便利，索取他人财物，尚不构成犯罪的，依法给予行政处分。

房地产开发主管部门工作人员在房地产开发经营监督管理工作中玩忽职守、滥用职权、徇私舞弊，尚不构成犯罪的，依法给予行政处分。

房屋拆迁主管部门工作人员玩忽职守、滥用职权、徇私舞弊，由其所在单位或者上级机关给予行政处分。

第三节　房地产纠纷的处理途径

一、房地产纠纷的行政处理概述

房地产纠纷的行政处理，是指由房地产行政管理部门在自己的职权范围内，对某些特定情况下的房地产纠纷直接作出决定的一种具体行政行为。

房地产纠纷的行政处理形式一般包括行政调解、行政处罚和行政复议。行政调解用于解决当事人之间的纠纷，行政处罚则是对当事人有房地产违法行为进行的行政处理，行政复议是当事人不服行政处罚决定而享有的救济途径。行政调解和行政处罚形式既可以独立适用，也可以在处理争议中同时适用，其中，行政处罚是行政复议的前提和必经程序。

二、房地产纠纷行政调解

（一）房地产纠纷行政调解概述

房地产纠纷行政调解是指行政机关对房地产纠纷的调解和处理。这里的行政机关主要指土地管理部门、房产管理部门及工商行政管理部门等。

对于通过行政调解解决房地产纠纷，在许多房地产法律、法规中有明确的规定，《土地管理法》规定：土地所有权和使用权争议，由当事人协商解决，协商不成的，由人民政府处理。目前，通过行政机关处理的房地产纠纷主要有两大类：一是房地产产权归属纠纷，如土地所有权、使用权或房屋所有权的争议；二是需由房地产行政主管机关作出决定的纠纷，如土地征用补偿纠纷、房屋拆迁补偿纠纷等。

由于房地产纠纷往往涉及产权归属问题和大量的专门技术问题，同时，还可能会涉及不同行政机关所作的决定，而房地产行政主管机关对房地产使用、经营和开发建设拥有管理权，通过房地产行政主管机关处理纠纷，可以比较好地解决有关技术问题，也可协调有关行政机关的意见，同时房地产行政调解的程序比较简单，具有简便易行的优点。所以，行政调解是我国目前解决房地产纠纷的主要途径之一。

（二）房地产纠纷行政调解的程序

（1）申请与受理。当事人双方均可以向当地的房屋、土地管理部门申请调处，这些机关对按规定可以由其先行调处的案件，应予以受理，并立案调查。

（2）查清事实。受案行政部门不仅要向当事人双方了解争议事实，而且要实地考察房屋、土地情况，向知情人调查，查清核实有关的证据资料。

（3）调解处理。受案行政部门及承办人员应首先促使当事人自愿达成和解协议。行政调解具有特定的行政效力，调解协议书经双方当事人和承办人签字并加盖调解机关公章后，一经送达，即具有行政约束力，双方当事人应按照调解协议规定的内容执行。在调解不成的情况下，受案行政部门可以根据一方的请求直接作出处理决定；当事人对行政处理决定不服的，可以向人民法院起诉。

三、房地产纠纷行政处罚

（一）房地产纠纷行政处罚概述

房地产纠纷行政处罚是指房地产行政管理部门在其职权范围内，对违反行政法规的当事人所作的处罚决定。

房地产纠纷行政处罚是房地产行政违法行为引起的法律后果，其特点表现在两方面：一是房地产纠纷行政处罚必须由房地产行政管理机关或其委托授权的机关在职权范围内作出。二是房地产纠纷行政处罚是房地产行政管理部门对公民、法人或其他组织在房地产活动中的违法行为而作出的单方具体行政行为。

房地产纠纷行政处罚必须遵循下列原则：①处罚法定原则。我国行政处罚实行法定原则。行政处罚的主体、客体、内容、依据、权限、程序等各方面均必须符合法律要求，在无法律规定和法律依据的情况下，任何行政机关不得越权作出行政处罚。②处罚适当原则。行政处罚当事人所应承担的违法责任应与所受到的行政处罚相适应，不得畸轻畸重和重复处罚。③保障当事人程序权利原则。正确处理处罚和保护当事人之间的相互关系，使无辜的人不受行政处罚，使违法的人受到公正处理，使遭受违法处罚的人得到及时救济是保障当事人程序权利原则的基本要求。

（二）房地产纠纷行政处罚的程序

1. 行政处罚程序基本规则
（1）事先告知理由规则。

《中华人民共和国行政处罚法》（以下简称《行政处罚法》）第31条规定："行政机关在作出行政处罚决定之前，应当告知当事人作出行政处罚决定的事实、理由及依据，并告知当事人依法享有的权利。"这个规定表明，行政机关在作出行政处罚决定前，应当履行法定的告知义务。这是确保行政处罚决定正确合法的基本前提。

事先告知理由规则的内容有：告知的时间，必须在未作出行政处罚决定之前，凡是在行政处罚决定送达的同时或之后，行政机关再履行告知义务，均构成行政处罚的程序违法。告知的内容，这些内容是行政机关所掌握的受处罚人违法事实、证据和适用处罚的法律依据以及确定具体处罚的内容理由，同时应当告知受处罚的当事人所享有的法定权利。告知的形式，只要法律没有明确规定，告知必须通过书面形式，行政机关可以根据实际情况采用适当的形式进行告知，但必须能确保受处罚人获悉告知的内容。

（2）事中听取意见规则。

行政机关在作出处罚决定过程中，应当听取受处罚人对已经告知的处罚依据、事实的意见和异议。听取意见的具体方式有：一是听证，即通过司法型的调查方式让受处罚人发表自己的观点；二是申辩，是一种不正规形式的听取意见方式，申辩不重视具体采用的形式，但必须能够让受处罚人完全、真实地表达自己的意见，保证达到申辩的目的。

事中听取意见规则的内容主要有：受处罚人可以对行政机关告知的处罚事实依据提出质疑，并提出相当的事实依据，有代理人的，还可以提供经合法程序收集的证据，以反对行政机关的指控。受处罚人可以对行政机关用以作出处罚的法律提出质疑，或提出不能适用任何法律依据，或提出适用其他法律依据的意见。受处罚人可以对行政机关行使行政处罚权所适用的程序是否合法提出自己的意见。

（3）事后告知权利规则。

行政机关在作出行政处罚决定后，受处罚人不服的，应当告知其不服处罚的法律救济权利。这种告知是行政机关的法定职责。行政机关不履行告知义务，将会承担相应的法律责任。

事后告知权利规则的内容主要有：如果法律、法规和规章规定应当先行行政复议的，行政机关必须告知受处罚人提起复议的时限、方式和受理机关。如果法律、法规和规章规定可以申请复议，也可以直接向人民法院提起行政诉讼，行政机关应当分别将申请行政复议和提起行政诉讼的时限、方式和受理机关告知受处罚人。

2. 行政处罚的简易程序

（1）行政处罚简易程序概述。

行政处罚简易程序又称当场处罚程序，它是指在具备某些法定条件下，行政机关的执法人员可以对受处罚的当事人当场作出行政处罚决定，并当场执行所作出的行政处罚决定所适用的法律程序。

行政处罚简易程序具有如下特点：简易处罚决定须由行政机关作出；简易处罚必须依法定的适用条件作出，任何机关和个人不得自设和变通；简易处罚是行政机关执法人员在现场当场给予的一种行政处罚，否则就不能体现简易处罚的行政效率。

行政处罚的简易程序可适用于流动性大、身份不易确认的公民所实施的行政违法行为，对这些人给予处罚后应当立即执行，否则事后将难以执行。

（2）行政处罚简易程序的适用条件。

行政处罚简易程序是行政处罚程序中的一种特别法律程序，在行政处罚简易程序中，受处罚人所享有的法律程序权利相对于一般程序来说要少一些，因此，法律对行政处罚决定的简易程序规定了较为严格的适用条件：

首先，受处罚人的违法行为事实清楚、证据确凿。任何行政处罚的决定，必须建立在受处罚人的违法事实清楚、证据确凿的基础之上。在行政处罚简易程序中，违法行为事实清楚、证据确凿是指受处罚人的违法行为被行政机关的执法人员当场发现，不需要通过调查就能确认。受处罚人对此有异议，并不影响行政机关对其违法行为的认定。但受处罚人可以进行陈述和申辩，行政机关也应当听取其为自己提出的陈述和申辩。

其次，行使行政处罚权也必须具有法定依据。行政处罚简易程序在保护受处罚人的合法权益方面存在的欠缺性，使强调行政机关用行政处罚简易程序必须具有法定依据显得更为重要。这里"法律依据"的"法"指的是全国人民代表大会及其常务委员会制定的法律、国务院制定的行政法规、国务院各部委制定的行政规章、地方各级人大及其常委会、省会所在市和国务院批准较大市的人大及其常委会制定的地方性法规以及它们同级政府所制定的地方规章。

最后，行政处罚简易程序只能适用于：对公民处50元以下、法人或者其他组织1 000元以下的罚款；对公民、法人或其他组织处以警告。由此可见，在行政处罚简易程序中，对受处罚人只能适用一些比较轻微的行政处罚。其原因是行政处罚简易程序在保障行政处罚决定的合法性和合理性方面不如一般程序，如果适用简易程序的行政处罚决定发生错误，不至于给受处罚人造成比较大的人身和财产损害。

在具备了以上三个条件以后，行政机关的行政处罚决定才能适用简易程序。

（3）行政处罚简易程序的步骤。

根据《行政处罚法》的规定，行政机关适用行政处罚的简易程序，分为以下步骤。

第一，表明身份。

《行政处罚法》第34条规定，执法人员当场作出行政处罚决定的，应当向当事人出示执法身份证件。对于行政执法人员而言，表明身份可以证明行政处罚主体的合法性。行政机关执法人员在现场不表明身份而作出的行政处罚，受处罚人可以拒绝接受处罚。行政机关执法人员如强行实施，则受处罚的当事人可以在事后依法申请复议或者提起行政诉讼，如果行政机关执法人员因此给其造成人身或财产损害的，受害人可以提出赔偿请求。

第二，说明理由。

行政机关执法人员在表明身份之后，随即应当向受处罚人提出其违法行为的事实，现场收集到的证据和所要引用的法律、法规和规章及具体的法律条款，即行政处罚决定的事实和法律依据。说明理由是行政处罚简易程序中非常重要的一个步骤，就该程序的本质而言，它是要求行政机关在作出处罚决定前，让受处罚人事先知道自己的违法事实和违反的法律条款，并为其行使申辩权提供法律基础。

第三，作出决定。

在听取受处罚人的陈述和申辩以后，行政机关执法人员认为没有必要对受处罚人的异议进行核实的，应当依法作出行政处罚决定。行政处罚决定应当是书面形式，而且是预定统一的格式，有连续的号码。在行政处罚决定书中，应当载明受处罚人的违法行为、行政处罚的依据、罚款数额、时间、地点以及行政机关的名称，同时还应当告知受处罚人不服行政处罚决定的法律救济途径。行政机关执法人员制作行政处罚决定书后，应当场交给受处罚人。受处罚人即使对处罚有异议，也应当在规定的期限内履行行政处罚决定书中所指定的法律义务，如果对受处罚人的处罚符合当场执行条件的，受处罚人应当根据行政机关执法人员的要求立即履行行政处罚决定。

第四，不服行政处罚的救济。

受处罚人对该行政处罚决定不服的，可以依据有关法律、法规的规定申请复议或者提起行政诉讼。

3. 行政处罚的一般程序

（1）行政处罚一般程序的概念。

行政处罚一般程序，又称行政处罚普通程序，是行政机关对案情比较复杂，不通过调查无法查清的行政违法行为所适用的行政处罚程序。行政处罚一般程序是行政处罚程序中一个基本的法律程序，具有内容最完整、适用最广泛的特点。凡不能适用简易程序的行政处罚，一律应当通过一般程序作出。

（2）行政处罚一般程序的步骤。

① 立案。立案是行政机关为了追究行政违法行为人的法律责任而进行的一项法律活动。立案标志着行政处罚一般程序的正式开始。

立案必须具备一定的条件。立案应当具备以下条件：有特定的公民、法人或者其他组织实施了行政违法行为；已实施的行政违法行为依法应当追究行政处罚的法律责任；属于本行政机关的管辖范围。

行政机关应当及时填写立案报告书，由本机关主管负责人审批批准。在立案的同时，应当确定2名以上的办案人员。为保证办案的公正性，被确定的办案人员如认为自己与本案有利害关系，应当依法提出回避。

② 调查。调查是行政机关在立案后实施的一项具有实质内容的行政行为，目的在于进一步查清所立案的事实真相，为作出的行政处罚决定提供充分的事实根据。调查的实质是收集证据，因为只有证据才能证实行政机关立案所发现的违法行为是否存在。

调查是行政处罚一般程序中的核心程序，是一个必经的、极其重要的法定程序。由于行政程序法规定"先取证，后裁决"，所以行政机关的调查必须在行政处罚决定作出以前进行，否则行政机关所作出的行政处罚决定将因违反程序规定而导致无效。行政机关执法人员在进行调查时，不得少于2人，行政机关执法人员在调查过程中，必须表明身份，并全面、客观、公正地收集有关证据，必要时，可以依据法律、法规的规定进行检查。

在调查过程中，行政机关的执法人员可以采用如下取证方法：询问当事人；提取书证、物证；勘验与鉴定；依法收集视听资料。行政机关在收集证据时，可以采取抽样取证的方法，在证据可能灭失或者难以取得的情况下，经行政机关负责人批准，可以先行登记保存，并应当在7天内及时作出处理决定，在此期间，当事人或者有关人员不得销毁或者转移证据。

③ 决定。行政处罚的决定是行政处罚一般程序中的一个非常关键的程序。行政机关执法人员在调查终结之后，根据《行政处罚法》第38条的规定，应当将调查所取得的所有材料呈报给本机关的行政负责人，行政机关负责人应当对调查所取得的材料进行审查，在完成审查工作后，根据不同情况，对案件作出相应的决定：本案当事人确有应受行政处罚的行政违法行为的，应当根据其行政违法行为的情节轻重及具体情况，作出行政处罚决定；本案当事人有行政违法行为，但其行政违法行为轻微，依法可以不予行政处罚的，可作出不予行政处罚的决定；本案当事人的行政违法行为缺乏足够证据证实的，不得给予行政处罚；本案当事人的行政违法行为已经构成犯罪的，应当将有关材料及时移送司法机关。

根据一般程序作出的行政处罚决定，应当制作行政处罚决定书，行政处罚决定书应当载明：当事人的姓名或名称、地址；违反法律、法规或行政规章的事实和证据；行政处罚的种类和依据；行政处罚的履行方式和期限；如不服行政处罚决定的，申请复议或提起行政诉讼的途径和期限；作出行政处罚决定的行政机关的名称和作出决定的日期。行政处决定书必须加盖作出行政处罚决定的行政机关的印章。

（三）行政听证程序

1. 行政听证程序的概念

行政听证程序在我国是一个比较新的概念，标志着我国法制建设的新进展。《行政处罚法》第42条规定的行政听证程序是指行政机关为了查明案件事实、公正合理地实施行政处罚，在作出责令停产停业、吊销许可证或者执照、较大额罚款等行政处罚决定之前，应当告知当事人有要求举行听证的权利；当事人要求听证的，行政机关应当组织听证。行政听证程序是通过公开举行由有关各方利害关系人参加的听证会，广泛听取意见的方式、方法和制度。

2. 行政听证程序的特征

行政听证程序具有如下特征：听证是由行政机关主持的并由有关利害关系人参加的程序；听证公开进行，但涉及国家机密、商业秘密和个人隐私的除外；听证程序只适用于行政处罚领域的特定案件，只有在作出责令停产停业、吊销许可证或者执照、较大数额罚款等行政处罚决定之前，才可以适用听证程序，其他种类的处罚案件不能适用；听证程序的适用以当事人申请为前提，如果行政机关认为有必要举行听证的，也可以主动组织听证，但一般须征得当事人同意；组织听证是行政机关的法定义务。根据《行政处罚法》第42条规定，当事人要求听证的，行政机关应当组织听证。

3. 行政听证的适用条件

凡以房地产行政管理部门名义拟作出吊销许可证、较大数额罚款（非营业性处以1 000元以上，营业性处以3万元以上）的，应当由承办部门以房地产行政管理部门的名义向当事人发出《行政处罚听证告知书》，并将拟作出行政处罚建议书，以及作出该具体行政行为的证据、依据和有关的材料移交政策法规处。当事人要求听证的，应当在接到承办部门发出的听证告知书3日内以书面形式向政策法规处提出。政策法规处应当予以受理。

4. 行政听证的组织程序

根据《行政处罚法》第42条规定，听证会按如下组织程序进行：

（1）听证的申请与决定。当事人对于符合法定听证种类的处罚案件，有权向行政机关提出听证的申请。当事人要求听证的，应当在行政机关告知后3日内提出。

（2）听证通知。行政机关作出组织听证的决定后，应当在听证的7日前，通知当事人举行听证的时间、地点和其他有关事项。

（3）听证的主持与参与。任何人不能成为自己案件的法官，这是听证程序的重要原则和特征。据此，行政机关的任何工作人员都不得参与与自己有利害关系的案件。承担调查取证任务的执法人员不能主持听证，听证由行政机关指定的非本案调查人员主持。当事人认为主持人与本案有直接利害关系的，有权申请其回避。当事人可以亲自参加听证，也可以委托1~2人代理。

（4）辩论。举行听证时，调查人员根据调查所获得的当事人违法事实和证据，提出行政处罚建议；当事人进行申辩和质证。双方可进行辩论。

（5）听证笔录。对在听证会中出示的材料、当事人的陈述以及辩论等过程，应当制作笔录，交付当事人、证人等有关参加人阅读或向他们宣读，有遗漏或差错的应予补正或改正，确认没有错误后，由主持人、书记员和当事人分别签字或者盖章，作为处罚的依据之一。

（6）听证费用。当事人要求听证，是行使自己的行政参与权。所以，当事人不承担行政机关组织听证的费用。

四、房地产纠纷行政复议

（一）房地产纠纷行政复议的概念

房地产纠纷行政复议是指房地产行政机关在行使行政管理职权时，与作为被管理对象的相对人发生争议，根据相对人的申请，由该行政机关的上一级主管部门或者本级人民政府对引起争议的具体行政行为进行复查的一种具体行政行为。对县级以上地方各级房地产行政机关的具体行政行为不服申请的复议，由本级人民政府或者上一级主管部门管辖。但法律、法规规定由本级人民政府管辖的，从其规定；法律、法规规定由上一级主管部门管辖的，从其规定。

（二）房地产纠纷行政复议的受案范围

根据《行政复议法》第6条的规定，有下列情形之一的，公民、法人或者其他组织可以依照本法申请行政复议：

（1）对行政机关作出的警告、罚款、没收违法所得、没收非法财物、责令停产停业、暂扣或者吊销许可证、暂扣或者吊销执照、行政拘留等行政处罚决定不服的；

（2）对行政机关作出的限制人身自由或者查封、扣押、冻结财产等行政强制措施决定不服的；

（3）对行政机关作出的有关许可证、执照、资质证、资格证等证书变更、中止、撤销的决定不服的；

（4）对行政机关作出的关于确认土地、矿藏、水流、森林、山岭、草原、荒地、滩涂、海域等自然资源的所有权或者使用权的决定不服的；

（5）认为行政机关侵犯合法的经营自主权的；

（6）认为符合法定条件，申请行政机关颁发许可证、执照、资质证、资格证等证书，或者申请行政机关审批、登记有关事项，行政机关没有依法办理的；

（7）认为行政机关的其他具体行政行为侵犯其合法权益的。

（三）房地产纠纷行政复议的程序

根据《行政复议法》的规定，行政复议程序分为申请、受理、审理、决定和执行5个阶段。

公民、法人或其他组织认为具体行政行为侵犯其合法权益的，可以自知道该具体行政行为之日起 60 日内提出行政复议申请；但是法律规定的申请期限超过 60 日的除外。申请行政复议应当递交行政复议申请书和有关材料。

复议机关在收到行政复议申请书之日起 5 日内，对行政复议申请书进行审查，对符合《行政复议法》规定的，予以受理。

复议机关受理复议申请后，应在收到行政复议申请书之日起 60 日内作出复议决定，制作行政复议决定书，送达申请人和被申请人。除法律规定终局的行政复议外，申请人对复议决定不服的，可以在收到行政复议决定书之日起 15 日内，或法律、法规规定的其他期限内，向所在地人民法院起诉。

根据《行政复议法》第 32 条的规定，被申请人应当履行行政复议决定。被申请人不履行或者无正当理由拖延履行行政复议决定的，行政复议机关或者有关上级行政机关应当责令其限期履行。

根据《行政复议法》第 33 条的规定，申请人逾期不起诉又不履行行政复议决定的，或者不履行最终裁决的行政复议决定的，按照下列规定分别处理：

（1）维持具体行政行为的行政复议决定，由作出具体行政行为的行政机关依法强制执行，或者申请人民法院强制执行。

（2）变更具体行政行为的行政复议决定，由行政复议机关依法强制执行，或者申请人民法院强制执行。

（四）行政赔偿

行政机关及其工作人员在行使行政职权时，有下列情形之一的，受害人有权向国家申请行政赔偿：①违法拘留或者违法采取限制公民人身自由的行政强制措施；②非法拘禁或者以其他方法非法剥夺公民人身自由的；③以殴打等暴力行为造成公民身体伤害或者死亡的；④违法使用武器、警械造成公民身体伤害或者死亡的；⑤造成公民身体伤害或者死亡的其他违法行为；⑥违法实施罚款、吊销许可证和执照、责令停产停业、没收财物等行政处罚的；⑦违法对财产采取查封、扣押、冻结等行政强制措施的；⑧违反国家规定征收财物、摊派费用的；⑨造成财产损害的其他违法行为。

赔偿申请人要求行政赔偿的，应当先向承担赔偿义务机关提出，也可以在申请行政复议和提起行政诉讼时一并提出。对于两个以上共同承担赔偿义务的机关，赔偿申请人可以向其中任一个机关要求赔偿，该承担赔偿义务的机关应当先予赔偿。

五、房地产纠纷的仲裁

（一）房地产纠纷仲裁概述

房地产纠纷仲裁是指仲裁机构根据公民或法人的申请，依法对其发生的有关房地产所有权、使用权、买卖、赠与、交换、租赁以及宅基地院落的使用等方面的争议或纠纷，作出具有约束力的调解或仲裁。仲裁决定一经作出，即对当事人各方具有法律的约束力。

仲裁必须依照自愿、独立、公正、及时的原则进行。自愿是仲裁制度的一个基本原则，也是仲裁区别于诉讼及行政处理的根本特征。自愿性表现为：自愿签订仲裁协议；自愿选择仲裁员。仲裁独立进行，不受行政机关、社会团体和个人的干涉。仲裁应当根据事实，符合法律规定，公平合理地解决纠纷。发生经济纠纷是难免的，问题不能久拖不决，及时裁决是仲裁的另一个要求。

（二）仲裁机构的受案范围

仲裁机构受理以下几类房地产争议案件：

（1）房屋买卖的争议，包括房产买卖合同、价格、优先购买权等；

（2）房屋所有权争议，包括所有权归属、份额、变更、析产、交换等；

（3）房屋使用权争议，包括租赁、租金、强占、返还、占有、交换、转租、转让等方面的争议；

（4）他项权利与相邻关系争议，包括通行、典当及与相邻房屋发生的权利和义务；

（5）房屋修缮的争议，包括房屋修缮的工程项目及安全检查的鉴定，各项工程费用的承担等。

（三）房地产纠纷仲裁程序

1. 仲裁申请和受理

当事人申请房地产纠纷仲裁必须符合下列条件：①有仲裁协议。当事人申请仲裁应当向仲裁委员会递交仲裁协议、仲裁申请书及副本。②房地产纠纷案件属于仲裁管辖的范围。③申请人是与本案有直接利害关系的当事人。④有明确的被申请人、具体的申请请求和事实根据。⑤房地产纠纷既未向法院起诉，也未经仲裁机关作出仲裁裁决。⑥未超过仲裁时效，房地产纠纷案件的仲裁时效通常为3年，特殊规定的除外。⑦申请人向仲裁机关申请仲裁，应当递交仲裁申请书，并按照被申请人数提交副本。仲裁申请书应当注明以下事项：申请人的名称、住所、法定代表人的姓名和职务；被申请人的名称、住所、法定代表人的姓名和职务；申请的事实和理由。

仲裁委员会自收到仲裁申请书之日起5日内，认为符合受理条件的，应当受理，并通知当事人；认为不符合受理条件的，应当书面通知当事人不予受理，并说明理由。

目前，我国仲裁机构分为国内仲裁机构和涉外仲裁机构。国内仲裁机构即各地方设立的仲裁委员会。仲裁委员会可在直辖市和省、自治区人民政府所在地的市设立，也可根据需要在其他设区的市设立，不按行政区划层层设立。涉外仲裁机构，即中国国际经济贸易仲裁委员会，只对涉外民事纠纷进行仲裁。仲裁委员会独立于行政机关，与行政机关没有隶属关系，仲裁委员会之间也没有隶属关系。

仲裁庭可由3名仲裁员或1名仲裁员组成，由3名仲裁员组成的，设首席仲裁员。对仲裁员，当事人可以申请回避。

2. 仲裁审理与裁决及裁决的执行

仲裁应当开庭进行。仲裁不公开进行，当事人协议公开的，可以公开进行，但涉及国家秘密的除外。仲裁庭应当将开庭情况记入笔录。

当事人申请仲裁后，可以自行和解。达成和解协议的，可以请求仲裁庭根据和解协议作出裁决书或撤回仲裁申请。

仲裁庭在作出裁决前，可以先行调解。调解不成的，应及时作出裁决；调解达成协议的，仲裁庭应当制作调解书或者根据协议的结果制作裁决书。调解书与裁决书具有同等法律效力。裁决书应当按照少数服从多数的原则作出，仲裁庭不能形成多数意见时，裁决应当按照首席仲裁员的意见作出。裁决书自作出之日起发生法律效力。

当事人应当履行裁决。一方当事人不履行的，另一方当事人可以依照民事诉讼法的有关规定向人民法院申请执行。

仲裁具有简便、灵活和专家办案等特点，所以，仲裁是为中外当事人乐于采用的一种法律方式。

六、房地产纠纷的诉讼

（一）房地产纠纷诉讼概述

从狭义上理解，房地产纠纷案件仅指民事性质的纠纷，由人民法院民事审判庭审理。

从广义上理解，房地产纠纷案件还包括一部分行政性质的纠纷，由人民法院行政审判庭审理。

房地产纠纷诉讼指人民法院对当事人之间因房地产所有权、使用权、买卖、交换、抵押、拆迁等方面发生争执，依法对当事人争执的事实及权利和义务关系作出裁决的活动。

房地产纠纷诉讼根据不同的标准可以划分不同的种类：房地产纠纷诉讼以其诉讼标的不同，可以分为房屋诉讼与土地诉讼；房地产纠纷诉讼以其诉讼性质不同，可以分为房地产行政案件、房地产民事案件（包括经济案件）、历史遗留的各类房地产案件三大类。

（二）当事人在房地产纠纷诉讼中的权利和义务

房地产纠纷案件当事人在诉讼中享有以下诉讼权利。

（1）当事人有权委托代理人，提出回避申请，收集、提供证据，进行辩论，请求调解，提起上诉，申请执行。

（2）当事人可以查阅本案有关材料，并可以复制本案有关材料和法律文书。

（3）双方当事人可以自行和解。原告可以放弃或者变更诉讼请求。被告可以承认或者反驳诉讼请求，有权提起反诉。

当事人应承担以下诉讼义务。

（1）当事人必须依法行使诉讼权利。

（2）遵守诉讼秩序。

（3）履行发生法律效力的判决书、裁定书和调解书。

❓ 思考题

1. 房地产法律责任有哪些形式？

2. 房地产纠纷的行政处理方式有哪些？

3. 简述仲裁机构受理房地产案件的范围。

4. 当事人在房地产纠纷诉讼中的权利有哪些？

5. 简答解决房地产纠纷的救济途径。

参考文献

[1] 房绍坤. 房地产法 [M]. 5 版. 北京：北京大学出版社，2015.

[2] 姜早龙，廖阳. 物业管理概论 [M]. 2 版. 武汉：武汉理工大学出版社，2013.

[3] 程信和，刘国臻. 房地产法学 [M]. 2 版. 北京：北京大学出版社，2010.

[4] 沈萍. 房地产法律实务 [M]. 北京：中国政法大学出版社，2010.

[5] 金俭. 房地产法学 [M]. 北京：科学出版社，2008.

[6] 李延荣，周珂. 房地产法 [M]. 5 版. 北京：中国人民大学出版社，2016.

[7] 唐烈英. 房地产法律问题研究 [M]. 武汉：华中科技大学出版社，2014.

[8] 李东方. 房地产法学 [M]. 北京：中国政法大学出版社，2014.

[9] 谭启平，赵勇山. 房地产法精要与依据指引 [M]. 北京：人民出版社，2005.

[10] 高富平，黄武双. 房地产法学 [M]. 4 版. 北京：高等教育出版社，2016.

[11] 黄河. 房地产法 [M]. 2 版. 北京：中国政法大学出版社，2012.

[12] 吴访非，孟庆鹏. 房地产法 [M]. 北京：中国电力出版社，2016.

[13] 肖海军. 物业管理与业主权利 [M]. 北京：中国民主法制出版社，2006.

[14] 崔建远. 物权法 [M]. 2 版. 北京：中国人民大学出版社，2011.

[15] 郭明瑞. 物权法 [M]. 北京：中国法制出版社，2009.

[16] 朱婷. 住房公积金问题研究 [M]. 北京：社会科学文献出版社，2012.

[17] 肖金成，汪阳红. 土地管理新论：工业化、城镇化过程中土地管理制度研究 [M]. 北京：中国计划出版社，2007.

[18] 郑瑞琨. 房地产交易 [M]. 北京：北京大学出版社，2007.

[19] 陈建敏，唐欣. 房地产开发经营与管理 [M]. 北京：北京大学出版社，2009.

[20] 曹建元. 房地产金融 [M]. 上海：复旦大学出版社，2016.